기술
봉건주의

기술 봉건주의

빅데이터 제국에 포획된
현대 경제와 민주주의

세드릭 뒤랑 지음 · 주명철 옮김

여문책

마리 엘렌Marie-Hélène과 앙투안Antoine에게

"망령을 쫓아낼 용기가 있는 사람만이
자신의 요정들을 만들어낸다."

—프리드리히 니체, 『차라투스트라는 이렇게 말했다』, 파리, 2012.

차례

1990년 3월 1일, 미국 비밀경호국 요원들이 **스티브 잭슨 게임스**
Steve Jackson Games에 불쑥 나타나 수색영장을 집행했다. 이 회사는
텍사스 주 오스틴에 기반을 둔 소규모 기업으로 롤플레잉 게임을
설계하고 출판한다. 공무원들은 세 대의 컴퓨터, 두 대의 레이저 프
린터, 디스켓과 다량의 문서를 가져갔다. 압수 목록에는 이 회사가
개발한 특화 상품인 "일반적이고 보편적인 롤플레잉 시스템"[1]의 최
신판 원고도 포함되어 있었다. 이것은 규칙·캐릭터·시나리오로 구
성된 게임 안내서로, 플레이어들이 생동감 있게 만들 세계의 기본
요소들을 제공한다. 압수된 책의 제목은 『사이버펑크*Cyberpunk*』다.
이 안내서의 작성자인 로이드 블랭켄십은 얼마 전 해킹 혐의로 체
포되었다. 그는 1986년에 발표된 해커 선언문의 저자였다. 수사관

---

1   Generic Universal Role Playing System—옮긴이.

들은 바로 그를 노렸다. 벨Bell 통신사는 911 긴급 호출 시스템의 관리방식을 설명하는 파일이 블랭켄십이 관리하는 서버 '일루미나티 illuminati'에 복사되어 있다는 사실을 발견했다. 이 사건은 법적으로 별다른 결론 없이 종결되었지만, 당국이 문제의 책을 '컴퓨터 범죄 매뉴얼'로 과장되게 묘사한 덕에, 책은 큰 홍보 효과를 얻게 되었다.[2] 이 안내서의 '경제' 섹션 중 '기업' 항목에서 테크노퓨달리즘 techno feudalism[3]이라는 개념이 등장한다.

세상이 점점 더 험난해지면서, 기업들도 스스로 더 강경한 태도를 취하며 적응해야 한다. '우리를 먼저 보호하자'는 이 같은 태도는 때때로 기술 봉건주의라고 불린다. 혼란스러운 환경에서 살아남기 위한 봉건주의처럼, 기업이 지원과 보호를 제공하는 대가로 노동자들로부터 서비스와 충성의 약속을 받아내는 체제를 의미한다. (중략) 대기업들은 적절한 규제가 없는 상황을 틈타 연합하고, 사실상 독점에 가까운 구조를 형성한다. 그들은 이익을 극대화하기 위해 소비자의 선택권을 제한하고, 자기네 카르텔을 위협할 만한 경쟁사를 흡수하거나 제거한다.[4]

---

2 Jon Peterson, "Your cyberpunk games are dangerous/Offworld", boingboing. net, 8 mai 2015; Peter H. Lewis, "The executive computer: can invaders be stopped but civil liberties upheld?", *The New York Times*, 9 septembre 1990; "The top ten media errors about the SJ games raid", sjgames.com, 12 octobre 1994.

3 프랑스어로는 '테크노페오달리슴Techno-féodalisme'이며, 이후 '기술 봉건주의'로 옮긴다—옮긴이.

4 Loyd Blankenship, *Gurps Cyberpunk. High-Tech Low-Life Roleplaying*, Steve Jackson Games, Austin, 1990, p. 104. 별도의 언급이 없는 한, 인용문 번역은 저자의 작업이다.

블랭켄십은 플레이어들에게 대기업의 권력에 어떠한 견제장치도 없는 사이버펑크 디스토피아를 제안한다. 그는 국가의 권력을 넘어서는 거대 기업들이 사회를 지배하는 주요 세력으로 자리 잡는 세계를 그린다. 그 결과, 시민이라는 존재는 기업과 연관된 이해관계자들(주주, 노동자, 고객, 채권자)에게 밀려 주변화된다. 사회적 관계에서 지배적인 것은 '종속관계'인데, 이는 개인들이 기업에 의존한다는 점 때문이다. 기업은 혼란스러운 세상 속에서 안전한 섬과 같은 보호자가 되었다. 이 강력한 민간 독점 사업가들은 정부 위에 군림하며 '봉토fief'로 변모하기에 이르렀다.[5] 대기업의 경영진은 사회적 영역을 통제하고, 거기에 속한 개인들에게 정치적·경제적 권력을 행사하고 있다.

1980년대의 '사이버펑크' 계획에는 당연히 예언적인 의도가 없었다. 이는 단지 즐거운 공상일 뿐이며, 현대 세계를 이해하는 열쇠를 제공하지는 못한다. 그러나 몇십 년이 지난 지금, 이 상상 속에서 나타난 몇 가지 직관이 오늘날과 맞닿아 있음을 부정하기는 어렵다.

첫째, 초국적 기업들이 현대 사회에 대한 지배력을 크게 강화했음은 부인할 수 없는 사실이다. 이는 단지 규모의 문제가 아니다. 데

사이버펑크 세계와 그 최신 동향에 대한 소개는 다음을 참조할 것. Yannick Rumpala, *Cyberpunk's Not Dead. Laboratoire d'un futur entre technocapitalisme et posthumanité*, Le Bélial', Moret-Loing-et-Orvanne, 2021.

5 중세 영주는 봉토에서 왕이나 상위 영주의 간섭을 받지 않고 독자적으로 세금을 걷고, 법을 집행하며, 행정을 관할하는 불입권을 행사했다—옮긴이.

이터 전송관리[6]와 지식재산권, 데이터의 중앙집중화를 통해 기업들은 영토와 개인들에 대해 훨씬 더 엄격한 통제를 행사하고 있다.

둘째, 국가들이 본질적으로 물러나지 않았다 해도, 대기업들에 비해 약해지는 징후를 관찰할 수 있다. 예를 들어 다국적 기업들의 실질 법인세율은 1990년대에 35퍼센트 이상이었으나, 2010년대 후반에는 25퍼센트 미만으로 감소했다.[7] 동시에 기업계는 로비 활동 지출을 늘리고[8] 점점 더 노골적으로 정치에 영향력을 강력하게 행사한다.[9] 이는 공식적인 민주적 절차와는 거리가 먼 방식으로 이루어지고 있다. 민주주의는 그 본질을 잃으면서 지쳐가고 있고, 고소득 국가의 선거 분야 재구성은 자유주의 정치질서의 약화를 나타낸다. 오늘날 현대 국가의 조력자인 민주주의는 깊은 나락 같은 불평등의 압력 아래 흔들리고 있다.

세상이 점점 더 혼란스러워진다는 생각을 증명하는 징후가 많이

6　télématique는 'telecommunication'(통신)과 'informatics'(정보학)의 합성어로, 정보통신기술을 활용한 데이터 전송과 관리를 뜻한다―옮긴이.

7　Rochelle Toplensky, "Multinationals pay lower taxes than a decade ago", *Financial Times*, 11 mars 2018. 미국 회사들을 중심으로 다룬 다양한 연구가 이 경향과 부합한다. Cf. Scott D. Dyreng, Michelle Hanlon, Edward L. Maydew et Jacob R. Thornock, "Changes in corporate effective tax rates over the past 25 years", *Journal of Financial Economics*, vol. 124, n° 3, 2017, pp. 441~463; Thomas Wright et Gabriel Zucman, "The exorbitant tax privilege", *NBER Working Paper*, n° w24983, 2018.

8　미국에서 로비 활동 공식 지출에 대한 데이터는 opensecrets.org에서, 유럽 수준에서는 lobbyfacts.eu에서 종합적으로 제공하고 있다.

9　Pepper D. Culpepper, *Quiet Politics and Business Power. Corporate Control in Europe and Japan*, Cambridge University Press, New York, 2012.

나타나고 있다. 생태계 붕괴의 담론이 증가하면서 사이버펑크 디스토피아를 다시 떠오르게 한다. 그리고 사회적 혼란의 위협을 억제하려는 안전 의제를 추진하는 것이 시스템 취약성에 대응하는 방안으로 떠오르고 있다.[10]

이러한 요소들은 아무것도 증명하지 못한다. 단지 기술 봉건주의로 퇴행하리라는 직관에 반향을 일으키는 단서일 뿐이다. 실마리를 잡고 탐구해야 할 하나의 방향, 가능한 출발점일 뿐이다. 그 이상은 아니다. 그러나 다음과 같이 우리 시대의 주요한 정치경제학적 질문에 도전하기 위해서라면, 시작이란 이미 대단히 중요한 것이다. 자본주의와 디지털이 서로에게 어떤 영향을 미치는가? 이윤 추구와 디지털의 유동성이 어떻게 상호작용하는가? 시스템적 논리의 변화가 일어나고 있지만, 자본주의 위기의 얽힘 속에서 우리의 시야가 흐려져 그것을 제대로 인식하지 못하고 있는 것은 아닐까?

이 책은 이러한 가설을 탐구한다. 책은 네 부분으로 구성되어 있다. 첫 번째 장은 '해체'로, 디지털 덕분에 자본주의가 새로운 황금기를 맞이할 것이라는 서사의 계보를 추적하고, 그 모순을 밝힌다. 우리는 완전한 환상 속에서 살고 있다. 20세기 말 이후로 실리콘밸리와 그 스타트업들은 정치적 상상력을 강렬하게 끌어당기며, 늦은 자본주의[11]에 신화적인 젊음의 광채를 부여해왔다. 이 이데올

---

10 Cf. Nick Bostrom, "The vulnerable world hypothesis", *Global Policy*, vol. 10, n° 4, 2019.
11 '늦은tardif'은 자본주의의 정점 이후 과잉 상태나 한계에 다다른 상태를 말한다. '후기'는 시간적 개념보다 구조의 변화와 관련된 개념이라서 적절하지 않다—옮긴이.

로기의 기원은 무엇인가? 그것의 이론적 기반은 무엇이며, 그 약점은 무엇인가?

두 번째 장은 디지털과 연관된 새로운 지배 형태를 다룬다. 개인의 행동을 가상 영역에 뿌리내리게 만드는 동력은 무엇인가? 알고리즘적 감시의 논리는 어떻게 해서 정치적·경제적 논리와 결합하는가? 캘리포니아의 대기업들부터 중국의 사회 신용 시스템까지, 우리는 완전히 새로운 사회적·정치적 기반을 이해할 필요가 있다.

세 번째 장은 경제학자들이 말하는 무형 자산, 즉 소프트웨어·데이터베이스·상표권과 같은 비물질적 제품의 확산이 가져온 경제적 결과에 초점을 맞추고 있다. 이러한 자산들은 기술 산업을 넘어 훨씬 더 넓은 범위에서 활용되고 있다. 세계화는 생산과정의 국제적 분산으로 나타나며, 전 세계 모든 지역과 노동자의 경쟁을 초래한다. 이러한 하위 계층들 간의 경쟁 심화와 대조적으로, 다국적 기업들은 강력한 독점화 논리를 이용하면서 세계를 연결하는 가치사슬의 정보 인프라를 통제한다. 지식재산권 강화는 자신들에게 유리한 쪽으로 지식을 활용하도록 제한하는 한편, 정보 처리 과정의 산업화는 전례 없는 강력한 수익 추구 논리를 강화하며 새로운 독점 시대를 예고하고 있다.

사회경제적 변화의 중요성을 인식하며, 책의 마지막 장은 이러한 변화가 자본주의의 미래에 어떤 영향을 미칠지에 대해 질문한다. 여기서 논의는 전반적 생산양식의 논리에 초점을 맞추고 있다. 즉, 경제적·정치적 제약이 행위자들에게 미치는 영향과 거기서 비롯되

는 동적 과정에 대한 논의다. 봉건주의 개념에 대한 심도 있는 논의
는 자본주의의 특수성을 부각시키고, 현대 사회에서 중세적 유형의
사회 대사métabolisme 과정[12]이 역설적으로 부활하고 있음을 드러
낸다. 이를 나는 '기술 봉건주의 가설'이라 부른다.

---

[12] 사회가 자원을 순환시키고 권력관계를 유지하는 봉건적 방식을 신진대사의 개념을 빌려 현
대에 빗댄 표현이다―옮긴이.

1장

캘리포니아 이데올로기의 빈곤

"민첩하게 움직이고 절차에 얽매이지 않으며, 모험가처럼
죽을 운명."

—샤를 페귀[1]

실리콘밸리는 1970년대 초반에 샌프란시스코 만 남쪽, 산호세 주
변 지역에 붙인 이름이다. 이 지역에는 반도체 재료, 특히 실리콘을
활용해 전자부품을 제조하는 많은 기업이 밀집해 있었다. 바로 그
곳에서 인텔이 최초의 마이크로프로세서를 개발했고, 1976년 스티
브 워즈니악과 스티브 잡스가 최초의 개인용 컴퓨터 애플 원Apple I
을 제작하고 상업화했다. 스탠퍼드 대학교, 샌드 힐 로드의 벤처 캐
피털 회사들, NASA의 엔지니어들이 슈퍼컴퓨터를 운영하는 에임
스연구센터Ames Research Center와 함께, 이곳은 첨단 연구, 공공 투
자, 민간 기업이 완벽한 시너지를 내는 생태계가 되었다. 이러한 환
경은 수십 년간 전 세계의 연구자와 엔지니어를 끌어들였다. 인구가
400만 명도 채 되지 않는 작은 지역이지만, 알파벳Alphabet, 페이스
북Facebook, 휴렛패커드Hewlett Packard, 넷플릭스Netflix, 테슬라Tesla[2]
같은 대형 하이테크 기업의 본사가 밀집해 있기 때문에 특별히 역

---

1   Charles Péguy, "La tapisserie de sainte Geneviève et de Jeanne d'Arc", *Morceaux choisis
    de poésie*, Gallimard, "Le livre de poche chrétien", Paris, 1962, p. 91.
2   테슬라는 2020년에 본사를 텍사스 주 오스틴으로 옮겼다—옮긴이.

동적인 곳이다. 그곳은 또한 미국의 백만장자와 억만장자가 가장 밀집한 지역이기도 하다.[3]

이 독특한 장소는 스타트업의 천국이다. 스타트업은 우리 시대의 진정한 주역으로, 두 가지 강력한 열망을 신속하게 통합한다. 한편으로는 강렬하면서도 즐거운 노동을 통해 직업적 자율성을 완전히 누리고자 하는 열망과, 다른 한편으로는 실패의 위험이 크지만 발명과 부의 영광이 그 위험을 감수할 가치가 있다고 여겨지는 집단적 모험에 대한 열망을 통합하는 것이다. 마법의 공식을 찾아낼 사람들, 적절한 시기에 좋은 아이디어를 발견해 순식간에 퍼뜨릴 수 있는 사람들에게 영광을. 미국 서부 해안의 스타트업들이 거대 기업으로 성장해가는 이야기는 대담함, 열린 사고, 기회의 상상력을 불러일으키며 이러한 정복 정신을 키워간다.

프랑스공화국의 새 대통령 에마뉘엘 마크롱은 2017년 6월 15일 트위터에 영어로 다음과 같이 올리며 이러한 의미를 살리려 했다. "나는 프랑스가 스타트업 국가가 되기를 원한다. 스타트업처럼 사고하고 움직이는 국가."[4] 그러나 문자 그대로 해석하면, 대통령의 트윗은 모순이었다. '스타트업 국가'라는 개념은 본질적으로 존재할 수 없기 때문이다.[5] 스타트업은 열 번 중 아홉 번 실패하지 않는가? 그

---

3   Elizabeth Eaves, "America's greediest cities", *Forbes*, 3 décembre 2007.
4   "Je veux que la France soit une nation start-up. Une nation qui pense et bouge comme
     une start-up."
5   '스타트업 국가'라는 개념은 이스라엘의 하이테크 산업을 다룬 동명의 저서에서 차용한 개념

것이 바로 스타트업의 본질이자 운명이다. 혁신적인 기업을 시작한다는 것은 높은 실패율을 감수하면서도 잠재적으로 엄청난 투자 수익을 기대하는 것을 의미한다. 이러한 위험은 충분한 자원을 가진 개인 기업가, 대재벌, 계열사를 통해 운영하는 대기업, 혹은 특별 프로그램을 통해 국가가 감수할 수는 있다. 그러나 한 나라 전체를 이러한 길로 내모는 것은 경제적으로 완전히 미친 짓일 것이다. 그렇다 해도 10년 내에 가치가 10억 달러를 초과하는 스타트업인 이른바 '유니콘 기업' 몇 개를 창출하는 것이 야심 찬 정책의 최고 목표가 된 것처럼 보인다.

경제 정책의 쟁점을 기업가적인 시각에서 새롭게 해석하는 것은 정책 수립을 담당하는 계층 내에서 사상적 변화가 일어난 결과다. 2차 세계대전 이후의 케인스주의적 합의는 완전 고용을 달성하기 위해 재정 정책의 역할을 강조했다. 20세기 말 워싱턴 합의는 시장의 기능을 완벽하게 하기 위해 규제 완화, 민영화, 긴축 정책에 집착했다. 2000년대 이후로 실리콘밸리 합의는 지식 경제에서 혁신과 기업가 정신의 과제에 초점을 맞추고 있다.[6] 이 합의는 캘리포니아

이다. 이 책은 인구 710만 명에 불과한 젊은 나라가 2009년 초 기준으로 미국의 주요 하이테크 증권거래소인 나스닥NASDAQ에 여느 외국보다 많은 63개 기업을 상장한 이유를 설명한다. 저자들은 신보수주의 계층과 가까운 사람들로, 의무 군복무와 이민이 이스라엘 성공의 주요 요인이라 주장하며, 이 두 요소가 위험 감수 정신을 고취시켰다고 설명한다. Dan Senor et Saul Singer, *Start-up Nation. The Story of Israel's Economic Miracle*, Twelve, New York, 2009; Gal Beckerman, "Senor decides against running for Senate, citing family and business", *The Forward*, 24 mars 2010.

6 '실리콘밸리 합의'는 MIT의 마이클 피오르Michael Piore가 창안한 용어다. 그는 이를 여러 발

의 경험을 기반으로 삼고, 그 경험이 불러일으키는 강력한 상상력을 끌어들인다. 그러나 그것으로 촉발된 사회경제적 변화는 일련의 역설을 낳아 이 합의의 기본 전제를 약화시키고, 이를 넘어서는 새로운 국면을 예고하고 있다.

실리콘밸리 합의

> "이념적 사실은 결코 단순한 환상이 아니며, 현실을 왜곡하는 인식이다. 그것은 다시 현실에 영향을 미쳐서 왜곡하는 실제적인 요인으로 작용한다."
>
> ─기 드보르[7]

2000년대 초, 미국이 전 세계 정치·경제 엘리트를 동원해 추진

표와 강연에서 언급했다. Cf. Michael Piore et David Skinner, "Economic policy in the time of reactionnary populism", *International Conference on Globalisation: Regional Growth and the 4th Industrial Revolution*, Bologne, 2017; Michael Piore et Cauam Ferreira Cardoso, "SENAI+ISIS. The Silicon Valley consensus meets organizational challenges in Brazil", *MIT-IPC Working Paper*, n° 17-005, 2017.
그러나 이 아이디어는 이미 여러 저자가 제시했으며, 특히 마리아나 마추카토Mariana Mazzucato 는 '실리콘밸리 신화'라고 언급하기도 했다. Cf. Mariana Mazzucato, *The Entrepreneurial State. Debunking Public vs. Private Sector Myths*, Anthem Press, "Anthem Frontiers of Global Political Economy", Londres/New York, 2014.

7   Guy Debord, *La Société du spectacle* [1967], Gallimard, Paris, 2008, p. 203.

한 글로벌 자본주의 프로젝트는 스스로의 독점적 지위를 확립했다. 소련 블록을 완전히 제압한 이 체제는 자유무역, 자본의 자유로운 이동, 국적에 관계없이 모든 투자자를 동등하게 대우한다는 원칙 아래 대부분의 국가에서 실행되고 있다.[8] 그러나 이 체제는 워싱턴 합의에서 비롯된 정책들의 파괴적인 결과와 이후 일어난 저항 때문에 점차 취약해지고 있다.

성과 측면에서 보면, 지난 20년간 라틴아메리카와 아프리카에서 시행된 다양한 형태의 구조조정 계획은 발전에 전혀 기여하지 못했다. 동유럽의 구사회주의 국가에서는 서방 전문가들이 강행한 충격요법이 경제 붕괴를 초래했으며, 몇몇 예외를 제외하고는 25년이 지난 지금까지도 회복하지 못하고 있다.[9] 1997년 아시아 금융 위기의 여파로 국제통화기금IMF의 가혹한 개입은 이전 수십 년간 일정 수준의 산업적 도약을 가능하게 했던 비정통적 정책들을 겨냥했다. 그 결과, 해당 지역 전역에서 직접 영향을 받은 주민들이 봉기했을 뿐만 아니라, 개발도상국의 일부 엘리트들은 서방 전문가들의 영향력에서 벗어나는 방법을 노골적으로 찾았다. 새로운 위기 상황에서 IMF의 지배를 피하기 위해, 많은 정부는 외환 보유고를 축적하려는 신중상주의 정책에 착수했다. 경제학자들 사이에서도 비판이 거세

---

8 Sam Gindin et Leo Panitch, *The Making of Global Capitalism. The Political Economy of American Empire*, Verso, Londres/New York, 2012.

9 Branco Milanović, "For whom the Wall fell? A balance sheet of the transition to capitalism", The Globalist (blog), 7 novembre 2014.

졌으며, 늘어나는 거리 시위와 맞물려 국제기구 내부에서도 비판이 감지될 정도였다.[10] 당시에는 1999년 시애틀에서 열린 세계무역기구 WTO 회의나 2002년 제노바에서 열린 G8 정상회의처럼, 주요 국제 행사가 시위와 봉쇄로 방해받지 않는 경우가 없었다. 이러한 시위는 텔레비전 화면을 통해 극적으로 방송되면서 행복한 세계화라는 개념을 종식시켰고, 이를 뒷받침하던 이념의 패권에 균열을 가져왔다. 2000년이 되자 구소련 블록 국가들의 몰락을 환영하며 시장에 열광했던 분위기는 완전히 사그라졌다.

알튀세르는 이렇게 정의했다. "이데올로기는 개인들이 자신의 실제 존재 조건과 맺는 상상의 관계를 표현한다."[11] 철학자 프레드릭 제임슨은 이데올로기가 개인이 더 큰 전체 속에서 자신의 상황을 인식하도록 돕는 '인지 지형도'를 형성한다고 말한다.[12] 따라서 지배적 이데올로기가 의지를 결집하고 실질적으로 작동하려면, 일반적이면서도 실질적인 관점을 제공해야 한다. 즉, 의미를 창출하고 지역

10　Joseph E. Stiglitz, *Globalization and its Discontents*, Norton, New York, 2002; Dani Rodrik, "Goodbye Washington consensus, Hello Washington confusion? A review of the World Bank's economic growth in the 1990s. Learning from a decade of reform", *Journal of Economic Literature*, vol. 44, n° 4, 2006, pp. 973~987; Ben Fine, Costas Lapavitsas et Jonathan Pincus, *Development Policy in the Twenty-first Century. Beyond the Post-Washington Consensus*, Routledge, Londres, 2003.

11　Louis Althusser, "Idéologie et appareils idéologiques d'État (Notes pour une recherche)", *Sur la reproduction*, PUF, "Actuel Marx Confrontations", Paris, 2014.

12　Fredric Jameson, "Postmodernism, or the cultural logic of late capitalism", *New Left Review*, vol. 1, n° 146, 1984, p. 90.

적 행동을 이끌어낼 수 있는 세계관을 제시해야 한다는 것이다. 세기가 전환되는 새로운 상황에서는 사회주의 경제와 계획경제 모델의 결함을 지적하는 것만으로는 충분하지 않다. 지난 수십 년 동안의 이념적 중심은 자본주의가 경쟁자를 잃으면서 시대에 뒤떨어지게 되었다. "안정화-자유화-민영화"라는 구호에 따라 시장의 자연질서로 돌아가라고 제안하는 것만으로는 충분하지 않다. 취약성은 주로 내부에서 발생하고 있으며, 이는 신자유주의 정책들이 불러일으키는 반발과 반복되는 위기에서 기인한다.

새천년이 시작될 무렵 형태를 갖추기 시작한 이 이념은 자본주의의 역동성 자체에서 정당성을 찾고자 한다. 구축된 긍정적 담론 체제는 마르크스가 "자본의 영구 혁명"[13]이라고 부른 것의 내재적 장점에 기반을 두고 경제적 정부 운영방식을 정당화하려는 목표를 가지고 있다. 승리하면서도 취약한 자본주의의 정당성을 강화하기 위해 선택된 이념적 경로는 자본주의의 프로메테우스적 발전, 즉 당시 미국의 신경제 붐과 인터넷의 폭발적 확산이 입증한 혁명적 에너지를 전면에 내세우는 것이었다. 그러나 월트 휘트먼 로스토가 **경제성장의 단계**에서 제시했던 대중 소비주의와는 달리, 이 과정은 이제 사회적·경제적 재생의 원리라는 그 자체의 가치를 지닌다.[14] 위대한

---

13 Karl Marx, "Principes d'une critique de l'économie politique" [1858], Œuvres, tome II, Gallimard, "Bibliothèque de la Pléiade", Paris, 1968, pp. 258~261.

14 Walt Whitman Rostow, *Les Étapes de la croissance économique. L'Histoire immédiate*, Seuil, Paris, 1960.

서사가 찬양받고 있으며, 실리콘밸리의 경험이 이를 교훈적으로 보여준다. 기업가들은 온갖 역경을 뚫고 인간의 창의성을 구원해 기술적 진보를 이루어내는 서사의 영웅들이다.

자본주의의 기술적 추진력을 자극하는 것이 새천년의 시작 이후 경제 정책의 새로운 이념적 지평이 되었다. 이러한 정설은 하루아침에 형성된 것이 아니다. 그것이 2000년대 초반 경제협력개발기구 OECD의 비공식 문서 속에서 광범위하게 확산되고 결정화되기까지의 과정을 살펴보기 전에, 캘리포니아의 기원을 되짚어볼 필요가 있다. 바로 그곳, 샌프란시스코 지역에서 이 새로운 합의가 전 세계로 확산될 수 있도록 한 이념들이 형성되었다. 그 이념들은 2001년 인터넷 버블 붕괴와 2008년 금융위기에도 살아남아 2010년대 말까지 힘을 유지했다.

캘리포니아 이데올로기

20세기 말, 인터넷의 등장은 정보기술·통신·미디어가 교차하는 새로운 사회적 공간을 만들어냈다. 갑작스럽게 일상적인 관행이 변하고, 새로운 경쟁 우위가 등장했으며, 정보는 처음 보는 경로를 통해 전달되기 시작했다. 이러한 격변 속에서 해석을 제시할 수 있는 사람들은 주목받을 가능성이 크다. 이러한 정신적 풍토에서 리처드 바르브룩과 앤디 카메론이 '캘리포니아 이데올로기'라고 부른 것이 전 세계적으로 퍼져나갔다.[15] 이 이데올로기는 1960년대 정치적 급진주의라는 풍부한 토양에 뿌리내린 히피 반문화와 새로운 캘리포니아 기업가들의 자유시장 원칙에 대한 열광적 동조가 결합해 탄생했다.[16] 얼핏 보아 모든 면에서 대립하는 두 문화가 공통점을 찾게 된 것은 새로운 기술이 지닌 해방의 잠재력 덕분이었다.

마지막 유토피아들

1975년에 출간된 어니스트 캘런바흐의 『에코토피아』는 20세기의 마지막이자 위대한 유토피아적 텍스트다.[17] 당시 서부 해안 곳곳에서 활발히 등장하던 대안적 움직임에서 영감을 받은 이 책은 북캘리포니아, 오리건, 워싱턴 주를 포함하는 새로운 국가를 묘사한다. 이 국가는 미국 본토와 분리된 영토로서 차량이 없는 곳이며, 권력은 분산되고 소비는 주로 지역 단위에서 발생하며, 자율관리가 일반화되어 있고, 성적 관계가 독점적이지 않고 개방적이다. 자율적

---

15 Richard Barbrook et Andy Cameron, "The Californian ideology", *Science as Culture*, vol. 6, n° 1, 1996, pp. 44~72.

16 Mike Davis, "The year 1960", *New Left Review*, n° 108, 2017. 캘리포니아의 사회정치적 역사를 더 깊이 다룬 연구는 제넷 에스트루스의 박사 논문에서 찾아볼 수 있다. Jeannette Estruth, "A political history of the Silicon Valley: structural change, urban transformation, and local movements. 1945-1995", New York University, 2017.

17 Ernest Callenbach, *Ecotopia. The Notebooks and Reports of William Weston*, Banyan Tree Books/Heyday Books, Berkeley, 2004. 어쨌든 이것은 미래 고고학의 대가이자 철학자인 프레드릭 제임슨이 2004년에 제시한 견해다(*New Left Review*, n° 25). 나중에 그는 자신의 유토피아를 출간했다(*An American Utopia*, Verso, Londres, 2017). 『에코토피아』에서 여러 쟁점이 제기되었지만, 여기서는 상호 동의에 기반을 둔 일종의 인종적 분리가 지배적인 현상을 포함한 문제적 제안들을 논외로 한다.

인 공동체가 확대가족을 중심으로 일상생활을 조직한다. 당시의 기술과 과학적 지식을 깊이 이해했던 캘런바흐는 특히 지역에서 생산된 재생 가능 에너지와 최첨단 군사장비를 기반으로 한, 지속 가능한 환경친화적 생산 시스템을 세밀하게 묘사하며, 이를 통해 이 급진적 정치실험을 방어할 수 있도록 했다. 이 이야기는 미국 사회의 생산주의 · 소비주의 · 권위주의 · 보수주의에 혐오감을 느끼는 한 세대 전체의 열망을 반영한다. 그는 또한 소비방식에서 환경 문제에 대한 관심이 높아질 것을 예견하기도 한다.

히피의 일부는 기술과 과학의 발전에 깊은 반감을 가지고 자연으로 돌아가자고 주장하지만, 히피의 보편적인 태도와는 거리가 멀다. 물론 『에코토피아』에서는 컴퓨터가 거의 등장하지 않지만, 기술적 문제는 작품 전반에 걸쳐 두드러진다. 이러한 기술 애호 성향은 디지털 혁명의 초기 단계에 더 민감했던 캘리포니아 반문화의 다른 부문에서도 찾아볼 수 있다. 그들은 새로운 정보기술에서 자신들의 자유주의적 이상을 실현할 도구를 발견했다. 캐나다 출신 미디어 이론가 마셜 맥루한의 선구적 연구는 당시 큰 영향을 미쳤다. 그는 1960년대 중반에 전 세계적인 수평적 통신 네트워크와 계층적 구조의 붕괴를 결합한 '지구촌'이라는 비유를 만들어냈다. "우리는 어디서나 가장 작은 마을에서 존재하는 것과 같은 개인 간 관계를 다시 연결하기 시작하고 있다. 그것은 기능이나 권한의 위임 없이 이루어지는 깊은 관계다"라고 그는 썼다.[18] 이러한 관점에서 보면, 기술적 변화가 인간 사회 규모에서 집단적 의식 형태의 출현을 결정짓는 요인으로 작용한다.

전기기술이 보급된 지 한 세기가 흐르는 동안, 우리의 중추 신경계는 지구 전체를 품안에 감싸며 공간과 시간을 동시에 초월하게 되었다. 우리는 인간 확장의 마지막 단계에 다가서고 있다. 이 단계는 기술적으로 의식을 모방하는 단계로, 지식의 창조적 과정이 집단으로 통합되고 인간 사회 전체로 확장되는 시점이다. 이는 우리의 감각과 신경의 범위가 이미 다양한 미디어를 통해 확장된 것과 마찬가지 방식으로 이루어진다.[19]

맥루한은 기술적 예언, 개인 능력의 증대, 권위 거부를 결합하며 "우리 시대의 특징은 모든 형태의 강요된 모델을 거부하는 것이다"라고 주장한다.[20] 그는 기술을 선호하는 히피들에게 개인의 자율성에 대한 급진적인 열망과 각자의 창의성을 전 세계적으로, 어떤 형태의 권한 위임이나 종속 없이 공유하는 비전을 제시한다. 이 놀라운 성과를 통해, 사람들이 지역사회 미디어를 대안으로 삼고 컴퓨터 클럽 활동에 참여하는 것을 진정한 민주주의를 이룩하기 위한 투쟁으로 여긴 이유를 이해할 수 있다. 이 해석 틀은 1970년대부터 캘리포니아에서 정보통신기술ICT/TIC에 대한 열광이 이전 세대 학생

---

18   Marshall McLuhan, *Understanding Media. Extensions Man*, McGraw-Hill, New York, 1966, p. 255.

19   *Ibid.*, p. 3.

20   *Ibid.*, p. 5.

실리콘밸리 합의   **29**

들이 대규모로 참여했던 사회운동의 연장선처럼 보이는 이유를 이해하는 데도 도움을 준다. 이는 반문화의 공동체적이고 반권위주의적인 열망을 전 세계적으로 확장하는 것을 목표로 하며, 기술적으로 강화된 개인들에게 대기업과 **거대 정부**에서 해방될 수 있는 수단을 제공하려는 것이다.

스튜어드 브랜드:
전 지구Whole World의 서사에서 세계적 경영Gobal business으로

1960년대 기술적 자유주의에 대한 열망의 잔재는 2010년대 중반에도 여기저기에서 화석처럼 존재하고 있다. 구글의 경영자들이 "디지털 기술이 권력을 국가와 기관에서 분산시켜 개인에게 이전할 것"이라고 주장할 때,[21] 이는 50년 전에 맥루한이 했던 약속을 되풀이하는 것에 불과하다. 그러나 그들이 발언하는 세계는 당시의 해방 열망과는 거의 관련이 없다. 기술 낙관주의는 이제 종종 우파에 뿌리를 둔 정치적 동기와 연관된다.

1960년대 캘리포니아 반문화의 일부는 여러 통로를 거쳐 1990년대부터 보수주의 사상을 새롭게 하는 데 기여했다. 그 가운데서도 스튜어드 브랜드의 궤적은 상징적이다.[22] 1938년에 태어난 그는 1960년

---

21 Eric Schmidt et Jared Cohen, *The New Digital Age. Reshaping the Future of People, Nations and Business*, Murray, Londres, 2014, p. 6.

22 Stewart Brand, "Bio…", sb.longnow.org(개인 웹사이트); Fred Turner, *From Counter-Culture to Cyberculture. Stewart Brand, the Whole Earth Network, and the Rise of Digital Utopianism*,

스탠퍼드 대학교에서 생물학 학위를 받았고, 군 복무 후 샌프란시스코로 돌아와 디자인과 사진을 공부했다. 이 시기에 그는 여러 활동 중에서도 특히 1966년 1월에 잊을 수 없는 '트립스 페스티벌Trips Festival'을 조직했다.[23] 이 행사에는 수천 명이 모여 LSD를 흡입해서 인식의 경계를 넘으려는 실험적 사건인 '애시드 테스트acid tests'를 체험하며, 그레이트풀 데드Grateful Dead의 록 공연과 사이키델릭 영화 상영과 함께하는 대규모 멀티미디어 쇼를 관람했다. 1968년, 브랜드는 역사적인 컴퓨터 시연에 참여했다. 스탠퍼드연구소의 더글러스 엥겔바트가 주도한 이 시연에서는 개인용 컴퓨터를 구성하게 될 주요 장치들이 소개되었다. 마우스, 워드 프로세서, 탐색 창, 하이퍼텍스트 링크 등이 포함된 이 시연은 이후 "모든 기술 시연의 어머니"로 불리게 되었다.

브랜드는 인식의 중요성을 널리 알리는 캠페인을 주도하며 NASA에 우주에서 본 지구 사진을 공개하도록 요구했다. 이후 그는 히피 공동체를 방문하는 장거리 여행 중에 필요한 물건과 그것을 살 수 있는 방법을 정리해서 『전 지구 목록Whole Earth Catalogue』을 제작하고 배포하기 시작했다. 이 책은 엄청난 성공을 거두며 당시의 '두 잇

University of Chicago Press, Chicago, 2010.

23 1966년 1월 21일부터 23일까지 샌프란시스코의 롱쇼어맨스 홀Longshoreman's Hall에서 스튜어트 브랜드, 켄 케시, 라몬 센더가 공동 주최한 행사로, 초기 히피 운동을 결집시키는 데 큰 역할을 했다. 수천 명이 록 음악 공연, 실험적 연극, 댄스, 조명 쇼 등 다양한 예술적 표현을 경험했다. 이 페스티벌은 히피 반문화 운동의 시작을 알리는 중요한 사건이었다—옮긴이.

유어셀프Do-it-yourself' 정신을 상징하는 아이콘이 되었다. 이후 브랜드는 다른 출판물을 발간한 뒤, 1985년에 초기 온라인 토론 포럼 중 하나인 웰WELL[24]을 공동 설립했다. 그는 MIT 미디어랩의 초빙 연구원으로 활동했으며, 쉘Shell과 AT&T 같은 대기업에서 강연을 하기도 했다. 1987년, 그는 기술적·사회적 변화가 가져오는 기회를 포착해 "더 나은 미래를 위한 지속 가능한 성장"을 목표로 버클리에 세운 컨설팅 회사인 글로벌 비즈니스 네트워크의 공동 창립자가 되었다.[25] 이후 그는 장기적 사고에 관한 강연과 출판 활동에 전념하며, 지구공학과 원자력 에너지를 지지하는 논거를 대중화하는 데 힘쓰고 있다.

스튜어트 브랜드의 생애가 잘 보여주듯, 1960년대 히피 공동체에서 시작된 변화의 흐름이 지배적인 경제적·정치적 세력의 변화를 지원하는 방향으로 전환한 과정은 1990년대 초, 캘리포니아에서 정치적 쟁점이 자연스럽게 우파로 이동하는 흐름과 비슷했다.[26] 실제로 1993년부터 1995년 사이에, 반문화에서 파생된 기술 애호 네트워크와 기업계, 공화당의 신우파 간에 잡지 『와이어드Wired』, 프로그레스앤드프리덤 재단Progress & Freedom Foundation, 공화당 정치인 뉴트 깅그리치Newt Gingrich를 중심으로 진정한 동맹이 형성되었다.[27]

---

24 Whole Earth 'Lectronic Link'—옮긴이.
25 Global Business Network, "GBN: where we started", en ligne.
26 Richard Walker, "California rages against the dying of the light", *New Left Review*, n° 209, 1995, p. 42.

이 시점에 구체화된 것은 새로운 정보문화의 가능성을 보수적으로
해석하는 관점이었다.

보수적 해석의 결정화

1990년대 초반, 미국 경제는 침체기에 접어들었다. 폴 크루그먼
은『사라진 기대의 시대』라는 책을 출간하며, 현실에 대한 냉소적이
고 실망스러운 평가를 제시했다.[28] 이전 세대는 국가 경제의 발전을
당연하게 여겼던 반면, 이제는 그러한 발전을 기대하기 어려워졌다.
대다수 사람의 생활수준은 경기 침체 때문에 대체로 나아지지 않
고 있으며, 실제로는 구매력이 감소하는 경우가 많다. 대부분은 이
러한 침체의 주요 원인을 생산성 부진에서 찾는다. 실제, 로버트 솔
로는 "컴퓨터는 어디에나 있지만 통계에서는 보이지 않는다"라고 재
치 있게 표현했다.

그러나 자본시장에서는 미묘한 움직임이 나타나기 시작한다.
1992년부터 새로운 스타트업의 상장 건수와 조달된 자금 규모가 대
폭 증가한다.[29] 투자자들의 낙관적인 태도는 현재 진행 중인 이념적
변환의 배경이 된다.

1993년에 설립되어 2010년에 해체될 때까지 프로그레스앤드프

---

27 Fred Turner, *From Counter Culture to Cyberculture, op. cit.,* chapitre vii.

28 Paul R. Krugman, *The Age of Diminished Expectations. US Economic Policy in the 1990s,* MIT
    Press, Cambridge, 1990.

29 Benedict Evans, "US tech funding", blog, 2015, fig. 19.

리덤 재단은 디지털 혁명과 연관된 우파 이데올로기를 형성하는 핵심 역할을 했다. 이 재단은 마이크로소프트, AT&T, 월트 디즈니, 소니, 오라클, 비방디, 구글, 야후와 같은 정보기술·통신·미디어 대기업들의 자금을 지원받았다. 이 조직의 목표는 고전적인 보수주의 관점과 디지털 혁명에 대한 열정적인 평가를 결합해서 기술 문제에 대해 정책 결정자들과 대중의 여론에 영향을 미치는 것이었다.[30] 1994년 8월 23일과 24일, 프로그레스앤드프리덤 재단은 애틀랜타에서 "사이버스페이스와 아메리칸 드림Cyberspace and the American Dream"이라는 제목의 회의를 개최했으며, "지식 시대의 대헌장A Magna Carta for the Knowledge Age"[31]이라는 부제를 가진 책을 발간했다. 이 책의 공동 서명자는 에스더 다이슨, 조지 길더, 앨빈 토플러, 조지 키워스였다. 이 중 앞의 세 사람은 모두 에세이스트이자 논평가이면서 동시에 투자자라는 공통점을 가지고 있으며, 기술과학계와 기업계를 넘나드는 인물로서 때때로 『와이어드』 지면에 등장했다. 이 잡지도 프로그레스앤드프리덤 재단이 설립된 1993년에 창간되었으며, 경제·문화·정치의 관점에서 새로운 기술을 다룬다. 이 잡지는 캘리포니아 이데올로기를 대중화하는 주요 언론 매체로 자리 잡았다. 네 번째 저자인 조지 키워스는 로널드 레이건의 과학고문을 지낸 인물로 재단에서 활동했다. 이들은 함께 중요한 영향을

---

30   "The Progress & Freedom Foundation", présentation en ligne.

31   이하에서는 『대헌장』으로 표기한다―옮긴이.

미칠 진정한 선언문으로 기획된 문서를 제작했으며, 그 핵심 내용을 아래에 소개한다.[32]

이 『대헌장』은 농업 시대와 산업 시대에 이어 정보 시대가 새로운 시대로 자리 잡을 것이라는 수십 년간 유행해온 개념을 다시 언급하며 시작된다.[33] 20세기의 주요 사건은 바로 '물질의 몰락'으로 정의된다.

기술, 경제, 국가 정책 분야에서 물리적 의미의 부富는 그 가치와 의미를 상실했다. 이제 어디에서나 정신의 힘이 물질의 힘을 압도하고 있다.

잠재적인 변화는 엄청나며, 이는 "사이버스페이스가 문자 그대로 보편적인 생체 전자 환경"이기 때문이다. 소프트웨어를 통해 탐험하는 아이디어들로 채워진 이 공간은 "지식의 영역"이라는 새로운 경

---

32 별도의 언급이 없는 한, 이 섹션의 나머지 부분에 나오는 모든 인용문은 다음의 저서에서 가져온 것이다. Esther Dyson et al., "Le cyberspace et le rêve américain: une *Magna Carta* pour l'ère de la connaissance. Une vision du futur" [1996], trad. Michel Bourdeau et Stéphane Marchand, *Cahiers philosophiques*, vol. 2, n° 141, 2015, pp. 111~129.

33 1970년대 이후 많은 저자가 곧 새로운 정보 시대가 열릴 것이라고 예고해왔다. Alain Touraine, *La Société post-industrielle*, Denoël, Paris, 1969; Zbigniew Brzezinski, *Between Two Ages. America's Role in the Technetronic Era*, The Viking Press, New York, 1970; Daniel Bell, *The Coming of the Post-Industrial Society. A Venture in Social Forecasting*, Basic Books, New York, 1973; Alvin Toffler, *The Third Wave*, William Morrow & Compagny, Londres, 1980; Simon Nora et Alain Minc, *The Computerisation of Society*, The MIT Press, Cambridge, 1980; Ithiel de Sola Pool, *Technologies of Freedom*, Harvard University Press, Cambridge, 1983.

계를 열어주며, 모든 사람이 이를 탐구할 수 있는 능력을 갖추어야 한다고 주장한다.

그러나 이 새로운 지식의 시대가 약속을 실현하려면 과거의 태도를 버려야 한다. "이는 선진 민주주의 국가의 지도자들에게 특별한 책임을 부여한다. 즉, 전환과정을 촉진하고 가속화하며 이를 설명하는 책임이다." 이는 적절한 주장이다. 『대헌장』의 목표가 바로 이 임무를 수행하기 위한 지침을 제공하는 데 있기 때문이다. 이 텍스트는 끊임없이 사실을 서술하면서도 동시에 규범을 제시하기도 한다. 국가의 개입 축소, 경쟁 심화, 기업가들의 대규모 활동을 분석하며, 이를 요구하기도 한다. 이는 인류가 직면한 긴급한 문제와, 특히 미국이 당면한 어려움을 기술적으로 해결하기 위한 길이라는 것이다. 이 대목에서 필립 가렐의 영화 〈사랑의 탄생La Naissance de l'amour〉에서 장피에르 레오가 한 대사가 떠오른다.

사실 우리는 지금 무슨 일이 일어나고 있는지 알지 못한다. 다만 우리가 원하는 것이 무엇인지 알고, 그렇게 일이 일어난다. 1917년에 레닌과 그의 동지들은 "우리는 혁명을 원하니까 혁명을 일으킬 것이다"라고 말하지 않았다. 대신 "혁명의 모든 조건이 갖춰졌고, 혁명은 필연적이다"라고 말했다. 그들은 혁명을 일으켰고, 그 혁명은 그들이 하지 않았다면 결코 일어나지 않았을 것이다. 하지만 그들이 혁명을 필연적이라고 믿지 않았다면 그것이 이루어지지 않았을 것이고, 그러한 믿음은 단지 그들이 그것을 원했기 때문에 가능했다.[34]

볼셰비키처럼 『대헌장』의 저자들도 예고하는 동시에 지시한다. 그들의 첫 번째 선언은 현대 생활의 핵심 제도 중 하나인 관료조직의 종말을 다룬다. 거의 한 세기 동안 자유를 사랑하는 사람들은 대량 산업사회와 연관된 순응의 가치가 지배하는 상황에서 고통받아왔다. 그러나 이제 그들은 반격에 나섰다. "새로운 정보기술은 제품이든 사람이든 다양성의 경제적 비용을 거의 제로로 만들면서 제도와 문화를 '탈대중화'하고 있다." 이는 새로운 사회적 세계의 복잡성이 "너무 커서 어떠한 중앙집권적 관료제도 관리하기 어렵다"는 사실을 받아들여야 한다는 점을 의미한다. 이는 사회주의적 프로젝트의 폐기를 넘어 국가의 대규모 축소를 뜻한다. 『대헌장』은 "제3의 물결 정부가 현재의 정부보다 훨씬 작아질 것(아마도 50퍼센트 이상 축소될 것)"이라고 예언하며, "이는 산업 시대의 중앙집권적 권력구조에서 제3의 물결 시대의 분산되고 탈중앙화된 제도로 전환함에 따른 불가피한 결과"라고 주장한다.

네 저자는 여기서 다소 단순한 기술결정론을 활용하고 있다. 이미 19세기 말에 많은 사람이 전기 덕택에 공예가 다시 주목받을 것으로 생각했다. 전기가 분배되면서 개별 공예가는 독자적인 에너지원을 가진 대규모 산업 단위에 맞서 다시 경쟁력을 갖출 것이라는 전망이었다.[35] 1993년, 조지 길더는 『와이어드』와 대담을 나누면서

---

34 Philippe Garrel, *La Naissance de l'amour*, 1983.

35 Philippe Dockès et Bernard Rosier, *L'Histoire ambiguë. Croissance et développement en question*, PUF, "Économie en liberté", Paris, 1988.

인터넷을 프리드리히 하이에크의 "자발적 질서의 은유"로 여기는 모습을 보였다. 네트워크는 "규율적인 통제 시스템 없이도 촘촘한 서비스의 망을 구축할 수 있다. 모든 말단까지 지능이 충분히 분산되어 있다면, 네트워크 자체는 상당히 단순할 수 있다"라고 길더는 말했다.[36]

이 통찰에 더해 『대헌장』에서는 사이버스페이스가 끊임없이 변화하는 시장으로 이루어져 있다는 개념을 제시한다. 기술 발전의 효과는 슘페터가 말한 '창조적 파괴'의 역동성을 만들어내며,[37] 경쟁은 전 세계적 규모에서 모두를 승자 또는 패자로 만든다. 1980년 미국의 정보기술 산업은 소수의 대형 기업이 지배하고 있었다. 그러나 10년 후, 특히 IBM을 시작으로 이들 기업의 시장 점유율은 급격히 무너졌다. 처음에는 이를 미국이 쇠퇴하는 증상으로 해석했지만, 사실 이 변화는 정반대의 신호였다. 개인용 컴퓨터의 등장은 아시아와 유럽 경쟁자들에 맞선 미국 기술 주도권의 부활을 알리는 시작이었다.

중앙 컴퓨터에서 개인용 컴퓨터로 전환되면서 중요한 시장이 창출되었다. 이 시장은 쉽게 접근할 수 있고 진입장벽도 낮다는 특징을 지니고

---

36 Kevin Kelly, "George Gilder: when bandwidth is free", *Wired*, 1er avril 1993.

37 Joseph Schumpeter, 『자본주의, 사회주의, 민주주의*Capitalism, Socialism, and Democracy*』 (1942). 기업가는 경쟁에서 이기려고 기술 혁신으로 기존 구조를 파괴하면서 새로운 것을 창조한다. 경제발전은 '창조적 파괴'의 필연적이고 지속적인 과정이다―옮긴이.

있었다. 수십 개의 스타트업이 기존의 대형 기업과 경쟁을 벌였고, 결국 승리했다.

교훈은 분명하다. 미국은 내수 시장에서 경쟁력을 유지하며 세계를 압도하는 정보기술 산업의 우위를 확보할 수 있었다. 따라서 "'지식 시대를 위한 산업 정책'이 존재해야 한다면, 그 목표는 경쟁의 장애물을 제거하고, 급성장 중인 통신과 정보기술 산업의 규제를 대대적으로 완화하는 것이어야 한다." 정부는 이러한 역동적인 경쟁이 자유롭게 발전하도록 허용하고 이를 촉진시켜야 한다.

이는 정부가 손을 놓고 있다는 뜻은 아니다. 이 세 번째 수준의 논지를 전개하기 위해, 저자들은 자유지상주의의 상징적 인물인 아인 랜드Ayn Rand[38]를 언급한다.[39] 정부는 명확하고 법적 효력이 있는 재산권을 만들어야 한다. 이는 시장이 원활하게 작동하기 위한 필

---

38 1905-1982, 이 여성은 러시아에서 태어나 1926년 미국으로 이주한 소설가이자 철학자로서 『파운틴헤드The Fountainhead』와 『짐을 벗은 아틀라스Atlas Shrugged』로 유명하며, 객관주의 Objectivism 철학 체계를 제시했다—옮긴이.

39 "Le statut de la propriété des ondes aériennes", *Objectivist Newsletter*, avril 1964. 랜드의 인용문은 새로운 기업 이론의 핵심 개념들이 등장하기 전인 1964년에 나왔음에도 흥미롭다. 랜드는 이 이론들의 기여로 확립된 소유권 이데올로기를 미리 내다보고 있다. 이는 『대헌장』이 지지하는 이념이다. "정부는 개인의 권리를 보호할 의무가 있으며, 특히 그러한 권리가 실현되고 조정될 수 있는 법률을 제정할 책임이 있다. 정부는 특정 활동 영역에서 개인의 권리가 어떻게 적용되는지를 정의할 책임이 있다. 즉, 권리를 정의(다시 말해 식별)하는 것이지, 창조하거나 발명하거나 부여하거나 박탈하는 것이 아니다. 재산권 적용을 정의하는 문제는 종종 제기되었으며, 예를 들어 석유나 영공 등의 권리가 그러하다. 대부분의 경우, 미국 정부는 적절한 원칙에 따라 관련된 모든 개인의 권리를 보호하려 했으며, 이를 폐지하려는 의사는 없었다."

수적인 요소다. "사이버스페이스라는 새로운 환경을 창조한다는 것은 새로운 형태의 재산을 창조하는 것이다. 즉, 사람들에게 혜택을 줄 수 있는 재화(아이디어를 포함한)를 창출할 새로운 수단을 만드는 것이다." 지식재산권, 전자기 주파수, 인프라 네트워크는 재산의 틀안에 포함되어야 할 새로운 대상이다. 그들이 설명하듯, 핵심은 "사람들이 소유한다는 핵심 원칙, 즉 사유재산이 모든 논의를 지배해야 한다"라는 것이다. "사이버스페이스는 정부의 것이 아니라 사람들의 것이다." 다시 말해 사유재산만이 사이버스페이스를 소유할 정당한 기반이 되지만, 이를 위해서는 새로운 권리를 정의하기 위한 정부의 적극적인 조치가 필요하다.

아인 랜드에 대한 언급은 매우 의미심장하다. 수천만 부가 판매된 우화적 소설의 저자인 그는 1982년에 세상을 떠났으며, 그의 사상은 미국에서 막대한 영향을 끼치고 있다. 그의 사상적 핵심 축은 개척자들, 즉 창조적 인간들과 추종자들, 즉 대중적 인간들의 대립이다.[40] 실리콘밸리의 기업가들은 랜드의 주인공들이 비춰주는 거울 속에서 스스로를 만족스럽게 바라보고 있다.[41] 그들은 거기서 자

---

40 Slavoj Žižek, "The actuality of Ayn Rand", *The Journal of Ayn Rand Studies*, vol. 3, n° 2, 2002, p. 222.

41 우버 CEO였던 트래비스 캘러닉은 2015년 자신의 트위터 아바타를 아인 랜드의 베스트셀러 중 하나인 『파운틴헤드』의 표지로 활용했다. 그리고 피터 틸은 아인 랜드에 대한 존경을 공개적으로 표명했으며, 애플 공동 창업자인 스티브 워즈니악은 스티브 잡스가 『짐을 벗은 아틀라스』를 자기 삶에 지침을 준 책 중 하나로 여겼다고 말한다. Cf. Jonathan Freedland, "The new age of Ayn Rand: how she won over Trump and Silicon Valley", *The Guardian*, 10 avril 2017.

극적이고 영광스러운 방식으로 자신의 우월성을 그려내는 이미지를 보고 있다. 그들이 소중히 여기는 '파괴적 혁신'이라는 개념은 랜드가 가치 있게 여기는 모든 것과 밀접하게 연관되어 있다. 이는 과감히 도전하고, 누구보다 먼저 행동하며, 오직 자신의 직관만을 바탕으로 미래를 개척하는 능력을 말한다. '파괴적 혁신' 개념의 파괴적인 측면은 완전히 받아들여지고 있다. 이는 혁신을 명분으로, 슘페터적 정신에 따라 기존의 규칙을 전복하려는 것이다. 구글에서 페이스북과 우버에 이르기까지, 실리콘밸리의 기업들은 기존의 법적 틀을 벗어나거나 심지어 기존 규칙에 반하면서까지 기정사실화를 통해 자신들의 혁신을 강요하는 데 주저하지 않았다.[42]

조지 몽비오는 다음과 같이 본질을 꿰뚫는다. "아인 랜드는 전후 가장 끔찍한 철학을 만들어냈다. 이기심은 선이고 이타심은 악이며, 공감과 연민은 비합리적이고 파괴적이라고 주장했다. 가난한 사람

톰 커티스의 다큐멘터리 〈사랑과 은혜의 기계가 모두를 감시하는 세상All Watched Over by Machines of Loving Grace〉에서 존 매카스키는 1990년대 캘리포니아에서 정보기술 기업가로서 자신이 겪은 경험에 대해 다음과 같이 말했다. "나는 정말로 아인 랜드의 소설 속 주인공처럼 느꼈고, 실제로 그런 존재였다. 나는 천국을 건설하고 있었다. 나는 독립적으로 사고했고, 이성적이었으며, 내가 하는 일에 자부심을 느꼈다."
다음도 참고할 것. Diane Anderson, "Tech titans turn to 'The Fountainhead' for comfort", CNN.com, 13 juin 2000.

42 이 주장의 핵심은 새로운 디지털 세계에서 호텔, 식품 안전, 택시와 같은 서비스를 법으로 규제할 필요가 전혀 없다는 것이다. 경쟁이 스스로 부적절한 행위자들을 제거할 것이기 때문에 대중이 필요로 하는 유일한 보호는 자유시장이라는 것이다. Paul Bradley Carr, "Travis shrugged: the creepy, dangerous ideology behind Silicon Valley's cult of disruption", Pando.com, 24 octobre 2012.

들은 죽음을 면할 자격이 없으며, 부자들은 아무런 제한도 없는 권력을 가질 권리가 있다."[43] 바로 이 철학이 많은 캘리포니아 기업가들에게 영감을 주는 이념이다. 이들은 『대헌장』이 제시하는 역사적 사명을 자신들의 것으로 여기며, '미국적 이념'의 영원한 진리를 바탕으로 한 새로운 문명을 창조하는 것을 목표로 한다.

국제적 확산

뉴트 깅그리치는 『대헌장』의 기원이 된 애틀랜타 회의에 참석했다. 그는 1980년대 공화당을 급진화하려는 투쟁에서부터 2016년 도널드 트럼프의 미국 대통령 당선 지원에 이르기까지 미국 우파의 중심인물로 활동해왔다. 1995년 이 회의가 열린 지 1년 후, 그는 권력의 정점에 있었다. 하원의장으로서 『타임』지가 선정한 '올해의 인물'로 지명되었다. 이 시기에 그는 『와이어드』와 대담에서 이렇게 말했다. "우리가 정보화 시대에 부합하고 경제적 우위를 점하는 역동적인 미국을 건설할 수 있다면, 나머지 세계는 우리를 따를 것이다."[44] 이 발언은 캘리포니아 이데올로기가 세계적으로 우위를 점하기 시작한 시점을 보여준다. 이는 곧 도입될 새로운 경제 정책들을 정당화하는 데 중요한 서사적 기반을 제공했다. 실제로 1995년

---

43 Georges Monbiot, "How Ayn Rand became the new right's version of Marx", *The Guardian*, 5 mars 2012.

44 Esther Dyson, "Friend and foe", *Wired*, 1er août 1995.

에 다수의 하이테크 기업에서 컨설턴트로 활동하던 아이라 매거지너Ira Magaziner[45]가 클린턴 대통령한테 성장 정책을 수립하라는 임무를 부여받았다. 그 결과, 1997년에 글로벌 전자 상거래를 위한 기본 문서가 나왔다.[46]

이 문서는 클린턴 행정부의 진정한 전환점을 나타낸다. 초기에는 정보기술이 특정 산업 부문에서 기술적 우위를 구축하기 위한 관점, 특히 제조업 시대의 성장 체제와 관련해 주목받았다면, 이제는 디지털 고유의 성장 체제가 지배적인 아이디어로 자리 잡았다.

1992년 선거 운동에서 빌 클린턴은 전통적인 산업 정책을 기반으로 전자·정보기술 기업 경영진들에게 유리한 정책을 추진하겠다고 약속하며 많은 지지를 얻었다. 『뉴욕 타임스』는 당시 다음과 같이 설명했다. "클린턴의 기술 정책은 업계 리더들과 협의해서 마련되었으며, 연방정부가 산업과 시장의 발전에서 더 중요한 역할을 해야 한다는 신념에서 나왔다."[47] 검토 중인 정책에는 특정 세금 감면, 특정 기술 프로그램에 대한 보조금, 인프라에 대한 공공 투자뿐만 아니라 미국의 대외 무역 정책 강화도 포함된다. 정보기술 기업들은 1990년대 초 국제 경쟁자들을 불공정 경쟁으로 비난하며, 부시 행정부가 거부했던 반덤핑 조치를 차기 클린턴 행정부가 취해주기를

---

45 미국 클린턴 정부의 기술·경제·건강 정책 분야에서 활동한 정치자문가—옮긴이.

46 Clinton Administration, "A framework for electronic commerce", juillet 1997, en ligne.

47 Calvin Sims, "Silicon Valley takes a partisan leap of faith", *The New York Times*, 29 octobre 1992.

기대하고 있었다.

5년 후 클린턴 행정부 2기의 전자 상거래 원칙은 『대헌장』의 방향으로 완전히 전환되었음을 보여준다. 문제는 기술적 지도력을 계속 방어하는 것이 아니라 새로운 산업혁명에 대비해 적절한 환경을 조성하는 것이다. 이를 통해 '글로벌 커뮤니티'를 형성하고 거래 비용을 대폭 줄여 상업을 근본적으로 변화시킬 수 있을 것이다. 기본 문서에서 정의한 계획의 목표는 이 혁명을 지원하고, 무엇보다도 과도한 규제가 형성 중인 글로벌 전자시장의 역동성을 저해하지 않도록 하는 것이다. 산업 정책이라는 개념 자체는 "민간 기업이 주도해야 한다", "정부는 과도한 규제를 삼가야 한다", "공공 개입이 전자 상거래를 촉진하는 데 필요할 경우, 그 목표는 경쟁을 장려하고 지식재산권을 보호하는 것이어야 한다", "정부는 인터넷의 특수성, 즉 탈중앙화된 성격과 하향식이 아닌 상향식 거버넌스를 인정해야 한다"라는 등 오늘날 우리에게 익숙해진 일련의 원칙들로 대체되었다.

또한 국경을 넘어 글로벌 전자시장에 일관된 법적 틀을 제공하는 것을 강조하는 국제주의적 요소가 더해졌다. 이 마지막 요소는 매우 중요하다. 미국이 국제 문제에서 주도권을 가지고 있다는 점을 감안할 때, 이는 본격적으로 글로벌 행동 프로그램을 가동하는 것을 의미한다. 특히 1997년 3월에 체결된 싱가포르 정보기술 협정은 정보기술 관련 제조 제품과 소프트웨어에 대한 관세를 철폐하는 내용을 담고 있다.

1998년 8월 24일, 아이라 매거지너는 프로그레스앤드프리덤 재단이 다시 개최한 "사이버스페이스와 아메리칸 드림" 회의에서 연설했다.[48] 매거지너는 클린턴 행정부에서 전자 상거래와 관련된 자신의 활동을 설명하며, 인터넷과 글로벌 상거래를 위한 공통의 제도적 구조를 구축하기 위해 세계가 협력하고 있음을 언급했다. 그리고 『대헌장』이 아인 랜드의 사상을 반영한 방향에 따라, "무엇보다 시장과 자율규제를 우선적으로 신뢰해야 한다"라는 필요성을 강조하면서 결론을 내렸다. 이는 "정부가 행동하지 않는 것을 받아들이는 것, 즉 정부로서는 매우 어려운 일에 동의하는 것"을 의미한다. 이 기술자유주의는 경제 정책에서 혁신 문제를 다루는 틀이 되었다.

경제성장의 원인

혁신 문제에 대한 관심은 OECD와 정부 관련 기관에서 지난 20년 동안 줄어들지 않았다. 인터넷 버블 붕괴, 그에 따른 회계 스캔들, 2008년의 대공황조차도 이 의제에 실질적인 영향을 미치지 못했으며, 이 의제는 오늘날까지도 여전히 활발하게 유지되고 있다. 2015년에 발표된 OECD의 보고서 『혁신의 필요성』에서는 그 이유를 다음과 같이 설명한다.

---

48 Ira Magaziner, "Creating a framework for global electronic commerce", *Future Insight*, vol. 6, n° 1, 1999.

혁신은 기업과 일자리 창출, 생산성 향상의 기반을 제공하며, 경제성장과 발전의 중요한 원동력이다. 또한 혁신은 인구변화, 보건위기, 자원부족, 기후변화와 같은 긴급한 사회적·세계적 문제를 해결하는 데 기여할 수 있다.[49]

이 관점은 경제발전을 촉진하고 지구의 문제를 해결할 것이라는 기술 진보의 장점을 진부하게 나열했지만, 새로운 것은 거의 없다.[50] 그럼에도 1990년대에도 국가 혁신 시스템에 관한 매우 흥미로운 연구 주제로 여전히 주목받았다.[51] 이 접근법은 각국의 경제·기술 성과를 뒷받침하는 제도적·역사적 구조에 주목했다. 또한 주요 행위자들(기업, 대학, 연구소)의 방식, 공공 정책, 사회적·정치적 균형을 연구해서 국가별 발전 경로를 설명하려고 했다. 예를 들어 미국 기술

---

49 OCDE, *L'Impératif d'innovation. Contribuer à la productivité, à la croissance et au bien-être*, Éditions de l'OCDE, Paris, 2016, p. 3.

50 1945년 루스벨트 대통령에게 제출된 보고서 『끝없는 프런티어*The Endless Frontier*』에서부터 과학과 기술 생산을 지원하기 위한 공공 개입의 필요성에 대한 주장은 분명히 제기되었다. 그 저자인 배너버 부시는 미국에 원자폭탄을 제공한 맨해튼 프로젝트의 총책임자였다. 따라서 그의 주장에는 군사적 문제가 강하게 드러나 있다. 그러나 그는 고용, 생활수준, 국제 경쟁력 측면의 경제적 중요성 또한 강조한다. 그는 이렇게 썼다. "공공 기업과 민간 기업의 바퀴를 돌리기 위해서는 새로운 과학 지식의 흐름이 필요하다." Cf. Vannevar Bush, *Science, the Endless Frontier. A Report to the President*, United States Government Printing Office, Washington, DC, 1945, p. 13.

51 Bruno Amable, "Institutional complementarity and diversity of social systems of innovation and production", *Review of International Political Economy*, vol. 7, n° 4, 2000, pp. 645~687; Richard R. Nelson, *National Innovation Systems. A Comparative Analysis*, Oxford University Press on Demand, Oxford, 1993.

발전의 기반, 2차 세계대전 이후 일본의 눈부신 추격, 또는 독일의 장기적인 기계 산업 특화가 그것이다. 이러한 분석 틀은 시장 메커니즘의 자율성을 찬양하는 신자유주의적 교리와는 완전히 대척점에 있다.

OECD가 채택한 새로운 정통성은 혁신의 역동성에 대한 체계적인 관점과 철저히 단절되었다. 파리에 본부를 둔 이 기구는 관련 주제에 대한 모든 출판물에서, 혁신을 위한 강력한 정책은 건전한 거시경제 관리, 경쟁적인 시장, 국제무역과 투자 개방을 요구한다고 강조한다. 그들의 이론은 워싱턴 합의를 계승하면서도 기술 낙관주의라는 질적 요소를 추가적으로 결합하고 있다. 명시적인 선언문은 없지만, 2000년 7월 6~7일 파리 OECD 본부에서 열린 비공식 워크숍 보고서가 이를 대신할 수 있다.[52] 이 회의의 참가자들은 정보통신 기술 확산이라는 맥락에서 경제성장을 이끄는 요인에 대한 각자의 견해를 교환했다. 목표는 1995년 이후 미국 경제의 역동성을 이해하는 데 있었으며, 이는 소득 수준이 낮은 남반부 국가들의 전반적인 불안정성과 나머지 부유한 나라들의 침체와 뚜렷한 대조를 이루고 있다. 그들은 미국의 성공을 혁신에서 찾을 수 있다고 결론지

---

52 초청된 13명의 경제학자들은 모두 남성으로, 주요 영미권 대학(하버드의 데일 요르겐슨, 컬럼비아의 자비에 살라이마틴, 옥스퍼드의 조너선 템플, 시카고 소재 벨기에 국립은행의 폴 뷔첸), 아시아의 연구기관(한국개발연구원의 한진희, 도쿄경제연구센터의 니시무라 기요히코)에서 왔다. Jonathan Temple, "Summary of an informal workshop on the causes of economic growth", *OECD Economics Department Working Paper*, vol. 33, n° 260, 2000.

었다. 연구와 교육의 중요성이 언급되긴 했지만, 논의는 주로 다른 세 가지 요소에 집중되었으며, 이는 당시 형성 중이던 교리의 핵심 축이 되었다.

첫째, 보고서는 "슘페터의 '창조적 파괴'라는 개념은 기업과 기관 차원의 발전이 어떻게 집계된 수준에서 생산성 향상으로 전환될 수 있었는지를 이해하는 데 도움을 준다"라고 지적한다.[53] 다시 말해 저자들은 성과가 낮은 기업을 혁신적인 기업으로 대체한 것이 생산성 효율 향상의 핵심 요인이라고 본다. 이는 혁신 문제와 기업가 정신 문제를 연결하는 핵심적인 지점이다. 이는 혁신과정이 무엇보다도 기존 조직의 유산에서 자유로워, 충분히 민첩하게 움직일 수 있는 새로운 기업들이 시장에 진입함으로써 시작된다는 믿음을 강화한다. 이러한 기업들은 기존 산업 부문에 파괴적 변화를 심을 수 있는 능력을 가진 것으로 평가된다. 이는 필리프 아기옹과 피터 하위트를 비롯한 학자들이 시작한 새로운 세대의 이론적 연구와도 맥락을 같이한다. 이들은 혁신 확산과 연관된 창조적 파괴 메커니즘을 기반으로 성장 경로를 모델화한다.[54]

둘째, 저자들은 "미국의 상대적으로 강한 성과는 아마도 혁신에 대응해서 자원을 한 부문에 한정하지 않고, 더 나아가 부문 간에 재배치하는 것을 촉진하는 제도와 관련이 있을 것"이라고 결론지

53 Ibid., p. 8.
54 Philippe Aghion et Peter Howitt, "A model of growth through creative destruction", NBER Working Paper, n° w3223, 1990.

었다. 그들은 이 과정에서 경제의 유연성, 즉 상품시장 내의 경쟁을 촉진할 뿐만 아니라 노동과 자본의 이동성을 증진하는 제도의 역할을 강조한다. 자원의 배분에 대한 더 나은 대응력과 혁신의 빠른 확산을 가능하게 하도록 노동시장은 최대한 유연해야 한다고 본다. 이 주장은 자본에도 해당하며, 금융 시스템의 확장을 촉진해야 한다는 논거를 제시한다. 특히 "신생 기업의 자금 조달을 쉽게 해주는 것이 기존 기업들의 입지를 약화하는 경향이 있다"라는 점이 강조된다. 따라서 미국의 성공은 금융 자유화에 기인했다는 평가를 받는다. "자원을 새로운 경제 부문으로 신속하게 재배치하는 것은 덜 발달된 금융 시스템에서는 아마도 불가능했을 것이다"라는 설명이 이를 뒷받침한다.

셋째, 이 문서는 "특허 제도와 더 일반적으로는 재산권의 정의와 보호"를 강조하고 있다. 근본적인 문제는 혁신에 따른 이익을 확보하는 것과 이를 통한 인센티브 역할에 있다. 이미 언급한 신슘페터 학파의 성장 연구자들은 파괴의 속도가 너무 빠르면 혁신을 저해할 위험이 있다는 점을 지적한다.[55] 따라서 창조적 활동의 성공에 따른 잠재적 이익이 충분히 보장되도록 해야 하며, 이를 위해 자본에 대한 낮은 과세와 엄격한 지식재산권 보호가 필요하다는 주장이 제기된다.

---

55 Philippe Aghion et Jean Tirole, "The management of innovation", *The Quarterly Journal of Economics*, vol. 109, n° 4, 1994, pp. 1185~1209.

이 새로운 혁신 교리는 창조적 파괴 개념을 강조하는 점에서 독창적이다. 2000년 여름 OECD가 소집한 경제학자들이 미국의 새로운 경제 붐에서 주목한 것은 시장의 유연성뿐만 아니라 경쟁과 인센티브가 혁신에 미치는 긍정적 효과였다. 이 교훈은 대체로 편향되었음에도 구조적 개혁을 담당하는 전문가 그룹들을 통해 각국으로 빠르게 확산되었다.[56]

요약하자면, 2000년대를 전후로 새로운 교리가 경제 정책에 영감을 주고 있다. '실리콘밸리 합의'는 '워싱턴 합의'를 넘어서는 개념이다. 이 교리는 시장을 통한 자원 배분의 정적 효율성보다 창조적 파괴를 특징으로 하는 자본주의의 동적 효율성에 더 중점을 둔다. 이를 통해 교리는 안정화-자유화-민영화라는 삼중 구도를 넘어 인센티브 문제를 중심에 두며 그 처방의 범위를 확장한다. 따라서 공공 개입의 절제, 기업가적 에너지의 해방, 상품·노동·자본 시장의 유연성, 혁신가의 재산권 보호라는 원칙들이 실리콘밸리 합의의 특징적인 공공 정책 방향을 이끈다.

---

56 예를 들어 프랑스의 경우 자크 아탈리의 보고서를 들 수 있다. Jacques Attali, *Rapport de la Commission pour la libération de la croissance française: 300 décisions pour changer la France*, La Documentation française, Paris, 2008. 이와 관련된 다른 사례들은 브루노 아마블과 이반 레데즈마의 저서에서 볼 수 있다. Bruno Amable et Ivan Ledezma, *Libéralisation, innovation et croissance. Faut-il vraiment les associer?*, Éditions Rue d'Ulm, "Collection du CEPREMAP", Paris, 2015.

새로운 자본주의의 다섯 가지 역설

"정부가 반복적으로, 그리고 심각하게 실패한다면, 그 정부는 결국 신뢰를 잃게 된다."

—막스 베버[57]

실리콘밸리 합의의 추진력은 디지털 기술의 확산에 의미를 부여하려는 주장과 캘리포니아 경험이 가진 강력한 상징적 힘에 기반을 두고 있다. 실리콘밸리 또는 더 정확히 말해 그 이상화된 이미지는 새로운 자본주의의 쇼윈도다. 이곳은 스타트업과 벤처캐피털 덕분에 아이디어가 자유롭게 꽃피고, 일자리가 풍부하며, 첨단기술 발전이 대다수 사람에게 혜택을 주는 기회의 땅으로 묘사된다. 이 이상화된 성공 경험을 바탕으로, 혁신이라는 더 높은 원칙의 이름 아래 개인의 위험 감수와 이윤 추구가 가치 있게 여겨진다.

이 신화는 다섯 가지 핵심 요소로 구성된다. 1) 스타트업 창업자들의 모험 정신이 경제구조를 지속적으로 재활성화한다는 믿음, 2) 작업의 자율성과 창의성 찬양, 3) 개방성과 이동성을 강조하는 문화, 4) 모두가 누리는 번영의 약속, 5) 국가의 소멸이라는 이상이다. 그러나 우리가 보게 될 것처럼, 새로운 자본주의의 실제 발전 방향은 각각의 핵심 요소와 정반대의 길을 걷고 있다. 여기서 다섯

---

57 Max Weber, *Économie et société. Tome premier*, Pocket, Paris, 1956, p. 346.

가지 역설이 도출되며, 이는 궁극적으로 실리콘밸리 합의가 직면한 근본적 난점을 드러낸다.

독점의 귀환: 스타트업의 역설

2017년 여름, 마운틴뷰에 본사를 둔 구글이 일부 자금을 지원하는 디지털 시대 적응 재단에서 구글을 비판했다는 이유로 배리 린 Barry Lynn을 축출한 사건이 큰 논란을 일으켰다. 오랜 기간 독점에 맞서 활동해온 이 분석가가 2017년 7월 유럽연합 집행위원회가 시장 지배적 지위 남용을 이유로 구글에 부과한 기록적인 24억 유로의 벌금을 환영하는 기사를 발표한 직후, 뉴아메리카 재단의 이사는 그를 해고했다. 싱크탱크와 기타 로비단체에 아낌없이 자금을 지원하면서 비판을 조용히 잠재우려는 구글의 은밀하면서도 대체로 성공적인 노력을 보여주는 사례는 한둘이 아니다.[58] 배리 린과 그가 이끄는 오픈마켓연구소는 독립을 선언했으며, 진행 중인 독점화 과정을 자신들이 운영하는 온라인 플랫폼에서 계속 기록하고 있다. 이들은 실리콘밸리의 새로운 거물들을 존 록펠러, 앤드류 카네기 등 20세기 초의 **'약탈적 자본 귀족들**barons voleurs'과 비교하고 있다. 그들은 이제 민주당 좌파에 국한되지 않는 반독점 정치 공간의 형

---

58 Kenneth P. Vogel, "Google critic ousted from think tank funded by the tech giant", *The New York Times*, 30 août 2017; Rachel M. Cohen, "Has the New America Foundation lost its way?", Washingtonian (blog), 24 juin 2018.

성에 적극적으로 기여하고 있다.[59]

　2018년 다보스 세계경제포럼에서 억만장자 조지 소로스는 인터 넷 시대의 독점 기업들을 향해 단호한 비판을 쏟아냈다. 그는 이들 기업이 공익에 필수적인 서비스를 제공하면서도 혁신과 시장의 원 활한 작동을 저해하며, 개인의 자유와 민주주의에 위협이 된다고 주장했다. 소로스는 새로운 규제와 조세 원칙이 이 상황을 빠르게 종식시킬 수밖에 없을 것이라고 전망했다.[60] 더욱 풍자적인 어조로, 『이코노미스트』는 이러한 플랫폼들이 '너무 나아빠too BAADD'(Big, Anti-competitive, Addictive, Destructive to Democracy: 거대하고, 반경쟁적 이며, 중독성을 유발하고, 민주주의를 파괴한다)라는 점을 인정하며, 페 이스북·구글·아마존의 CEO들을 대상으로 비판적인 메모를 게재 했다. 이 메모에서는 이들 기업이 필연적으로 다가올 반발에 직면해 서 선택할 수 있는 전략적 옵션들을 상세히 설명하고 있다.[61]

59　한편으로는 극우 보수 그룹들이 증오 조장을 금지하는 디지털 플랫폼 이용 약관이 표현의 자 유를 침해한다고 주장하며 반발하고, 다른 한편으로는 기성 권력이 가짜 뉴스 때문에 여론이 조작될 위험을 우려하고 있다. Cf. Elizabeth Dwoskin et Hamza Shaban, "In Silicon Valley, the right sounds a surprising battle cry: regulate tech giants", *The Washington Post*, 24 août 2017.

60　George Soros, "Remarks delivered at the World Economic Forum", georgesoros.com, 25 janvier 2018.

61　Eve Smith, "The techlash against Amazon, Facebook and Google—and what they can do. A memo to big tech", *The Economist*, 20 janvier 2018.

스타트업의 딜레마

사실, 어제의 친근했던 스타트업들이 오늘날에는 치열한 독점 기업들로 변모했다. 이러한 변화는 실리콘밸리 합의에 강력한 이념적 불협화음을 가져왔다. 여기서는 스타트업이라는 정치적 상징의 취약성을 살펴보자. 스타트업은 열정적으로 일에 몰두하는 태도와 개인적 부의 가능성을 포함한 직업적·경제적 성취의 이상을 구현하지만, 젊음과 마찬가지로 스타트업 역시 단지 일시적인 순간일 뿐이다. 성공한 스타트업은 신생 기업에서 거대한 조직으로 빠르게 변모한다. 성공과 함께 소규모 구조의 민첩성과 유연성을 잃는 대신, 대규모 경제 단위에 특유한 회복력 같은 다른 특성을 갖추게 된다. 따라서 스타트업이 살아남는다면, 자본의 집중과 중앙집권화 과정에 휘말리게 된다. 이는 내부 투자나 다른 경제 단위와 합병하면서 성장할 필요가 있음을 뜻한다.

스타트업은 지역 시장을 대상으로 적당히 번창하며 지속 가능하게 운영되고, 소유주에게 합리적인 수익을 제공하는 소규모 기업과는 전혀 다르다. 스타트업은 연구 성과에 기반을 두고 있으며, 초기 기술적 또는 과학적 흐름을 대규모로 확장 가능한 경제적 역량으로 전환해야만 유지될 수 있다. 이 과정은 벤처캐피털 투자 회사나 자신의 개인 자산 일부를 투입한 비즈니스 엔젤들의 압박 아래 진행된다. 이들은 실패 확률이 높다는 것을 받아들이는 대신, 스타트업이 대기업으로 전환되거나 더 큰 기업에 높은 가격으로 인수될 수 있는 야심 찬 수익방식을 요구한다.

스타트업이 대기업으로 성장하면 어떻게 될까? 초기에는 성장을 가속화하는 요인이었던 자본의 가치를 극대화해야 한다는 요구는 이후에도 여전히 강렬하게 지속된다. 초기의 대담함은 성장 동력이 약해질 때 타인의 프로젝트를 탐욕스럽게 차지하려는 욕망으로 변모한다. 2006년 구글은 유튜브를 인수했고, 페이스북은 왓츠앱을 사들였다. 애플은 이미 음악 인식 애플리케이션 샤잠을 포함한 100여 개의 기업을 인수했으며, 마이크로소프트는 2011년 스카이프를 인수했다. 아마존은 고서 전문 온라인 서점 에이브북스 AbeBooks와 프리미엄 유기농 식품 체인인 홀푸드Whole Foods를 포함한 수많은 기업을 손에 넣었다. 인터넷 거대 기업들이 흡수한 새로운 서비스들의 긴 목록은 환경변화의 단면을 보여준다. 이는 단지 어제의 스타트업들이 거대 기업으로 성장했다는 사실만을 의미하지 않는다. 산업구조의 변화를 연구한 결과에 따르면, 전반적인 통합 움직임이 진행되고 있음을 시사한다.

경쟁 역동성의 부활: 20세기 마지막 4분기

1980년대까지는 통합이 지배적인 추세였다. 이 시기의 전형적인 모델은 수직적으로 통합된 다중 사업부 대기업으로, 이는 알프레드 챈들러가 그의 저서 『경영자의 보이는 손』에서 연구한 대상이다.[62]

---

62 Alfred DuPont Chandler, *La Main visible des managers. Une analyse historique,* Economica, Paris, 1988.

이 시기의 특징은 조직의 일정한 안정성에 있다. 예를 들어 미국에서는 1919년에 산업 분야를 지배하던 대부분의 기업이 1969년에도 여전히 자기 분야에서 선도적인 위치를 유지하고 있었다.[63] 확실히 이러한 안정성은 절대적이지 않다. 일부 기업들은 사라지거나 인수되고, 새로운 기업들이 등장해 시장에서 자리를 잡는다. 이는 특히 특정 산업이 부상하면서 나타난 결과다. 그리고 이러한 내부 이동성은 생산 활동의 질적 변화와 관련이 있으며, 1970년대 후반부터 급격히 가속화된다. OECD 회원국에서 기업 규모가 줄어드는 현상이 관찰되었다. 또한 기업의 설립과 폐업이 증가하면서 경제구조에 큰 변동이 있음을 보여준다. 마지막으로, 세계화는 대규모 다국적 기업들의 시장 점유율 분산 현상을 어느 정도 동반했다.[64]

1980년대와 1990년대 경쟁 역동성이 회복된 이 과정을 설명하기 위해 다섯 가지 해석이 제시되었다. 처음 두 가지는 정보통신기술의 특성과 자본주의의 장기 파동이라는 일반적 요인에 초점을 맞춘다. 나머지 세 가지는 20세기 마지막 4분기의 특징과 관련이 있다. 이는 유럽과 아시아 일부 지역의 잇단 산업 발전, 금융 패권의 회복, 신자유주의 정책의 영향을 포함한다.

---

63 Naomi R. Lamoreaux, Daniel M. G. Raff et Peter Temin, "Beyond markets and hierarchies. Toward a new synthesis of American business history", *NBER Working Paper*, n° 9029, 2002.

64 Dosi Giovanni et al., "Technological revolutions and the evolution of industrial structures: assessing the impact of new technologies upon the size and boundaries of firms", *Capitalism and Society*, vol. 3, n° 1, 2008.

첫 번째 해석은 실리콘밸리 합의의 연장선에 있으며, 이는 정보통신기술의 융합과 기존에 집중된 경제구조의 붕괴, 다양한 소규모 조직의 지속적인 활력을 연결 짓는다. 기업 활동의 강화는 통합의 이점이 줄어든 것과, 통신비용 감소와 물류과정의 개선 덕분에 시장교환을 더 쉽게 활용할 수 있게 된 것에 기인한다. 또한 소득 증가에 따른 수요의 다양화가 더해지는데, 이는 개인의 선호가 다양해지면서 나타난 비집중화 현상을 반영하기도 한다.[65] 이 모델에 따르면, 정보통신기술의 고유한 특성은 소규모 자본, 제품의 다양화, 생산요소의 유동성을 지속적으로 촉진하도록 생산구조를 장려한다.

그러나 경쟁 심화와 혁신을 통한 구조조정의 이 단계는 짧게 지속되었다. 실리콘밸리 합의를 지지하는 이들이 경제구조 변화를 위한 새로운 영구 원칙으로 받아들였던 것은 단지 일시적인 혼란에 불과했다. 정보통신기술이 전적으로 독특한 기업 형태를 가능하게 한다는 발상은 이후 관찰된 경제구조의 경직성을 설명하지 못하는 한계에 부딪혔다.

100여 년 전에 로자 룩셈부르크[66]는 "소규모 자본은 기술 진보의 선구자이며, 기술 진보는 자본주의 경제의 핵심 동력이다"라고 지적

---

65 Naomi R. Lamoreaux, Daniel M. G. Raff et Peter Temin, "Beyond markets and hierarchies. Toward a new synthesis of American business history", *loc. cit.*

66 1871-1919, 폴란드 출신의 마르크스주의 이론가이자 혁명가로 독일사회민주당SPD과 이후 독립사회민주당USPD의 주요 인물로 활동했으며, 혁명적 사회주의와 자본주의 비판으로 잘 알려져 있다—옮긴이.

했다.[67] 그는 특정 기술이 아니라 전반적인 기술 발전이 산업구조를 흔들어놓는다는 점을 지적했다. 이 가설을 인정한다면, 이러한 변화의 속도와 특히 20세기 후반 산업구조에서 나타난 격변이 일시적일 수밖에 없었던 이유를 밝히는 과제가 남아 있다. 장기 파동 이론에 따르면, 전반적인 기술 발전은 생산구조에서 일어나는 격변으로 발생하며, 이는 창조적 파괴의 강렬한 단계에 해당한다. 혁신의 집단이 나타나 경제 전반에 확산되면서 기존 구조를 파괴하고, 새로운 경제조직 형태로 자리 잡아 잠재력을 발휘한다. 그러나 시간이 지나면서 이러한 역동성을 잃고, 다시금 새로운 혁신의 집단이 나타나 불안정해지는 과정을 반복한다.[68]

20세기 마지막 4분기는 새로운 기술 패러다임이 자리 잡는 과정에서 나타나는 창조적 파괴의 한 단계에 해당한다고 볼 수 있다. 이러한 격변의 시기를 나타내는 특징 중 하나는 사업가들의 의사결정을 좌우하는 인지적 틀이 흐려진다는 점이다. 이는 의사판단에 오

---

67 Rosa Luxemburg, "Réforme sociale ou révolution? I/2" [1898], marxists.org.
68 '장기 파동'은 1938년 스탈린 시대 감옥에서 처형된 소련 경제학자 니콜라이 콘드라티예프Nicolas Kondratiev의 이론이다. Christopher Freeman et Francisco Louçã, *As Time Goes By. From the Industrial Revolutions to the Information Revolution*, Oxford University Press, Oxford, 2001; Ernest Mandel, *Long Waves of Capitalist Development. A Marxist Interpretation. Based on the Marshall Lectures Given at the University of Cambridge*, Verso, Londres, 1980; Carlota Perez, "Technological revolutions and techno-economic paradigms", *Cambridge Journal of Economics*, vol. 34, n° 1, 2009. 산업구조 변화라는 구체적인 문제는 다음을 참고할 것. Francisco Louçã et Sandro Mendonça, "Steady change: the 200 largest US manufacturing firms throughout the 20th century", *Industrial and Corporate Change*, vol. 11, n° 4, 2002, pp. 817~845.

류를 초래하며, 그 심각성은 시간이 지나서야 명확히 드러난다. 예를 들어 스티브 잡스가 개인용 컴퓨터를 만들자는 제안을 했을 때 제록스, IBM, 휴렛팩커드 등 17개 기업이 이를 거절했기 때문에 그는 애플을 창립하게 되었다. 또 다른 사례로 1986년에 IBM은 마이크로소프트 지분의 10퍼센트를 인수하자는 제안을 거절했다.[69]

장기 파동 이론은 세 가지 다른 요인과 결합해서 해석될 수 있다. 첫 번째 요인은 국제 경쟁의 심화다. 유럽 국가들, 일본, 아시아의 다른 국가들이 점진적으로 산업적 격차를 좁히며, 2차 세계대전 이후 미국이 독점적으로 지배하던 주요 산업 분야에 진입하기 시작했다. 산업 격차를 좁히는 단계에서는 각국의 산업 단계가 비교적 조화롭게 상호 보완되던 역동성이 있었지만, 그 후에는 여러 나라가 동일한 산업 분야를 점유하면서 경쟁이 심화하는 새로운 상황이 나타났다.[70]

보완적 해석은 금융 권력의 회복에 초점을 맞춘다. 1979년부터 금리가 상승함에 따라 기업들은 수익성이 낮은 활동을 축소할 수밖에 없었고, 경쟁력이 떨어지는 기업들은 빠르게 사라졌다. 이러한

69　David B. Audretsch, "Technological regimes, industrial demography and the evolution of industrial structures", *Industrial and Corporate Change*, vol. 6, n° 1, 1997, p. 68.

70　Robert Brenner, *The Economics of Global Turbulence*, Verso, Londres, 2004; Jacques Mazier, Maurice Baslé et Jean-François Vidal, *Quand les crises durent…*, Economica, Paris, 1984, p. 387; James Crotty, "The neoliberal paradox: the impact of destructive product market competition and impatient finance on nonfinancial corporations in the neoliberal era", *Review of Radical Political Economics*, vol. 35, n° 3, 2003, pp. 271~279.

금융 압박은 의사결정 과정에서 주주 가치의 중요성이 커짐에 따라 더 심해졌다. 관리자들은 점점 더 주주들이 요구하는 단기적 가치 극대화의 압박에 직면하게 되었고, 이에 따라 자율적으로 내부 성장 정책을 추구하는 것을 포기하고 비핵심 활동을 축소해야 했다.[71]

마지막 요인은 신자유주의 정책의 실행이다. 국내적으로는 규제 완화와 산업 프로그램의 폐지, 국제적으로는 무역과 투자 자유화 조치가 경쟁 환경을 크게 변화시켰고, 그 결과 대규모 독점 기업들이 국가적 차원에서 누렸던 여러 제도적 보호가 약해졌다.[72]

사회화로 향하는 역사적 경향

정보통신기술을 경제구조의 지속적인 분산 요인으로 보는 주장은 지난 20년간 관찰된 통합 추세와 상충된다. 이에 따라 20세기 말 생산구조에 영향을 미친 격변을 설명하는 다른 요인들이 제시되고 있다. 장기 파동의 창조적 파괴 단계, 국제 경쟁의 심화, 금융의 부상, 규제 완화는 1970년대 중반부터 2000년대 전환기에 이르

---

71 William Lazonick et Mary O'Sullivan, "Maximizing shareholder value: a new ideology for corporate governance", *Economy and Society*, vol. 29, n° 1, 2000, pp. 13~35; Gérard Duménil et Dominique Lévy, "Neo-liberal dynamics: toward a new phase?", in Kees van der Pijl, Libby Assassi et Duncan Wigan, *Global Regulation. Managing Crises after the Imperial Turn*, Houndmills/Palgrave Macmillan, Basingstoke/New York, 2004, pp. 41~63; Michel Aglietta et Antoine Rebérioux, *Dérives du capitalisme financier*, Albin Michel, Paris, 2004.

72 Pascal Petit, "Structural forms and growth regimes of the post-Fordist era", *Review of Social Economy*, vol. 57, n° 2, 1999, pp. 220~243.

는 시기의 주요 특징을 이룬다. 실리콘밸리 합의를 지지하는 이들이 새로운 기술-경제 체제의 고유한 특징으로 여겼던 것들, 즉 스타트업이 과거의 리더를 넘어서는 능력, 거래비용 감소를 통해 기업가적 에너지를 해방시키는 것, 제품 다양화와 소규모 경제 단위 간의 친화성 등은 단지 체제 초기 설치 단계에서 나타난 일시적인 현상에 불과했다. 그러나 밀레니엄 전환 이후 이러한 현실은 점차 희미해졌고, 서서히 새로운 독점 기업들로 대체되었다.

최근 몇 년 동안 에어비앤비와 우버 같은 대표적인 사례와 함께 새로운 플랫폼들이 등장했다는 사실을 앞세워, 1990년대 기업가적 역동성이 소진되고 있는 현실을 가리는 착각을 불러일으켜서는 안 된다. 특히 미국에서 시작된 통합의 무거운 추세가 관찰되고 있다. 시장에 진입하거나 퇴출되는 기업 수의 현저한 감소, 상장 기업 수의 절반 감소, 평균 기업 규모의 증가, 대부분의 산업에서 판매 집중도의 증가 등 모든 지표가 경제구조의 재독점화를 가리키고 있다.[73]

---

73 Ryan A. Decker et al., "Where has all the skewness gone? The decline in high-growth (young) firms in the US", *European Economic Review*, vol. 86, n° C, 2016, pp. 4~23; Ryan A. Decker et al., "Declining business dynamism: what we know and the way forward", *American Economic Review*, vol. 106, n° 5, 2016, pp. 203~207; Gustavo Grullon, Yelena Larkin et Roni Michaely, "The disappearance of public firms and the changing nature of US industries. Are US industries becoming more concentrated?", *Swiss Finance Institute Research Paper*, n° 19~41, 2015; Kathleen Kahle et René M. Stulz, "Is the US public corporation in trouble?", *NBER Working Paper*, n° w2285J, 2016; Cédric Durand et Maxime Gueuder, "The investment-profit nexus in an era of financialisation, globalisation and monopolisation. A profit-centred perspective", *Review of Political Economy*, vol. 30, n° 2, 2018, pp. 126~153.

IMF의 한 연구에 따르면, 선진국 경제 대부분의 산업에서 기업들의 시장 지배력이 증가한 것으로 나타났다.[74] 이 연구는 1980년에서 2016년 사이에 마진율이 39퍼센트 증가했으며, 그 대부분이 2000년 이후에 발생했고, 수익성과 집중도의 향상과 연관되어 있음을 보여준다. 요컨대 마진율 증가는 기업의 시장 지배력 강화와 직결된다는 점을 확인해준다. 또 다른 교훈은 주로 수익·마진·수익성이 크게 늘어난 몇몇 기업이 이러한 일반적인 추세를 주도하고 있다는 점이다. 처음에는 미국에서 입증된 이른바 '슈퍼스타 기업'의 등장 가설[75]이 결국 부유한 국가 전반에서 나타나는 보편적 현상으로 드러나고 있다.

경쟁 심화 이후 재독점화 과정으로 이어지는 이중 운동을 좀 더 깊이 이해하기 위해, 마르크스가 언급한 "자본 축적 운동의 역사적 경향"이라는 개념을 활용할 수 있다. 이 운동이 생산의 사회화 과정과 연결되어 있다는 개념이다. 다시 말해 노동과 생산수단의 활용이 점점 더 집단적인 성격을 띠게 된다는 것이다. 예를 들어 기계가 도입됨에 따라 작업 조직에서 개인의 자율성이 점차 줄어드는 경향이 있다. 생산 활동은 점점 더 고립되지 않고, 즉각적으로 사회화되며 공동의 성격을 띠게 된다.

74 Federico Diez, Daniel Leigh et Suchanan Tambunlertchai, *Global Market Power and its Macroeconomic Implications*, FMI, 2018.

75 David Autor et al., "The fall of the labor share and the rise of superstar firms", *Quarterly Journal of Economics*, 2019 (à paraître).

따라서 노동과정의 협력적 성격은 이제 작업 수단의 본질에 따라 결정되는 기술적 필수 요건이 되었다.[76]

각 개인의 노동은 점점 더 다른 사람들의 노동에 의존하게 된다. 이는 학습된 방법, 준수해야 할 표준, 또는 사용하는 기술적 수단을 포함한다. 더 나아가 노동의 속도와 품질 자체도 점점 더 집단적인 성격을 띠게 된다. 이는 노동 분업의 심화, 기술의 확산, 이러한 복잡성 증가가 요구하는 조율 강화의 결과다. 그에 따라 생산 단위의 규모는 커지고, 동시에 국내외에서 기업 간의 '네트워크'는 더욱 촘촘해지고 있다.[77]

그러나 자본 축적과 함께 진행되는 생산의 사회화라는 이 역사적 과정이 항상 순조롭다고 볼 수는 없다. [그림 1]은 이를 곡선으로 단순화해서 나타내고 있으며, 이 곡선은 이 역사적 경향과 함께 20세기 마지막 4분기 동안의 일시적인 후퇴를 보여준다. 실제로 한 기술-경제 패러다임에서 다른 패러다임으로 전환되는 과정에서는 이러한 사회화가 잠시 주춤한다. 슘페터의 창조적 파괴 과정에 따

---

76 Karl Marx, *Le Capital. Critique de l'économie politique. Livre premier*, trad. Jean-Pierre Lefebvre, PUF, Paris, 2014, p. 433.

77 논의를 전개하기 위해 여기서는 마르크스의 사회화 문제에 대한 어려움을 극도로 단순화하고 있다. 이 주제에 대한 최근의 이론적 발전을 고찰하려면 cf. Riccardo Bellofiore, "The adventures of Vergesellschaftung", *Consecutio Rerum*, vol. 3, n° 5, 2018, pp. 503~540. 주장을 간결하게 제시하기 위해 cf. Gérard Duménil et Dominique Lévy, "Dynamiques des modes de production et des ordres sociaux", *Actuel Marx*, vol. 52, n° 2, 2012, p. 132 참조.

새로운 자본주의의 다섯 가지 역설 **63**

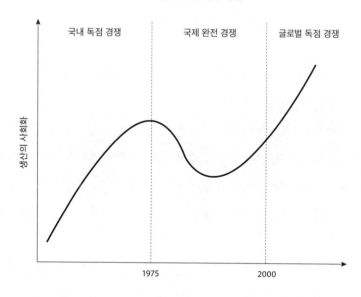

[그림 1] **생산의 사회화 곡선**

국내 독점 경쟁　　국제 완전 경쟁　　글로벌 독점 경쟁

생산의 사회화

1975　　　　　　2000

라 일부 연결고리는 해체되는 반면, 다른 연결고리들은 이제 막 형성된 틀에서 벗어나기 시작한다. 구식 작업과정은 파산을 통해 폐기되며, 더 개인화되고 분절화된, 아직 표준화되지 않은 다른 작업과정은 제한된 사회적 영역에서 전개된다. 많은 시도는 실패로 끝나며, 이는 자금 제공자나 구매자를 찾는 과정에서 사회적 승인을 받지 못한 선택지들이다. 이러한 창조적이거나 파괴적인 역동성은 생산의 사회화가 중단되는 이유를 설명한다. 그러나 일단 혁신이 자리 잡으면, 사회화는 더욱 큰 규모로 재개되며, 작업과정의 상호 침투가 더 세밀한 수준에서 이루어지게 된다. 증기기관, 전기, 화학, 기계

산업뿐만 아니라 정보통신기술도 각기 독특한 방식으로 생산을 더욱 분절화된 방법으로 변화시키는 대규모 혁신을 이끌어냈다. 그러나 이러한 혁신들은 더 큰 규모로 확장되면서, 가장 다양한 생산 활동에 공통된 특징과 리듬을 부여하고 점점 더 넓은 영역으로 확산되는 데 기여했다. 국내 독점 경쟁에서 글로벌 독점 경쟁으로 전환된 과정이 이러한 사회화의 진전에 한몫했다.

자유주의 이론가 루트비히 폰 미제스는 1922년에 이렇게 썼다.

대다수의 카르텔과 트러스트는 정부가 그들의 형성을 위한 조건을 마련하기 위해 보호조치를 취하지 않았다면 결코 성립할 수 없었을 것이다. 제조업과 상업 분야의 독점은 자본주의 경제에 내재된 경향이 아니라 자유무역과 자유방임laissez-faire에 반하는 정부의 개입주의적 정책에 기인한다.[78]

최근 몇 년간 관찰된 글로벌 차원의 독점 재구성 경향은 이 가설과 정반대로 나타나며, 오히려 마르크스의 방향성 있는 사회화 개념[79]을 확인시켜준다.

앞서 살펴보았듯이, 1970년대 중반 이후 경쟁은 점차 심화되

---

78 Ludwig Von Mises, *Socialism. An Economic and Sociological Analysis*, Yale University Press, New Haven, 1951, pp. 390~391.

79 이 개념(une socialisation tendancielle)은 장기적 관점에서 생산과정이 점점 더 집단화되고 협력적으로 변한다는 방향성 있는 경향을 강조하는 말이다—옮긴이.

었다. 이는 점진적인 보호무역 장벽의 해체뿐만 아니라 여러 주요 국가의 산업 발전, 교통 분야의 진보, 정보통신기술의 확산에 따른 결과였다. 그러나 구조조정 단계 이후 이러한 변화들은 안정적인 경쟁 체제로 이어지지 않았다. 그 대신 조직들 간의 기술-경제적 연계가 더욱 촘촘해졌으며, 대기업들과 그들이 지배하는 생산 네트워크는 국제적 차원, 나아가 글로벌 차원으로 확장되었다. 작업과정은 더욱 사회화되고 국제화되었으며, 이는 캘리포니아 이념의 보수적 지지자들이 주장했던 개인화된 작업과정의 재확산과는 정반대의 결과를 보여준다.

통제의 선호: 새로운 자본주의 정신의 역설

루크 볼탄스키와 에브 키아펠로가 분석한 '자본주의의 새로운 정신'이 구현될 장소를 찾는다면,[80] 실리콘밸리 대형 하이테크 기업들의 창의적 인재들을 위한 현대적이고 밝은 건물들이 명백한 후보가 될 것이다. 구글 본사는 요가 세션, 무료 레스토랑, 24시간 운영되는 체육관 등을 통해 꿈같은 이상을 선사한다. 이를 통해 기업이 구현하려는 순수하고 개방된 세상을 연출하고 있다.[81] 이런 유형의 작업 공간은 프레데릭 로르동이 지적한 '신자유주의적 욕망 생성

80 Luc Boltanski et Ève Chiapello, *Le Nouvel Esprit du capitalisme*, Gallimard, Paris, 1999.
81 Émilien Dubrasier et Alexis Dubrasier, "Dans la Google du loup", *Revue Z*, nº 9, 2015-2016.

epithumogénie néolibérale'으로 형성된 주체성의 재구성을 훌륭하게 보여준다.[82]

임금 노동에 대한 욕망은 단순히 임금으로 얻을 수 있는 물질적 재화에 대한 간접적인 욕망에 머물러서는 안 된다. 대신, 노동 활동 그 자체에 대한 내재적 욕망으로 전환되어야 한다. (중략) 행복한 노동에 대한 욕망, 또는 그 자체의 용어를 빌리자면, 노동 안에서 그리고 노동을 통해 '자아실현'과 '열매를 맺는 성장'에 대한 욕망이 되어야 한다.[83]

구글이 제안하는 것처럼 "언제든 동료들과 아이디어를 공유하고 그들의 의견을 물어볼 수 있는 환경을 조성하는 것"은 혁신을 촉진하는 효과적인 방법으로 보인다.[84] 우연한 발견Sérendipité[85], 상호 보완성과 협업의 자유로운 상호작용에 큰 비중을 두는 것은, 본질적으로 아직 발견되지 않은 것을 이끌어내는 데 기여한다. 이러한 놀이를 통한 혁신 정신은 자비에 니엘이 파리 스타트업 캠퍼스 스테이

---

82 고대 그리스어 epithumía(욕망, 탐욕, 소망)와 라틴어 genere(생산하다, 만들어내다)에서 유래한 'epithumogénie'라는 개념은 '욕망의 생산 작업, 정서의 공학'을 의미한다. Cf. Frédéric Lordon, *Capitalisme, désir et servitude. Marx et Spinoza*, La Fabrique, Paris, 2010, p. 75.

83 *Ibid.*, p. 76.

84 Google, "Mountain View(siège social international)—Google Carrières", en ligne.

85 영국 작가 호레이스 월폴Horace Walpole이 1754년 친구에게 보낸 편지에서 처음 언급한 용어다. 그는 페르시아 설화 「세렌디프Serendip(오늘날 스리랑카)의 세 왕자」를 언급하며, 이 왕자들이 여행 중 뜻밖에 중요한 발견을 한 사례를 바탕으로 '우연히 얻은 통찰이나 행운'을 의미하는 개념을 정의했다—옮긴이.

션 F의 유연한 사무실과 '칠 존chill zone'[86]에서 발전시키고자 하는 것이다.

창의적인 작업을 촉진하는 유연성은 1960년대 반권위주의적 반란의 잔재로 보이며, 그것이 정말로 노동의 새로운 모습일 수 있다고 잠시나마 믿는 것은 분명 즐거운 일이다. 그러나 안타깝게도 현실은 그렇지 않다. 서부 해안의 편안한 사무실에서 은밀히 만들어진 멋진 담론들이 촉진하는 조직 변화는 정확히 반대의 역동성을 키운다. 마르크스는 "노동 강도의 증가와 노동 시간의 틈새를 더 밀도 있게 활용함으로써 같은 시간에 노동 소비를 증가시킬 가능성", 즉 노동의 압축을 지적한 바 있다.[87]

필립 아스케나지는 이 같은 현상을 설명하기 위해 네오스타하노비즘neo-stakhanovisme이라는 개념을 제시한다. 아마존이나 리들Lidl[독일의 할인마트 체인]의 창고, 콜센터 작업장, 트럭 운전자의 운전석, 또는 슈퍼마켓 계산대에서 정보기술은 노동자의 공백 시간을 줄이고, 새로운 요구사항을 도입하며,[88] 개인 생활까지 침해할 정도

---

86 구글, 페이스북 같은 IT 회사에서 직원들의 복지를 위해 도입한 공간으로, 스타트업 환경에서도 볼 수 있다. 구성원이 편하게 앉아 게임을 하거나 음악을 듣고 탁구도 치면서 자연스러운 소통과 협력을 할 수 있도록 설치한 창의적 쉼터—옮긴이.

87 Karl Marx, *Le Capital. Livre premier. Critique de l'économie politique, op. cit.*, p. 460.

88 장로베르 비알레의 다큐멘터리 시리즈 〈노동의 종말La Mise à mort du travail〉이나 엘리즈 뤼세가 진행하는 프로그램 〈캐시 인베스티게이션Cash Investigation〉에서 방영된 보도는 정보통신기술과 연관된 노동 강도의 심화와 그것이 노동자들에게 미치는 영향을 보여준다. 노동의 공백 시간을 줄이는 원칙은 2000년대 전환기에 이미 노동 사회학자들과 경제학자들이 명확히 지적했지만, 이들은 이러한 경향의 양극화보다는 자율성과 통제가 결합하는 점에 더

로 광범위한 감시 도구를 활용하는 데 쓰이고 있다.[89]

음성 안내 시스템의 도입은 물류 플랫폼 근로자들이 겪는 제약이 극도로 강화된 상황을 단적으로 보여준다. 음성 인식 소프트웨어를 통해 중앙 컴퓨터와 직접 소통하며, 아마존의 주문 준비 작업자는 헤드셋을 통해 전달되는 디지털 음성 지시에 따라 한 단계씩 작업을 수행한다. 작업자는 물품을 집을 때마다 마이크에 수량을 말해 이를 확인하며, 이 과정에서 생성된 데이터는 그의 평가에 활용되고 생산성 보너스 지급 여부를 결정한다. 이 시스템은 가혹하다. 아르튀르는 자신의 첫 경험을 이렇게 회상한다.

당장 그만둘 뻔했어요! 너무 끔찍하다고 느꼈거든요. 솔직히 말해서 정말 무섭더라고요. (중략) 그 목소리며, "다시 말하세요, 이 단어를 이해하지 못했습니다"라고 말하는 거요. 특히 처음에는 이 시스템을 제대로 다루지 못할 때 그런 일이 계속 발생해서, 미칠 것 같았어요……

이 증언을 수집한 사회학자 다비드 가보리오는 음성 명령 시스템

주목한다. Cf. "Travail, ton univers impitoyable", Cash Investigation, 19 septembre 2017; Jean-Robert Viallet, *La Mise à mort du travail*, France 2 et France 3, Yami 2 Productions, 2009; Jean-Pierre Durand, *La Chaîne invisible. Travailler aujourd'hui, flux tendu et servitude volontaire*, Seuil, Paris, 2004; Philippe Askenazy, *La Croissance moderne. Organisations innovantes du travail*, Economica, "Approfondissement de la connaissance économique", Paris, 2002.

89 Ifeoma Ajunwa, Kate Crawford et Jason Schultz, "Limitless worker surveillance", *California Law Review*, vol. 105, n° 3, 2017, p. 735.

이 시간 활용 방식들을 극단적으로 제한한다고 지적한다.[90] 노동자가 놀이처럼 대처하고 최소한으로 저항하는 방식은 자기 소외의 폭력을 어느 정도 완화할 수 있으나, 개인과 집단의 자율성은 여전히 매우 제한적이다.

콜센터의 업무 조직 변화는 현재의 기술 혁신이 업무에 미치는 영향을 보여주는 또 다른 예다. 2000년대 초부터 컴퓨터와 전화의 결합 덕에 텔레마케터의 활동에 대한 관리의 통제가 상당히 강화되었다. 첫째로, 자동화는 노동 시간을 더욱 엄격하게 통제할 수 있도록 한다. 노동자들은 근무를 시작할 때 '로그인'하고, 근무를 마칠 때 '로그아웃'하며, 휴식 시간은 자동으로 계산된다. 지각과 마찬가지로, 과도한 휴식 시간은 즉시 관리 감독자에게 통보된다. 둘째로, 정보화는 개별 성과와 관련된 다양한 데이터를 기록하고 처리할 수 있게 만들어, 관리자가 맥락에서 벗어난 정량적 정보를 손쉽게 확보하게 한다. 이는 노동자가 반박하기 어려운 자료로 쓰일 수 있다.[91] 콜센터에 인공지능AI 프로그램이 도입되면서 이러한 통제는 더욱 정교해졌다. 고객 서비스에서 흔히 들을 수 있는 "품질 관리를 위해

90 David Gaborieau, "Quand l'ouvrier devient robot. Représentations et pratiques ouvrières face au stigmate de la déqualification", *L'Homme et la société*, vol. 3, n° 205, 2017, pp. 245~268; David Gaborieau, "'Le nez dans le micro'. Répercussions du travail sous commande vocale dans les entrepôts de la grande distribution alimentaire", *La Nouvelle Revue du travail*, n° 1, 2012.

91 Jamie Woodcock, *Working the Phones. Control and Resistance in Call Centres*, Pluto Press, Londres, 2017, p. 50, pp. 65~66.

통화가 녹음될 수 있습니다"라는 메시지는 모두에게 익숙할 것이다. 이는 전체 통화의 1~2퍼센트에 해당한다.

그러나 이제 마이크로소프트의 파트너사인 세인트Sayint는 단순한 표본 검사를 뛰어넘는 기술을 제공한다. 이 기술은 "직원들이 항상 100퍼센트 당신의 요구 수준을 충족하고 있음을 확신할 수 있게 해준다"라고 한다. 이 소프트웨어는 모든 대화를 녹음하고 분석한다. 알고리즘은 규정된 규칙이 제대로 준수되었는지 확인하며, 양측의 발음과 억양에서 드러나는 감정을 추적하고, 각 응대에 점수를 매긴다. 문제를 감지하는 즉시 관리 감독자에게 보고한다. 이로써 기계는 감시와 평가를 담당하며, 결과적으로 노동자의 보상에 영향을 미치는 결정에도 간접적으로 관여한다. 이러한 변화는 노동조합 활동에 대한 무수한 의문을 제기하며, 인사관리에는 아찔할 정도의 약점을 드러낸다.[92] 어쨌든 이는 우리를 캘리포니아식 화합의 꿈과는 매우 먼 곳으로 데려간다.

이 두 가지 사례는 업무 질이 저하되는 현상을 보여준다. 이는 분야와 직업 유형에 따라 매우 다양한 형태를 띠지만, 대규모 통계자료로 확인할 수 있다. 1995년부터 2015년 사이, 유럽의 거의 모든 직업군에서 관리 요구가 증가함에 따라 의사결정의 자율성이

---

92 알고리즘에 따른 감독의 쟁점에 관해서는 다음을 참조. Cf. Sarah O'Connor, "Algorithms at work signal a shift to management by numbers", *Financial Times*, 6 février 2018; UNI Global Union, "Top 10 principles for ethical artificial intelligence", thefutureworldofwork.com, 2017.

축소되는 현상이 나타났다.[93] 이 두 가지 요인은 저마다 직업 만족도의 감소와 연관되어 있다. 이는 점점 더 많은 노동자를 해로운 직업 스트레스 상황으로 내몰며, 건강과 사회에 부정적인 영향을 미치는 유독한 조합이다. 주목할 만한 점은 오직 고위 관리직만이 이러한 영향을 피해가고 있다는 것이다. 이들이 다른 사람들처럼 늘어난 요구에 직면하더라도, 그러한 요구는 더 큰 자율성과 엮여 있어 부정적인 영향을 상쇄한다. 미디어가 "경영진의 스트레스"를 강조하는 것은 실상 이 계층이 자신의 상황을 가시화하는 능력을 보여주는 것이지, 그들이 특별히 더 큰 압력에 노출되어 있음을 의미하지는 않는다. 오히려 이 계층은 대체로 그런 압력에서 자유로운 편이다.

미국을 대상으로 한 연구들도 1970년대 이후로 점진적인 악화 경향을 입증하고 있다.[94] 평균적으로 보았을 때, 업무는 다양한 기술적 요구, 자율성, 직원 간의 상호 의존성 측면에서 풍부해졌으며, 변화도 얼핏 보기에 긍정적이었지만 직업 만족도의 증가로 이어지지는 않았다. 그 이유는 단편화된 업무 때문에 잃어버린 일의 의미와 흥미에서 진전이 없기 때문이다. 이 정체는 직원들에게 강요된

---

93 Philippe Askenazy, *Tous rentiers! Pour une autre répartition des richesses*, Odile Jacob, "Économie", Paris, 2016, chapitres IV~V. 책과 관련해서 저자는 2018년 5월에 EU15(1995년까지 가입한 15개국)에서 관찰된 변화를 2015년까지 연장해 업데이트한 내용을 공유했다.

94 Lauren A. Wegman et al., "Placing job characteristics in context: crosstemporal meta-analysis of changes in job characteristics since 1975", *Journal of Management*, vol. 44, n° 1, 2016, pp. 352~386.

업무 재조직의 결과이며, 여기서 팀에 대해 부여된 자율성은 오직 활동 강화만을 목표로 한다. 직업적 성장 가능성에 대한 환멸의 징후로, 젊은 세대는 이전 세대에 비해 노동의 내재적 가치를 덜 중시한다.[95]

심리학자 이브 클로가 보여주듯이, 직업 만족도는 개인의 행동권과 분리될 수 없으며, 이러한 권한의 제약이 업무를 망가뜨리는 주요 원인이다.

일해서 먹고산다는 것은, 자신의 활동·대상·도구·수혜자를 발전시키고, 자신의 주도성을 통해 업무 조직에 영향을 미칠 수 있는 것을 의미한다. 반대로 업무 환경에서 사물이 개인의 주도성과 무관하게 서로 관계를 맺기 시작할 때, 개인의 활동은 그 의미를 잃게 된다. 역설적으로 이때 사람은 활동 중이면서도 자신이 적극적으로 행동하고 있다는 느낌을 받지 못한다. 그러나 이러한 무관심은 개인을 위축시키고 현실감을 상실하게 하며, 건강에 미치는 영향을 넘어 그 행동의 효율성 자체에도 부정적인 영향을 준다. 그 결과, 개인은 심리적으로 위축되어 자기 내면에 갇히고, 사회적 상호작용이나 변화를 이루기 어려운 상태에 빠진다. 이러한 상황에서 느끼는 감정들, 즉 타인에 대한 분노에서 자존감 상실에 이르는 감정들은 생산적이거나 동력을 제공하는 역할을 더는 하

---

95 Jean M. Twenge, "A review of the empirical evidence on generational differences in work attitudes", *Journal of Business and Psychology*, vol. 25, n° 2, 2010, pp. 204~205.

지 못한다. 이 감정들은 개인과 집단의 주관적 에너지를 발전시키지 않는다. 오히려 그것을 둘러싸고 보호하는 동시에 활력을 잃게 만든다. 심리적 활동은 감정을 통해 발현되지 않게 되고 거기서 멈추고 만다. 발전이 좌절된 활동은 '슬픈 정념'으로 변질한 감정들 속에 사라져버리며, 이는 새로운 발전에 장애가 되고, 심리적—심지어 집단적—방어로 이어진다. 이러한 방어의 유지 자체가 실제와 동떨어진 허구적 과업이 될 수 있다.[96]

업무의 질은 개인과 집단의 주관적 에너지가 역동적으로 발휘되는 데 달려 있다. 개인은 자신의 직업 활동의 조직에 영향을 미칠 수 있고, 그 목적에 자신을 투영할 수 있을 때만 업무에서 만족감을 느낄 수 있다. 정보통신기술의 확산이 직업 활동의 질 저하로 이어진 이유는 디지털 도구가 대다수 노동자에게 자신이 하는 일의 목적과 형태를 더 명확히 정의할 기회를 제공하지 못하기 때문이다. 이로써 과도한 활동과 자신이 중요하지 않다는 느낌이 종종 결합해 파괴적 결과를 낳는다.

이러한 현실은 디지털 기술이 개인의 행동 권한을 확대해줄 것이라는 캘리포니아 이데올로기의 약속과 모순된다. 그러나 이것을 디지털 기술 자체의 본질적인 결과라고 볼 이유는 없다. 오히려 자본주의 노동과정에서 디지털 기술이 활용되는 방식과 그 결정 요인이

---

96 Yves Clot, *Travail et pouvoir d'agir*, PUF, Paris, 2014, chapitre I.

문제다. 새로운 기술의 도입은 경제적 압력과 정치적 압력이라는 이 중적인 요구에 부응한다. 한편, 새로운 기술 도입에는 비용 절감의 논리가 작용한다. 이는 기업의 생존, 더 나아가 눈앞의 수익성을 확보하는 문제와 직결된다. 또 한편, 노동 조직은 임금 노동 관계, 즉 노동을 자본에 종속시키는 정치적 관계를 재생산하는 공간이기도 하다. 이러한 재생산은 종속된 이들에게 남겨진 자원이 적을수록 더욱 효과적으로 이루어진다.

경쟁 압력은 업무의 복잡성을 증가시키고 직원들의 자격 수준을 높이는 것을 필수적으로 만들었다. 따라서 자본의 지배 아래 노동이 점진적으로 자격을 상실한다는 가설[97]과는 반대로, 업무의 테일러주의적[98] 심화로 이어지는 직선적인 발전은 나타나지 않았다.[99] 교육 수준의 향상은 직업적 관행의 정교화와 연결된다. 그러나 이것이 노동의 해방을 의미하지는 않는다. 첫째, 경제의 어떤 부문에서는 역량이 향상될 수 있는 동시에 다른 부문에서는 역량이 저하될 수 있기 때문이다. 이와 관련해 디지털 음성 명령하에서 일하는 창고

---

97   Harry Braverman, *Travail et capitalisme monopoliste. La dégradation du travail au XXe siècle*, Maspero, Paris, 1974.
98   반복 작업과 표준화로 생산성을 높이는 효율 중심의 관리 체계―옮긴이.
99   이처럼 1980년대부터 노동자의 작업이 점차 추상화되고 복잡해지는 경향이 확인될 수 있었다. 생산 현장에서 관리로 일정한 피드백을 허용하는 도요타주의 모델은 1980년대와 1990년대 동안 산업에서 노동을 수직하향식으로 조직하는 엄격한 테일러주의적 개념을 점차 대체하게 되었다. Cf. Benjamin Coriat, *L'Atelier et le robot. Essai sur le fordisme et la production de masse à l'âge de l'électronique*, Christian Bourgois, Paris, 1994, pp. 218~230.

노동자의 사례는 노동의 소외가 여전히 지속되고, 심지어 더욱 심화하고 있음을 보여준다. 이는 디지털 경제의 창의적 부문에서 권위가 완화되는 현상과 함께 일어나고 있다. 둘째, 노동은 더 복잡해지는 동시에 더 억압적일 수 있다. 이는 강화된 통제와 함께 이루어지기 때문이다. 예를 들어 콜센터의 감시 강화는 종종 업무의 복잡화와 함께 진행되는데, 이는 논리의 정확성과 기술적 정교함, 상황 분석 능력, 또는 고객과의 대화 중 감정노동을 요구하는 측면에서 나타난다.

경쟁력 확보라는 명령만으로는 왜 더욱 민주적인 형태의 노동 조직이 더 많이 발전하지 못했는지를 충분히 설명할 수 없다. "조직을 해방된 기업"으로 탈바꿈시키려는 다양한 시도가 등장했는데, 이는 경영진이 계층적 압박을 완화함으로써 직원들의 참여를 더 잘 이끌어내고 생산성을 높이려는 의도였다. 그러나 단순히 선언적인 효과에 그치지 않더라도, 이러한 시도는 드물게 지속된다. 이는 생산성 측면에서 성공적이었던 경우에도 마찬가지로, 예를 들어 1990년대 초에 문을 닫은 스웨덴 우데발라의 볼보 공장이나 2009년에 완전히 폐기된 제너럴 모터스의 새턴 프로젝트Saturn Project[100]가 그러하다.[101]

---

100 제너럴 모터스GM가 1985년 일본 자동차와 경쟁하기 위해 도입한 실험적 사업으로, 혁신적인 경영방식과 생산방식을 시도했으나, 2009년 GM의 재정 위기로 종료되었다—옮긴이.

101 Thomas Coutrot, *Libérer le travail. Pourquoi la gauche s'en moque et pourquoi ça doit changer*, Seuil, Paris, 2018, chapitres VI~VII. 새턴 문제의 더 자세한 논의는 Mary

요컨대 정보통신기술과 관련된 새로운 장치들의 도입이 경쟁력 확보라는 경제적 필요에 부응하고 직원들의 역량 강화를 요구한다 해도, 우리는 이를 권력관계에 가져오는 변화의 관점에서도 분석해야 한다.[102] 자본과 노동 사이의 권력관계는 노동자들이 생산수단을 활용하고 작업을 조직하는 데 허용되는 재량이 확대될 때만 노동자들에게 유리하게 변화한다. 반대로 고용주 또는 관리자는 직원들의 행동에 대한 정보를 활용해 지위를 강화한다. 이는 일반적으로 고용주가 직원들의 업무 수행을 철저히 감독할 수 있게 해주는 통제 수단을 선호하는 이유를 설명한다.

문제는 단순히 효율성이나 성과에만 국한되지 않는다. 여기에는 정치적 차원의 요소도 작용한다. 폴란드 경제학자 미하우 칼레츠키가 그의 시대에 이미 지적했듯이, "기업주들은 '공장에서의 규율'과 '정치적 안정성'을 이익보다 더 가치 있게 여긴다."[103] 관리자와 경영진은 자신들의 지배적 위치를 유지하는 것이 생산의 민주적 조직화와 양립할 수 없다는 사실을 인지하고, 이를 바탕으로 노동 현장에서 정보통신기술이 구현되는 형태를 결정한다.

O'Sullivan, *Contests for Corporate Control. Corporate Governance and Economic Performance in the United States and Germany*, Oxford University Press, Oxford, 2001, pp. 213~219 참조.

102 Frederick Guy et Peter Skott, "Power-biased technological change and the rise in earnings inequality", conférence en l'honneur de John Roemer, University of Massachusetts, 2005.

103 Michal Kalecki, "Political aspect of full employment, 1", *The Political Quarterly*, vol. 14, n° 4, p. 326.

캘리포니아 이데올로기의 열렬한 지지자들이 직감했던 것처럼, 정보통신기술은 실제로 역량 강화와 업무 복잡화 현상을 동반해 왔다. 그러나 해방의 전망은 노동과정에 대한 요구 수준과 통제가 증가하는 것으로 대체되었으며, 이는 스트레스와 깊은 불만족을 초래했다. 자본의 통제를 우선시하는 경향은 대다수 노동자에게 '신자본주의 정신'의 약속이 헛된 환상에 불과했음을 보여주었다.

공간적 양극화 심화: 무형 자산의 역설

실리콘밸리의 역동적 혁신이 성공한 요인을 설명할 때, 흔히 이 지역의 자유와 개방의 문화가 있다는 점을 강조한다. 1980년대 말, 캘리포니아에서 연구 임무를 마치고 돌아온 프랑스 연구자들은 "한 기업에서 다른 기업으로, 또는 한 분야에서 다른 분야로 지식·아이디어·기술이 손쉽고 빠르게 이전되는 점"을 특히 강조했다. 그들은 "'지식 생산 조건'보다 '지식의 유통·확산·적용 조건'이 결정적인 역할을 했으며, 이는 높은 자격을 갖춘 노동자들의 이동 형태와 밀접하게 관련되어 있다"라고 결론지었다.[104] 실리콘밸리와 매사추세츠[105]의 128번 도로 지역을 심층적으로 비교한 결과, 이와 같은 독

---

104 Bernard Cuneo, Annie Dona Gimenez et Olivier Weinstein, "Recherche, développement et production dans l'industrie électronique. Le processus de production et de circulation des connaissances dans la dynamique de la Silicon Valley", GIP "Mutations industrielles", Paris, 1986.

특한 특성이 서부 해안 지역에 결정적인 우위를 제공했음을 확인할 수 있다. 128번 도로 지역은 1970년대에는 고용 수에서 확실한 우위를 점하고 있었음에도 1980년대 초부터 쇠퇴하기 시작했다. 이는 기업이 자급자족하는 독립적 실체로 여겨지면서 외부 환경과 단절된 채 폐쇄적인 조직 모델을 유지했기 때문이다. 반대로 실리콘밸리에서는 네트워크 형태와 개방된 노동시장의 우세가 높은 기업 유연성과 심화된 전문화를 촉진했다.

이 차이는 1980년대 초반에 설립된 두 스타트업, 매사추세츠의 아폴로 컴퓨터Apollo Computer와 캘리포니아의 선마이크로시스템Sun Microsystems을 비교한 사례로 잘 드러난다. 두 기업의 경영진 차이는 두 세계를 가르는 깊은 격차를 상징적으로 나타낸다. 1984년에 임명된 아폴로 컴퓨터의 최고경영자는 제너럴 일렉트릭 출신의 53세 경영 간부였던 반면, 선마이크로시스템은 20대 창업자들이 직접 이끌었다. 전자는 엄격한 복장 규정을 시행하며 콧수염과 턱수염을 기르지 못하도록 했지만, 후자는 매달 맥주 파티를 열었다. 전자는 운전기사가 딸린 리무진으로 이동한 반면, 후자의 창업자 중 한 명은 만우절에 자신의 페라리를 장식용 연못에 빠뜨렸고, 고릴라로 변장한 직원들이 그 주위에서 웃음을 터뜨리고 있었다……. 이러한 반항적인 분위기는 극단적인 개인주의와 맞물려 조직에 대한 어떤

---

105 AnnaLee Saxenian, "Regional networks and the resurgence of Silicon Valley", *California Management Review*, vol. 33, n° 1, 1990, pp. 89~112.

충성심도 요구하지 않는다. 직원들이 고용주의 보호를 하나도 기대할 수 없듯이, 고용주 또한 직원들의 충성을 기대하지 않는다. 따라서 누구나 첫 기회에 새로운 기회를 찾아 떠나는 것을 당연하게 여긴다. 실리콘밸리의 경험을 특징짓는 요소를 하나만 꼽아야 한다면, 그것은 바로 지식의 빠른 확산을 촉진하는 이러한 자유로운 개인 이동의 분위기일 것이다.

1970~1980년대 실리콘밸리의 문화적 환경은 이러한 사고방식의 확산과 정보기술 분야에서 이 지역이 주도권을 잡는 데 결정적인 역할을 했음이 분명하다. 그러나 일단 지배적 위치를 확보한 이후에는 실리콘밸리가 오늘날까지도 세계에서 가장 활발한 혁신 중심지로 남아 있는 이유를 살펴볼 때, 문화적 환경은 결정적인 요인이 아니다. 경제 지리학은 기업이 인프라, 숙련된 노동자, 전문 공급업체 등의 지역 자원을 활용할 때 집적 효과를 얻을 수 있음을 보여준다. 특히 지식의 교환과 융합을 통한 역동적 흐름은 매우 두드러진다. 오늘날의 실리콘밸리는 초기의 사소한 이점을 바탕으로, 구성원들이 서로의 공존을 통해 점점 더 큰 이익을 얻는 누적적 과정의 결과물이다. 그 영향으로 다른 지역과의 격차가 크게 벌어지게 되었다.

이러한 사회적 양극화의 흐름은 노동자의 이동성을 강조하면서 더욱 심화했다. 고숙련 인력의 경우, 지식 확산이라는 측면에서 긍정적인 효과를 가져올 수 있지만, 나머지 대다수 노동자에게는 유연성이 곧 불안정성을 의미한다. 실리콘밸리는 이 점에서도 상징적이다.

인구의 약 3분의 1이 기본적인 필요를 충족시키기에 충분한 소득을 얻지 못하고 있으며, 빈곤이 만성적으로 자리 잡고 있다. 특히 미국의 다른 지역보다 더 두드러지는 심각한 인종과 성별 불평등의 지속은 다양성에 대한 개방성을 중시하는 실리콘밸리의 이미지에 타격을 준다.[106]

마지막으로 불평등과 혁신의 관계에는 순전히 지리적 차원이 존재한다. 혁신은 새로운 조합의 발견을 통해 이루어진다. 이는 기존에 연결되지 않았던 것들을 연결하고, 기존에 체계화되지 않았던 것들을 체계화하는 과정을 의미한다. 이를 실현하기 위해서는 가까운 거리와 직접적인 상호작용이 필수적이며 발견과정에 꼭 필요한 사회적 교류를 촉진하는 데 중요한 역할을 한다. 그러나 이 과정에 필요한 암묵적 지식의 상당 부분은 실제 삶에 뿌리를 둔 사회적 네트워크에 포함되어 있다. 창의적 활동에 종사하는 사람들은 비공식적인 교류를 통해 생산성과 수입을 올리기 위해 서로 모이는 것이 유리하다.[107] 그러나 이는 심각한 분리의 역동성을 초래한다. 혁신이 대도시 지역에 집중되는 경향이 있을 뿐만 아니라,[108] 도시와 농촌

---

106 Molly Turner, "Homelessness in the Bay Area", *The Urbanist*, n° 560, 2017; David Rotman, "Technology and inequality", *MIT Technology Review*, 21 octobre 2014.

107 1990년부터 2010년까지 미국에서 이 점이 입증되었다. Cf. Enrico Berkes et Ruben Gaetani, "Income segregation and rise of the knowledge economy", *SSRN*, 2018, en ligne. 미국의 혁신과 불평등 간의 일반적인 관계에 대해서는 cf. Philippe Aghion et al., "Innovation and top income inequality", *NBER Working Paper*, n° 21247, 2015 참조.

108 Pierre-Alexandre Balland et al., "Complex economic activities concentrate in large cities", *SSRN*, 2018, en ligne.

간의 이러한 양극화는 도시 내에서도 지역 간의 사회적 격차를 더 벌려놓는 결과를 낳는다. 각 도시의 다양한 지역 간의 균열도 더욱 깊어지고 있다.

캘리포니아 이데올로기는 현대적인 발전 덕에 다시 한 번 뒤집히고 있다. 『대헌장』은 "최첨단 정보기술을 더 많은 사람의 손에 쥐여줌으로써 고속도로의 정체 문제를 완화하고, 대기오염을 줄이며, 사람들이 과밀한 도시 지역에서 멀리 떨어져 살 수 있게 할 것"을 약속했다.[109] 실제로는 완전히 반대의 상황이 벌어졌다. 이제 "뭔가가 일어나는 곳"에 있는 것이 중요해졌다. 유행하는 아이디어가 오가는 도시와 지역에 거주하는 것이, 무형 자산의 글로벌 확산과 관련된 수익의 일부를 얻는 데 핵심 조건이 되었다. 전 세계적으로 가치를 인정받는 무형 자산이 생산되는 장소는 가장 매력적인 직업 기회가 존재하는 곳이기도 하다. 아마도 향후 기술 발전이 근접성에서 비롯되는 정보적 이점을 없애거나 오염, 교통 체증, 높은 임대료 같은 분산 요인이 결국 우세를 점할 수 있을 것이다. 그러나 지금까지 무형 자산은 공간적 양극화를 확실히 부추기고 있다.[110]

---

109 Esther Dyson et al., "Cyberspace and the American dream", *The Progress and Freedom Foundation*, vol. 1, n° 2, p. 302; "Does it encourage geographic concentration? Second wave policies encourage people to congregate physically; third wave policies permit people to work at home, and to live wherever they choose", "Cyberspace and the American dream", *loc. cit.*, p. 307.

110 Jonathan Haskel et Stian Westlake, *Capitalism without Capital. The Rise of the Intangible Economy*, Princeton University Press, Princeton, 2018, chapitre VI.

이 공간적 차원에 주목하는 것은 실리콘밸리라는 개념 자체가 원칙적으로 일반화될 수 없음을 강조하는 데 도움이 된다. 이 경험은 시간이 지남에 따라 자기 강화된 전문화 논리에 따라 이루어졌으며, 결국 이 글로벌 혁신 클러스터를 독특하게 만들었다. 이는 [인도의] 방갈로르, 싱가포르, 중국 광둥성과 저장성, 보스턴, 텔아비브 같은 성공 사례 옆에서 전 세계적으로 또 다른 실리콘밸리를 탄생시키려는 수많은 시도가 왜 실패했는지도 이해하게 해준다. 물론 이러한 좌절된 꿈을 설명할 수 있는 정치적 결정의 오류를 매번 찾아볼 수 있다.[111]

그러나 이러한 반복적인 실패의 근본적인 이유는 모방 시도가 모두 성공할 수는 없다는 데 있다. 실제로 실리콘밸리의 섬들이 존재하려면 실리콘밸리가 아닌 바다가 필요하다. 실리콘밸리가 아닌 지역에서 상품이 조립되고 분류되고 운송된다. 주변 땅에서 가축이 사육되고 도축되며 작물이 자란다. 또한 이러한 소외된 공간으로 쓰레기가 운반된다. 요컨대 전 세계 인구의 대다수가 살고 있는 이 모든 세계는 지리적 특화와 혁신을 가능하게 하는 외부 조건을 무시하는 합의에 따라 외면해도 되는 존재로 전락하고 있다. 실리콘밸리의 합의는 전체를 일부와 동일시하는 구성 오류에 기반을 두고 있다. 이는 모범적 사례로 제시되지만, 사실 그 가치는 거의 유일한

---

111 Josh Lerner, *Boulevard of Broken Dreams. Why Public Efforts to Boost Entrepreneurship and Venture Capital Have Failed—and What to Do About It*, Princeton University Press, Princeton, 2009.

사례라는 점에서 비롯된다.

개방과 자유로운 이동이라는 이미지는 급격히 커지는 사회적 불평등의 현실과 대조를 이룬다. 생산요소의 이동성과 유연성을 촉진하고, 개인의 위험 감수를 장려하며, 투자자를 유치하기 위해 당국은 자본과 고소득에 대한 세금을 낮추고, 탈세에 대해 관대하게 대응하며, 지식재산권을 더욱 강화하고 있다. 이 정책은 필연적으로 매우 부유한 계층에 유리하게 작용하며 공공재정을 갉아먹는다. 캘리포니아는 이 점에서도 선구적인 역할을 했는데, 사회 정책을 비난하고 무력화하려는 강력한 운동이 일어났다.

1980년대는 이 지역의 경제적 호황기였다.[112] 레이건이 정권을 잡으면서 캘리포니아에는 엄청난 규모의 군사 계약이 쏟아졌다. 그와 동시에 금융 자유화는 이 지역에서 광적인 부동산 투기를 부추겼다. 이처럼 거침없는 번영은 보수 진영의 격렬한 반격을 불러왔으며, 그들의 첫 번째 목표는 공적 개입이었다. 이 문제는 1960년대의 새로운 좌파가 효과적으로 대응하기에 준비가 부족했던 영역이었다. 모든 형태의 관료주의에 대한 적대감과 지역적 실험을 선호하는 경향은 대규모 세금 감면을 주장하는 이들에게 광범위한 이념적 여지를 남겨주었다. 이들은 1978년 주민 발의로 이루어진 국민투표에서 승리해 캘리포니아 주 헌법에 토지세 수준을 대폭 제한하는

---

112 Richard Walker, "California rages against the dying of the light", *New Left Review*, vol. 1, n° 209, 1995.

내용을 담은 13조 발의안을 통과시켰다. 이 대립은 주정부의 재정을 대폭 삭감하고 1990년대 초 심각한 재정 위기를 초래한 일련의 개혁의 서막에 불과했다. 이러한 개혁의 여파로 감옥을 제외한 모든 분야에서 공공 서비스가 크게 줄어들었다.

비록 개방성과 이동성의 문화가 초기에는 실리콘밸리에 결정적인 우위를 제공했지만, 그 성공의 가장 강력한 요인은 지역적 역동성을 활용해 지식 생산에서 누적적 이점을 구축한 데 있다. 이러한 결합에서 비롯된 결과는 근시안적인 효과로, 개인적 야망에 부여된 자유가 과대평가되는 반면, 본질적으로 일반화할 수 없는 지역적 규모의 경제 역할은 과소평가되는 것이다. 결과는 두 가지 역설을 보여준다. 한편, 실리콘밸리의 초기 성공을 이끈 지역적 유동성은 불평등과 집적 논리의 이면인 분리와 차별의 역동성으로 점차 위축되고 있다. 또 한편, 이러한 경제적 이점의 우위는 실리콘밸리의 경험을 보편적인 모델로 삼는 것을 불가능하게 만든다. 지역적 특수성이 본질적으로 예외적인 성격을 띠기 때문에, 실리콘밸리는 세계의 공통된 미래를 대표한다고 주장할 수 없다.

성장 없는 혁신: 슘페터의 역설

경제학자 요제프 슘페터는 20세기 가장 영향력 있는 경제학적 아이디어 중 하나인 '창조적 파괴'라는 개념을 제시했다. 마르크스를 이어받으면서도 균형이라는 접근방식에 반대한 그는 자본주의의 역동성이 경제구조의 진화를 동반한 격동적인 과정임을 강조한다. 또한 이 과정의 근본적인 추진력은 "새로운 소비재, 새로운 생산·운송 방식, 새로운 시장, 새로운 유형의 산업 조직"으로 촉진된다고 주장한다.[113] 실리콘밸리 합의를 학문적으로 뒷받침하는 경제성장 이론은 이 개념을 받아들여 자체 모델에 통합했다. 그 신조는 다음과 같다. 혁신은 새로운 기술을 확산시키고 구식 방법을 제거함으로써 성장을 촉진한다.[114]

이러한 관점에서 볼 때, 현대 자본주의의 궤적은 역설적으로 보인다. 겉으로는 디지털 기술의 발전 사례들이 혁신의 풍요로움과 생산·소비·교환 방식의 다방면에 걸친 질적 변화, 다시 말해 활력을 되찾았다는 신호를 드러낸다. 그러나 이면에서는 GDP 성장과 생산성의 지속적인 둔화, 금융 부문의 비생산적 비중 증가, 지속적인 불완전 고용, 결정적으로 생태적 조건의 급속한 악화를 관찰할 수 있다. 이 모든 현상은 종합적으로 볼 때 쇠퇴를 암시한다.

2000년부터 시대에 뒤떨어졌다고 평가되는 생산구조에 새로운 활력을 불어넣기 위해 설계된 공공 정책에서 혁신과 경쟁 문제가 중

---

113 Joseph Schumpeter, *Capitalisme, socialisme et démocratie, suivi de Les Possibilités actuelles du socialisme et La Marche au socialisme*, Payot, "Bibliothèque historique", Paris, 1947, chapitre VII.

114 Philippe Aghion et Peter W. Howitt, *The Economics of Growth*, MIT Press, Cambridge, 2009. 실제로, 이 저자들이 슘페터 시대의 사회과학에 깊이 뿌리내린 사상과 맺는 관계는 상당히 느슨하다. 이를 암시적으로 보여주는 흥미로운 사실은, 그들이 '창조적 파괴'라는 표현을 『경제 발전의 이론*Theory of Economic Development*』(p. 474 참고)과 연결 짓고 있으며, 이는 『자본주의, 사회주의, 민주주의』와 관련이 없다는 점이다.

심을 차지하고 있다. 어떤 면에서는 이러한 정책들이 목표를 달성했다고 할 수 있다. 이 정책들은 기술경제적 지형을 질적으로 변화시키는 데 한몫했다. 디지털 분야를 대표하는 기업들은 20세기의 눈부신 발전을 능가하며 세계 주요 시가총액 순위에서 선두를 차지하고 있다. 이는 대부분의 기업이 설립된 지 20년도 채 되지 않았다는 점에서 더욱 주목할 만하다([표 1], [표 2] 참조). 이는 오랜 기간 소수의 다국적 기업이 지배했던 이 엘리트 그룹에서 일어난 진정한 격변이라 할 수 있다.[115]

그러나 놀라운 점은 이러한 기술조직적 변화가 자본주의 체제에 활력을 되찾아주는 결과로 이어지지 않았다는 것이다. 저명한 성장 경제학자 필리프 아기옹조차도 이를 마지못해 인정할 수밖에 없었다. 그는 파리의 콜레주 드 프랑스[116]에서 열린 취임 강의에서, 특허에 관한 일반적인 데이터를 바탕으로 "혁신이 양뿐만 아니라 질에서도 확실히 가속화하고 있다"라고 지적한다.[117] 이어서 그는 질문을 던진다. "왜 이러한 혁신의 가속화가 성장과 생산성의 변화에 반영되지 않는가?" 그는 그 이유가 "주로 측정의 문제"에 있다고 본다.

---

115 Naomi R. Lamoreaux, Daniel M. G. Raff et Peter Temin, "Beyond markets and hierarchies: toward a new synthesis of American business history", *NBER Working Paper*, n° 9029, 2002.

116 16세기에 설립된 프랑스의 저명한 고등교육기관이자 연구기관으로, 학위과정을 제공하지 않고 순수 학문 연구와 지식 보급에 중점을 둔다. 이곳의 강의를 맡는 교수들은 각 분야에서 세계적으로 인정받는 학자들로, 학문적 권위와 탁월한 연구 업적을 갖춘 인물들이다—옮긴이.

117 Philippe Aghion, *Repenser la croissance économique*, Collège de France/Fayard, "Les leçons inaugurales", Paris, 2016, p. 43.

[표 1] **2000년 기준 세계 최대 시가총액 기업**(『포브스*Forbes*』 기준)

순위	기업	부문	국가	시가총액 (2000년 2월 28일 기준, 단위: 달러)
1	엑슨모빌	석유화학	미국	3,620억
2	제너럴 일렉트릭	복합기업	미국	3,480억
3	마이크로소프트	기술/소프트웨어	미국	2,790억
4	시티 그룹	금융	미국	2,300억
5	BP118	석유화학	영국	2,250억
6	로열더치셸	석유화학	네덜란드	2,030억
7	프록터앤드갬블	가정용품과 개인 관리	미국	1,970억
8	HSBC 그룹	금융	미국	1,930억
9	화이자	제약	미국	1,920억
10	월마트	유통	미국	1,880억

[표 2] **2023년 기준 세계 최대 시가총액 기업**(companiesmarketcap.com 기준)

순위	기업	부문	시가총액 (2000년 2월 28일 기준, 단위: 달러)
1	애플	기술	2조 6,010억
2	마이크로소프트	기술	2조 1,140억
3	사우디 아람코	석유화학	1조 9,100억
4	알파벳(구글)	기술	1조 3,220억
5	아마존	기술/유통	1조 430억
6	엔비디아	기술/반도체	6,910억
7	버크셔 해서웨이	금융	6,770억
8	테슬라	기술/자동차	6,130억
9	메타(페이스북)	기술	5,460억
10	존슨앤드존슨	제약/위생	4,870억

---

118 원래 British Petroleum이었지만, 2000년대에 들어 'Beyond Petroleum'이라는 새로운
브랜드 슬로건을 도입했다.

특히 새로운 제품을 창출하는 혁신의 경우, 통계에 반영되기까지 시간이 걸리기 때문이다.[119]

생산성과 성장의 측정에 대한 기술적 논의는 중요한 문제들을 제기한다(부록 I 참조). 그러나 여기서 우리가 주목하는 현대 자본주의의 역동성에 관한 한, 그 경향은 의심할 여지가 없다.[120] 필리프 아기옹의 주장과는 달리, 측정 문제는 쇠퇴를 설명하지 못한다. 혁신의 영향을 재평가한다고 해도 상황은 달라지지 않는다. 생산성과 성장은 여전히 둔화하고 있다. 더 흥미로운 것은 통계학자들의 연구 결과에서 드러난다. 디지털 혁신 효과의 상당 부분이 시장교환 구조와 그에 따른 회계 체계에 포착되지 않는다는 점이다. 이는 분명히 위키백과의 경우에 해당한다. 위키백과는 백과사전 출판사들의 생산을 대체함으로써 시장 생산을 감소시킨다.

하지만 구글, 소셜 네트워크, 광고를 통해 부분적으로만 시장화

---

119 Philippe Aghion et al., "Missing growth from creative destruction", *American Economic Review*, vol. 109, n° 8, pp. 2795~2822. 그의 방법론에 대한 자세한 비판은 cf. Michel Husson, "Monsieur Philippe Aghion bouleverse la croissance", À l'encontre (blog), 6 juillet 2017 참조. 아기옹이 '정체stagnatio'라는 용어를 거부하긴 하지만, 그의 입장은 취임 강의 이후 변화했다. 그는 생산성과 성장의 장기적인 감소 추세를 인정하면서도, 현재로서는 이에 대한 명확한 설명을 내놓지 않고 있다. 다만, 낮은 금리가 자본 배분에 미치는 부정적 영향과 공공 투자 약화를 언급한다. 특히 2017년 10월 17일 강의를 포함해 콜레주 드 프랑스 웹사이트에서 그의 강의를 시청할 수 있다.

120 David M. Byrne, John G. Fernald et Marshall B. Reinsdorf, "Does the United States have a productivity slowdown or a measurement problem?", *Brookings Papers on Economic Activity*, mars 2016, pp. 109~182; Gustavo Adler et al., "Gone with the headwinds: global productivity", *IMF Staff Discussion Note*, n° 17, 2017.

된 수많은 애플리케이션이 제공하는 서비스에도 이 사실이 적용된다. 광고주들의 중간 소비로 여겨지는 이들의 수익은 시장 생산 계산에 포함되지만, 소비자에게 제공되는 서비스는 직접적으로 산정되지 않는다. 이는 사용자들이 얻는 주요 혜택을 떠올리면 놀라운 일일 수 있다. 그러나 통계학자들은 "비시장 생산에서 얻는 이익은 복지에 크게 이바지하지만, 생산성 변화와는 별개의 개념으로 다루는 것이 적절하다"라고 타당한 견해를 제시한다.[121] 디지털의 가장 유용한 효과들이 상당 부분 시장경제를 벗어난다는 사실을 무시해서는 안 된다. 이는 현대 자본주의의 취약성을 나타내는 증상 중 하나이기 때문이다.

경제 활동의 질을 가격 체계에서 설명하는 데는 개념적이고 실증적인 어려움이 분명히 존재하지만, 이는 근본적으로 중요한 문제다. 하지만 현재의 정체停滯가 단순히 시장경제의 역동성을 숨기는 통계적 착오에 불과하다는 주장은 명백히 틀렸다. 자본주의의 큰 피로는 성장과 생산성 둔화로만 드러나는 것이 아니다. 2008년 금융·거시경제 위기의 충격, 만성적인 불완전 고용, 계속해서 증가하는 부채 부담은 모두 더 깊은 문제를 나타내는 증상들이다. 우리가 거듭 말하는 슘페터의 주장은, 새로운 기술경제적 패러다임을 펼치려는 노력과 함께 이전 단계의 사회적 관계가 무너지고, 경제적 역동성이

---

121 David M. Byrne, John G. Fernald et Marshall B. Reinsdorf, "Does the United States have a productivity slowdown or a measurement problem?", *loc. cit.*, p. 142.

물질적·정치적 조건의 재생산 관점에서 약해지는 상황에서 '파괴적 창조'로 뒤집힐 수 있다.

기업가적 국가의 회복력: 유럽의 역설

지난 몇십 년간의 유럽 통합과정에는 깊은 슬픔과 실패의 흔적이 깃들어 있다. 시장과 금융의 지배 아래 통합된 이 늙은 대륙은 원한과 불신의 혼란 속에 빠져 있으며, 이는 통합의 진전에 관한 모든 논의를 좁고 제한된 예산 계산으로 끝없이 되돌린다. 이런 공통된 분노는 깨진 권력의 꿈에서 비롯된다. 구매력 기준으로, 1980년 유럽연합(2018년 기준 국경선)의 세계 GDP 비중은 30퍼센트였으나, 2018년에는 16.9퍼센트로 감소했다. 물론 이러한 후퇴는 같은 기간 경제성장이 가속화된 일부 저개발 국가들, 특히 중국의 비중 증가를 기계적으로 반영한 결과이기도 하다. 북미와 비교해볼 때, 북미의 세계 GDP 비중은 27퍼센트에서 18.5퍼센트로 감소했을 뿐인데, 이는 유럽의 상대적 퇴행을 보여준다.

이러한 추락은 특히 한편으로는 거시경제 관리, 경쟁 규제, 통화정책 측면에서 제도적 세련미를 갖춘 유럽연합이 신자유주의의 최첨단으로 자리 잡고 있다는 점, 다른 한편으로는 경제적 실패로 나타나는데, 이는 성장과 고용 측면의 만성적인 부진뿐만 아니라 정보기술 핵심 기업의 상위권에서 유럽 자본이 부재하다는 점에서도 드러난다. 유럽인이 매일 쓰는 웹 서비스의 대부분을 미국 기업이 제공한다는 사실은 놀라운 일이다.

그러나 초기에는 덜 유리한 위치에 있던 중국이나 러시아 같은 나라들은, 세계적으로 방문자가 가장 많은 검색 엔진(바이두, 얀덱스), 소셜 네트워크(브콘탁테, 웨이보), 전자 상거래 사이트(텐센트, JD.com)로 이루어진 매우 풍부한 디지털 생태계를 구축하는 데 성공했다. 반대로 구글의 로컬 버전(google.de, google.fr 등)을 제외하면, 유럽은 세계에서 가장 인기 있는 50개 사이트 순위에 단 두 번만 등장하며, 그것도 프랑스 국적의 소유주가 운영하는 폴란드 기업이 관리하는 두 개의 포르노 포털(xvideos.com, xnxx.com)을 통해서만 이름을 올리고 있다.[122] 사소한 일처럼 보이지만, 이 사실은 여전히 냉혹하다. 2000년에 유럽 지도자들은 이 지역을 "세계에서 가장 경쟁력 있고 역동적인 지식 경제"로 만들겠다는 야심을 품었다. 그러나 오늘날 유럽은 미국에 한참 뒤처져 있을 뿐만 아니라, 이 분야에서 중국과 러시아에도 크게 뒤처지고 있다. 도대체 무슨 일이 일어난 것일까?

1990년대 말, 미국의 신경제 붐은 유럽에서도 강하게 느낄 수 있었다. 그러나 단일 시장의 완성과 단일 통화를 도입했음에도, 유럽의 엘리트는 유럽 경제가 2차 산업화 활동에 특화되면서, 미국이 기술적 한계를 계속 밀어내는 가운데 기술 최첨단에서 점점 멀어지

---

122 2023년 2월 기준 가장 인기 있는 사이트 순위(시밀러웹Similarweb이 작성하고 위키백과에서 확인): "가장 인기 있는 웹사이트 목록", 위키백과, 2023년 4월 6일.

고 있음을 깨달았다. 당시 대부분의 국가에서 집권한 사회민주주의 정부들의 주도로 리스본 의제가 채택되었다. 이 의제는 시장의 자유화(노동시장을 포함)와 정통적 재정 정책을 지향하는 개혁과 연구·교육·훈련을 지원하려는 명시적 의지를 결합한 야심 찬 프로그램이다. 그러나 곧 첫 번째 축이 우위를 점하게 되었고, 혁신 정책은 신자유주의적 틀에 종속되었다. 논의에 참여했던 진보 경제학자들에게 이는 찬물을 끼얹는 일이었다. 그들을 지지하는 사회 세력이 없는 상태에서, 정치적 게임은 대기업들이 노동 유연성을 선호하고 국가가 그들의 투자 정책에 간섭하지 않기를 원하는 경향으로 흘러갔다.[123] 엘리 코헨은 유럽의 상대적 기술 격차를 설명하는 것은 바로 이 전환이라고 말한다.

21세기에 들어서, 유럽이 규제 완화와 자유화 프로그램을 강행하며 자국의 대표 기업들(알카텔, 지멘스, 노키아, 필립스, STM, 프랑스텔레콤, 도이치텔레콤, 텔레콤이탈리아 등)을 약화시키는 사이, 중국은 맨땅에서 시작해 강력한 통신, 부품, 소비자 전자제품 산업을 구축했다. 한편, 한국은 네트워크에 대한 공공 투자와 산업 주체들의 지속적인 노력 덕분에 모바일 멀티미디어 분야에서 세계적인 선도국으로 자리 잡는 데 성공했다.

---

123 해당 경제학자로는 특히 규제 이론가인 베냐민 코리아와 로베르 부아예, 그리고 국가 혁신 시스템 이론가 중 한 명인 뤽 수엣이 있다. 비판적인 소개는 다음을 참고할 것. Cf. Bruno Amable, *Structural Crisis and Institutional Change in Modern Capitalism. French Capitalism in Transition*, First/Oxford University Press, New York/Oxford, 2017, pp. 118~121.

미국의 경우, 인터넷(구글과 페이스북), IT 서비스(IBM), 소비자 전자제품(애플), 소프트웨어(마이크로소프트, 오라클) 분야에서 세계적 선도 기업들을 통해 끊임없이 ICT 산업을 재창조하고 있다.[124]

경쟁의 바람에 무방비로 노출되어 있으며, 특정 분야에 개입하는 것을 스스로 금지하고, 연구와 교육에 충분히 투자하지 못하는 유럽연합은 지난 수십 년간 신중하게 구축해온 산업적 강점이 사라지고, 이를 대체할 새로운 강점을 마련하지 못하고 있다. 한편, 국제 시장의 새로운 진입자들은 혁신적인 분야에서 역량 축적을 가속화하는 체계적 정책을 펼치고 있다. 예를 들어 중국에서는 공공 발주, 외국 투자자들에게 투자 허용 조건으로 기술 이전을 요구하는 정책, 웹에 대한 정치적 통제 조치가 디지털 생산력의 국내 발전을 보장하는 도구로 활용되고 있다. 이는 같은 시기 유럽에서 벌어진 상황과 완전히 다른 양상을 보여준다. 유럽에서는 혁신의 주도권을 기업에만 맡기고, 경쟁력을 저해할 수 있는 국가의 개입을 금지하는 선택을 했다. 이는 한편으로 공공 연구 자금이 상업적으로 활용할 수 있는 응용 단계보다 훨씬 초기 단계에 머물러야 함을 의미하며, 다른 한편으로는 혁신 지원이 차별 없이 이루어져야 함을 뜻한다. 이를 흔히 '수평적 정책'이라고 부른다.

---

124 Élie Cohen, "Stratégie de Lisbonne: l'avenir d'un échec", *Regards croisés sur l'économie*, vol. 11, n° 1, 2012, pp. 128~138.

프랑스의 사례를 들어보자. 프랑스 당국은 지금까지 국가 혁신 시스템의 중심이었던 산업 분야 구축과 대규모 프로젝트 추진 논리를 포기하게 되었다. 이 접근법은 분명히 몇 가지 눈에 띄는 실패를 초래했는데, 특히 1960년대에 프랑스의 자체 IT 산업을 창출하려는 목적으로 시작된 칼퀼 계획plan Calcul[125]이 그 예다. 또한 원자력 산업과 같은 논란이 있는 성공 사례도 낳았다. 그러나 이 접근법 없이는 1970년대까지 이어진 프랑스의 산업 발전이 이루어지지 않았을 것이다. 새로운 접근법의 대표적 수단은 연구 세액 공제로, 이 제도는 기업이 지출하는 비용의 유형을 완전히 자율적으로 결정할 수 있도록 한다. 이 제도의 취지는 기업의 자발적인 연구·개발R&D 노력을 지원하고 장려하는 데 있다. 공공기관이 비용 일부를 부담함으로써 기업의 연구·개발 지출 수준을 높이기를 기대하는 것이다. 이러한 유형의 제도는 2022년 기준으로 프랑스에서 연간 70억 유로 이상의 막대한 재정적 부담을 요구했다. 또한 기업들이 어차피 발생했을 지출을 혁신 비용으로 취급하도록 창의적으로 회계를 처리하면서, 우연히 얻는 혜택을 조장하는 경향이 있다. 대다수의 실증 연구에 따르면, 이 제도는 실제로 연구·개발에 대해 유의미한 촉진 효과를 발휘하지 못하며 특허 출원도 증가시키지 않는다.[126] 결

---

125 1966년에 프랑스는 미국 IT 기업의 지배에 맞서 독립적인 컴퓨터 산업을 육성하기 위해 컴퓨터 하드웨어와 소프트웨어 개발에 대규모 공공 투자를 했으나 기술적 어려움, 국제 경쟁의 압박, 정책적 혼란 때문에 실패했다─옮긴이.

126 Evens Salies, "Études d'impact du crédit d'impôt recherche (CIR): une revue de la

국 이는 어떠한 체계적 고찰 없이 이루어진 공공 자금 지원 정책이라 할 수 있다.

유럽의 혁신 지원 정책을 이끄는 새로운 철학을 이해하고, 그 과정에서 발생한 판단 착오를 파악하려면 1994년으로 거슬러 올라가야 한다. 당시 대서양 건너편에서 구체화한 캘리포니아 이데올로기는 『유럽과 세계 정보 사회』라는 보고서의 형태로 늙은 대륙 유럽에 널리 퍼졌다. 당시 내부 시장과 산업 담당 집행위원이었던 마르틴 방에만Martin Bangemann[127]의 주도로 작성되고 18명의 대기업 경영진의 협력을 받아 완성된 이 보고서는 정보기술을 중심으로 한 산업 혁명을 진단하며, 유럽연합이 이 새로운 시대에 진입하기 위해 시장 메커니즘을 신뢰해야 한다고 권고한다.

정보기술 분야의 특징은 신속한 진화다. 이 과정에서 시장이 주도적 역할을 맡고, 승자와 패자를 결정짓는다. 관련 기술의 강력함과 보편성을 고려할 때, 시장은 반드시 전 세계적이어야 한다. 정부의 최우선 과제는 경쟁력을 유지하고, 정보 사회에 장기적으로 유리한 정치 환경을 조성

---

littérature", 『티에리 망동 고등교육과 연구 담당 국무장관께 드리는 보고서』, MENESR/OFCE, 2017. 다음도 볼 것. Jean-Pierre Moga, *Projet de loi de finances pour 2023: recherche et enseignement supérieur*, rapport fait au nom de la commission des affaires économiques du Sénat, déposé le 17 novembre 2022.

127 독일 출신 정치인으로 1989년부터 1999년까지 유럽연합의 내부 시장과 산업 담당 집행위원으로 활동하며 정보기술과 통신 정책을 주도했다. 특히 디지털 경제와 시장 자유화 정책을 강조하며, 1994년 『유럽과 세계 정보 사회』 보고서 작성을 이끌었다—옮긴이.

하는 것이다. 이를 통해 국내외 어디서나 수요를 통해 성장이 이루어지
도록 해야 한다.[128]

정보기술과 관련된 생산력의 발전은 시장이 승자와 패자를 선택
하는 과정을 통해 이루어져야 한다. 또한 이러한 발전은 즉각적으
로 보편적 성격을 가지므로, 어떤 형태로든 국가의 간섭을 용납할
수 없다. 이러한 가설을 바탕으로, 이 보고서는 정부에 경쟁을 촉진
하기 위해 적극적으로 행동할 것을 권고한다. 여기에는 적절한 규제
와 정책 체계 구축, 표준화를 위한 노력, 내부와 외부의 시장 개방,
지식재산권 강화를 포함한다. 또한 "계획경제나 보호주의"에 의존하
는 것을 전면 거부하며, 자금 조달의 주도권은 민간 부문에서 나와
야 한다고 강조한다. 공공 부문은 진행 중인 변화의 중요성을 파악
할 능력이 없다고 여겨지기 때문이다.

돌이켜보면 이러한 생각은 매우 순진해 보인다. 중국·한국·러시
아 같은 나라들이 공공 개입을 활용해 디지털 시대로 진입하는 데
성공했을 뿐 아니라, 특히 미국의 선도적 위치는 실리콘밸리의 맥락
에서도 시장의 자발적 힘만으로 이루어진 것이 결코 아니기 때문
이다.

실리콘밸리의 역사와 더 넓게는 미국의 기술 발전은 공공 개입

---

128 Martin Bangemann, *L'Europe et la société de l'information planétaire. Recommandations au Conseil européen*, Publications Office of the European Commission, Bruxelles, 1994, p. 8.

과 절대적으로 떼어놓을 수 없다. 무엇보다 군산복합체의 역할이 크며, 항공우주 부문도 중요한 역할을 했다. 특히 마운틴뷰에 있는 NASA의 주요 연구소 중 하나인 에임스연구센터의 존재가 이를 뒷받침한다. 스탠퍼드 대학교 지도자들의 상상력과 집요함이 군사 연구 계약을 확보하기 위해 기울인 노력은 이 역사에서 결정적인 역할을 했다. 2차 세계대전 동안 휴렛팩커드·리튼·바리안 같은 기업들은 군수품 발주를 통해 성장했으며, 이들의 전자기기는 레이더 제작에 활용되었다. 1960년대에는 막 개발된 반도체 생산의 대부분을 여전히 군대가 사들였다.[129] 1970년대에 대중 소비 시장의 성장으로 전자 산업이 부분적으로 공공 발주에서 벗어났지만, 1980년대 레이건 대통령의 '스타워즈 프로그램'으로 공공 지원이 다시 활기를 띠었다. 그와 동시에 일본 정보기술의 성공에 대응한 반(半)보호주의적 조치도 시행되었다. 오늘날까지도 특정 연구 프로그램이나 군수품 발주를 통한 국가의 개입은 미국에서 혁신의 역동성을 유지하는 핵심 요소로 자리 잡고 있다.

2013년에 출간된 『기업가형 국가』에서 마리아나 마추카토는 인터넷, 유전체 서열 분석, 터치스크린, 위치 추적 기술에 이르기까지 지난 수십 년 동안 이루어진 주요 혁신에서 공공 프로그램이 결

129 AnnaLee Saxenian, *Regional Advantage. Culture and Competition in Silicon Valley and Route 128*, Harvard University Press, Cambridge, 1994, pp. 20~27. Ann R. Markusen et al., *The Rise of the Gunbelt. The Military Remapping of Industrial America*, Oxford University Press, New York, 1991.

정적인 역할을 했음을 보여주었다.[130] 마추카토는 기술 발전 과정에서 기업가의 역할에 대한 신화를 해체하며, 애플의 성공이 상당 부분 공공 지출에 기반을 두고 있음을 보여준다. 특히 마추카토는 혁신경제에서 체계적 고찰의 중요성을 다시 중심에 두며, 이는 단순히 연구·개발 지출의 규모 문제가 아니라, 가장 큰 기회가 있는 분야에 이 지출을 배분하는 것이 결정적이라는 점을 입증한다. 이는 유럽에서 지배적이었던 이론에 대한 단호한 반박이다. 실리콘밸리 신화를 곧이곧대로 받아들인 유럽 지도자들은 의도적으로 국가의 기업가적 기능을 억압했고, 이는 생산력 발전을 크게 저해하고 늙은 대륙 유럽에서 사회적·경제적 어려움을 가중시켰다.

이 개관을 마무리하면서 실리콘밸리를 참조하는 관행이 대단히 역설적이라는 점이 드러난다. 스타트업 정신은 사라지고, 그 자리를 사적 독점의 약탈적 행태가 대신하게 되었다. 개인적 자율성과 창의성을 찬미하던 분위기는 결국 고용 종속성을 심화시키는 전산화된 관리 도구로 이어졌다. 지역적 양극화, 소수의 '승자'에게 이익이 집중되는 현상, 지식의 확산을 가로막는 장애물들은 주변화를 부추겼다. 이는 혁신뿐만 아니라 혁신이 가져올 수 있는 잠재적 혜택을 누리는 데도 걸림돌이 되고 있다. 실리콘밸리와 더 나아가 그것

---

130 Mariana Mazzucato, *The Entrepreneurial State. Debunking Public vs. Private Sector Myths*, Anthem Press, New York, 2013.

이 상징하는 혁신의 세계는 성장과정에서 초기 성공을 이끈 원칙들과는 정반대의 현실로 변모했다. 이러한 변화는 너무도 뚜렷해서 그 기원에 있던 이론은 이미 시대에 크게 뒤떨어졌다. 따라서 오늘날 이 신화를 정치적으로 활용하려는 시도는 완전히 시대착오적이다. 결국 조너선 해스켈과 스티안 웨스트레이크가 당혹스럽게 지적하듯, 이 시기의 유산인 혁신 지원 정책들은 악순환에 빠져 있다.

경제가 번영하려면 정책 결정자들은 신뢰와 강력한 제도를 구축하고, 기회의 개방을 촉진하며, 사회적 갈등을 완화하고, 강력한 기업들이 특권적 수익에 안주하지 않도록 막아야 한다. 그러나 그와 동시에 효과적인 비물질 경제는 바로 이러한 문제들을 심화시키는 경향이 있다. 이는 논란이 많은 형태의 불평등을 만들어내고, 사회적 자본을 위협하며, 자신들의 비물질 자산을 보호하는 데 주력하는 강력한 기업들을 탄생시킨다.[131]

실리콘밸리 합의에 금이 가고 있는 현실이 이를 증명한다. 예고된 것과 달리, 디지털 기술의 발전과 함께 급격히 진행된 사회경제적 변화는 자본주의에 새로운 활력을 불어넣지 못했다. 오히려 쌓여가는 증거들은 이 생산방식의 퇴보를 시사하는 경향을 보인다.

---

131 Jonathan Haskel et Stian Westlake, *Capitalism without Capital, op. cit.,* p. 257.

공적 영역의 재봉건화

> "경제가 성장, 효율성, 선택과 소극적 자유를 중시하는
> 반면, 정치는 공익, 평등한 시민권, 민주적 정당성과 국민
> 주권을 호소한다."
>
> ──낸시 프레이저[132]

 1990년대 시장 개방의 물결 속에서 민주주의의 발전을 약속했던 자유주의적 낙관론 역시 오래가지 못했다. 그 후 30년이 지나 민주주의가 겨울을 맞이했다는 현실이 분명히 드러났다.[133] 이는 두 가지 흐름이 결합한 결과다. 첫째, 자본주의를 규제하는 비민주적 형태의 증가다. 중국이나 러시아가 이러한 사회적 형태의 전형을 보여준다면, 유럽과 미국에서 권위주의적 지도자들의 선거 승리는 서구에서도 매우 비민주적인 정치적 선택지가 권력을 잡을 수 있음을

---

132 Nancy Fraser, "Legitimation crisis? On the political contradictions of financialized capitalism", *Critical Historical Studies*, vol. 2, n° 2, 2015, p. 164.

133 Steven Levitsky et Daniel Ziblatt, *How Democracies Die*, The Viking Press, New York, 2018; Roberto S. Foa et Yascha Mounk, "The danger of deconsolidation", *Journal of Democracy*, vol. 27, n° 3, 2016, pp. 5~17; Roberto S. Foa et Yascha Mounk, "The end of the consolidation paradigm, a response to our critics", *Journal of Democracy─Web Exchange*, 28 avril 2017; Robert Kuttner, *Can Democracy Survive Global Capitalism?*, Norton, New York, 2018, p. XVII; Yascha Mounk, *The People vs. Democracy. Why our Freedom is in Danger and How to Save It*, Harvard University Press, Cambridge, 2018. 이 연구들은 프랑스어로 간략히 소개되었다. Jean-Fabien Spitz, "Le capitalisme démocratique. La fin d'une exception historique?", laviedesidées.fr, 10 juillet 2018.

보여준다.

둘째, 실리콘밸리 기업들이 개인의 자유와 민주적 권리를 경시하는 태도를 보이는 것도 주목할 만하다. 맥루한이 정보기술 때문에 계층적 구조가 무너질 것이라고 발표했던 것을 떠올릴 수 있다. 또한 구글의 경영진이 "권력을 국가와 제도에서 멀어지게 하고 개인에게 이전하는 데 기여하겠다"라고 자신 있게 주장했던 방식도 기억에 남는다. 이러한 약속들은 특히 중국 시장이 제공하는 성장 전망 앞에서는 무력하다. 실제로 애플은 2018년 여름, 자국 내 사용자들의 아이클라우드iCloud 데이터, 이메일, 단문 메시지 서비스 SMS를 포함한 모든 정보를 중국 국영 통신사 차이나텔레콤의 자회사에 맡겼다고 발표했다.[134] 노골적인 권위주의 형태는 서구의 오래된 민주주의 국가들의 정치 생활에 더 은밀하게 영향을 미치는 침식을 가중시킨다. 웬디 브라운은 "데모스의 해체"[135]라는 표현으로 신자유주의 정책이 공적 토론의 약화와 주요 경제 문제에 대한 대중의 영향력을 철저히 배제하는 상황 속에서 민주주의 생활을 실질적으로 비워내는 방식을 설명한다.

이러한 경향이 맞물려 20세기 중반부터 '자유민주주의'라고 불려온 체제의 취약성을 재검토하게 만들며, 독일 철학자 위르겐 하버

---

134 Jon Russel, "Apple's iCloud user data in China is now handled by a stateowned mobile operator", techcrunch.com, 18 juillet 2018.

135 Wendy Brown, *Undoing the Demos. Neoliberalism's Stealth Revolution*, Zone Books, New York, 2017.

마스가 1962년에 제기한 '공적 영역의 재봉건화'라는 가설을 진지하게 다시 고려할 것을 촉구한다.[136]

당시 하버마스는 대중매체가 가정의 거실 깊숙이 침투한 현상을 가족 영역의 소비지향적 변화에서 결정적인 사건으로 간주했다. 공적 영역은 "일종의 대가족이 친밀함이 아닌 단순한 밀착의 분위기를 공유하는 공간"[137]에서 문화 소비로 대체된다. 동시에 공적 대화는 상품화하고 전문화한다. 개인은 공적 대화의 소비자로 전락하며, 공적 대화는 대중 상품으로 변모한다. 그 주요 목적은 시청자 수를 늘려 광고 공간 판매를 통해 가치를 창출하는 것이다. "단순히 '사업'으로 축소된 논의는 형식적인 것에 그치게 된다. (중략) 문제를 제기하는 방식은 절차의 문제가 되어버리고, 과거에는 공적 논쟁 속에서 해결되던 갈등이 이제는 개인적인 충돌 수준으로 축소된다."[138] 이러한 변화는 공적 논쟁의 질을 심각하게 훼손한다. 정보와 논쟁의 사업은 실제로 합의를 만들어내려 하거나, 더 정확히 말하면, 주

---

136 그의 저서 『공론장의 구조 변동Strukturwandel der Öffentlichkeit』은 마크 B. 드 로네가 프랑스어로 『공적 영역: 부르주아 사회의 구성적 차원으로서 공공성 고고학L'Espace public. Archéologie de la publicité comme dimension constitutive de la société bourgeoise』(Payot, 2003)이라는 제목으로 번역했다. 논지에 대한 간결한 개요와 다양한 측면에 대한 비판적 설명은 다음을 참고할 것. Craig J. Calhoun, Habermas and the Public Sphere, MIT Press, Cambridge, 1992. 그리고 스타시스 쿠벨라키스는 이 논제가 두 가지 비관적인 관점에 뿌리를 두고 있음을 보여준다. 하나는 아도르노와 호르크하이머의 프랑크푸르트학파의 관점이며, 다른 하나는 보수적 사회학자들의 관점이다. Stathis Kouvélakis, La Critique défaite. Émergence et domestication de la théorie critique: Horkheimer, Habermas, Honneth, Amsterdam, Paris, 2019, pp. 304~307.
137 Jürgen Habermas, L'Espace public, op. cit., p. 70.
138 Ibid., p. 172.

관성들이 교차하는 인지적 중심을 형성하려 한다. 이러한 교차점은 명확히 정리된 의견보다 개별 인물들에 더 많이 의존해 형성된다.

젊은 하버마스의 관점에서 이러한 변화는 공적 사안에 대한 비판적이고 이성적인 논의가 가능한 조건을 파괴한다. 21세기가 되기 훨씬 전부터, 공적 논의의 질적 저하는 '공적 영역의 재봉건화'라는 형태를 초래했으며, 이는 두 가지 의미로 이해할 수 있다. 첫째, 정치적 견해의 수렴이 지도자의 이미지를 중심으로 한 정치적 방향의 연출과 개인화 과정에서 발생할 때, 합리성의 기준은 사라지게 된다. 이는 권력의 화신과 대표성을 강조했던 봉건적 권력구조와 공명한다.[139]

공적 영역은 대중 앞에서 권위를 연출하는 무대가 되어버렸으며, 그 결과 대중 내부에서 비판을 발전시키는 대신 권위를 과시하는 데 초점이 맞춰지게 되었다.[140]

둘째, 대중오락과 광고의 융합은 봉건주의의 특징인 경계의 혼란을 초래하며, 이는 국가조차도 자유롭지 못하다.

민간 기업들이 소비자의 결정을 시민의 행동인 것처럼 포장해 소비자가

---

139 *Ibid.*, pp. 203~204.
140 *Ibid.*, p. 209.

시민으로 행동하고 있다고 믿게 만드는 상황에서, 국가는 시민을 소비자처럼 대할 수밖에 없는 처지가 된다. 그 결과, 공공 권력도 홍보를 활용하려는 방향으로 나아가게 된다.[141]

하버마스는 자본주의 발전이 역사적으로 이를 뒷받침했던 정치적 구조를 약하게 만들고, 그들의 민주적 잠재력을 침식하는 경향이 있다고 지적한다. 이 체제의 내부 역동성은 직선적이지 않으며, 장기적으로 봉건주의의 유산을 되살리는 퇴행적 흐름을 만들어낸다.

이 분석은 자본주의를 시장경제로 축소하려는 자유주의 주장의 허구, 즉 이 경제 체제가 동등한 자들 간의 교환에 토대를 두고 있다는 허구를 정치적 차원에서 부각한다. 19세기 자유주의 이론가들이 발전시킨 이 주장은 1990년대에 실리콘밸리 이데올로기를 수용했던 뉴트 깅그리치 같은 정치인들의 허황한 주장 속에 여전히 살아 있다. 이들은 소규모 자영업자들의 자본주의를 약속했다. 그러나 스타트업 창업자들 간의 공개적인 경쟁이 새로운 독점의 지배로 이어진다면 어떻게 될까? 더 나아가 사회가 생산수단의 소유자와 프롤레타리아화된 사회 계층으로 양극화되고, 오늘날처럼 극소수 초부유층이 이익을 독점하며 전 세계적으로 불평등이 심화한다면 어떻게 될까?

---

141 *Ibid.*, p. 204.

이러한 상황은 경제 권력의 극단적인 비대칭성을 나타내며, 공익에 관한 민주적이고 합리적인 논의의 가능성을 무너뜨린다. 이와 같은 양극화는 경제적 이해관계 간의 싸움에서 국가가 개입하는 방식이 공적 논의의 핵심을 차지하는 결과로 이어진다. 약해진 부문은 교정 조치를 요구하지만, 가장 강력한 세력들이 온 힘을 다해 이를 반대한다. 자본주의의 구조적 불평등, 특히 현대에 와서 더욱 심해진 불평등은 사적 영역과 공공 행동을 절대로 구분할 수 없게 만들며, 그와 동시에 공익이라는 개념 자체를 소멸시킨다.

비판적이고 이성적인 논의의 공간은 자본과 행정 권력이 얽히면서 점차 사라지고 있다. 전후 복지국가가 떠오르자 일부는 부르주아 공적 영역을 넘어서는 진보적인 메타 공적 영역méta-sphère publique[142]의 형성을 기대했다. 그들은 이 메타 공적 영역이 조직 간의 논의를 구조화하며, 그 내부 생활은 풍부한 민주적 논의로 활성화되리라 여겼다.

이는 지난 40년간 선택된 길이 분명히 아니었다. 이를 낸시 프레이저는 다음과 같이 요약한다.

민주주의는 모든 수준에서 의미를 상실하고 있다. 정치적 의제는 외부

---

142 전통적인 부르주아 공적 영역bourgeois public sphere이 개인 간의 논의에 국한되었다면, 이를 초월한 메타 공적 영역은 조직 간 또는 사회적 주체들 간의 논의를 가능하게 해준다. 이는 사회적 다양성과 민주적 이상을 반영한 이상적인 구조를 의미하지만, 현실적으로 실현하기는 어렵다—옮긴이.

의 강제('시장'의 요구, '새로운 헌법주의')와 내부의 협잡(기업 로비의 지배, 하청구조, 신자유주의적 합리성의 확산) 때문에 전반적으로 제한되고 있다. 한때 전적으로 민주적 정치 행위의 영역에 속한다고 여겨졌던 사안들이 이제는 '시장'으로 이양되고 있다.[143]

이와 동시에 공공 서비스와 사회 보호 체계의 와해, 광고 공세의 강화는 일상생활의 상업화를 더욱 촉진했다. 이는 사람들을 수동적인 소비자 역할에 갇히고 성과에 집착하는 개인으로 원자화하는 경향을 낳고 있다.

전자통신의 보편화로 공적 영역에서 일어난 변화는 이러한 쇠퇴를 막지 못했다. 인터넷이 민주주의의 재생에 기여할 것이라는 희망은 초기에는 어느 정도 실현 가능성을 보여주는 듯했다. 예를 들어 프랑스에서는 2005년 유럽 헌법 초안에 관한 국민투표를 앞둔 캠페인 기간에 온라인에서 활발한 움직임이 공론화를 촉진했다. 2011년 아랍 혁명과 다양한 '광장 운동'에서 많은 논평가는 전자통신 방식이 동원과정에서 중요한 역할을 했음을 강조하며, 이것이 공적 영역의 재생을 예고한다고 시사했다. 이러한 가능성은 실재하지만, 강력한 반대 동력 또한 작용하고 있다. 특히 소셜 네트워크의 상호작용 메커니즘이 고도화되면서 대화의 다원적 가능성을 제한하고, 서로

---

143 Nancy Fraser, "Legitimation crisis? On the political contradictions of financialized capitalism", *loc. cit.*, p. 180.

독립적이고 무관심한 고립된 집단을 형성하게 된다는 점이 잘 알려져 있다.[144] 이는 페이스북 같은 플랫폼이 사용자의 개인정보를 활용해서 게시물 노출 순위를 조정하는 시스템을 통해 조장하는 현상 중 하나다.[145]

더 나아가 인터넷의 민주적 가능성은 현재 대형 IT 기업들의 욕망으로 위협받고 있다. 이는 디지털 저작권 관리DRM의 확산과 네트워크 중립성 원칙이 약해지면서 더 심화하고 있다. 결국, 대기업과 국가의 보안 장치가 데이터를 대규모로 수집하면서 개인과 집단의 자유에 전례 없는 위협을 가하고 있다. 이러한 맥락에서 하버마스가 제안한 공적 영역의 재봉건화 개념을 참고해 문화와 미디어 연구 분야에서 '디지털 봉건주의'라는 개념이 쓰이기 시작했다.[146]

이 아이디어는 심도 있게 탐구할 가치가 있다. 이를 위해 나는 빅데이터 시대의 자본주의와 통제의 관계를 다음과 같은 측면에서 살펴볼 것이다. 감시, 의존, 포획, 독점, 새로운 지대 수익 창출 등 이렇

---

144 이를 '필터 버블Filter Bubble' 현상이라 한다. 사용자가 인터넷 플랫폼에서 마치 투명한 거품에 갇힌 듯한 상태에서 개인화된 알고리즘에 따라 자신이 선호하는 정보만 접하게 되는 현상으로, 다양한 관점을 차단하고 정보의 편향성과 고립을 초래할 수 있다—옮긴이.

145 2018년 1월 11일, 마크 저커버그는 소셜 네트워크에 게시한 글에서 새로운 알고리즘 정책을 다음과 같이 발표했다. "가장 먼저 눈에 띄는 변화는 뉴스 피드에서 친구, 가족, 그룹의 콘텐츠를 더 많이 보게 된다는 점일 것입니다. 변경사항이 점차 적용됨에 따라 기업, 브랜드, 미디어의 게시물과 같은 공개 콘텐츠는 줄어들게 될 것입니다."

146 Sascha D. Meinrath, James W. Losey et Victor W. Pickard, "Digital feudalism: enclosures and erasures from digital rights management to the digital divide", *Advances in Computers*, vol. 81, 2011, pp. 237~287.

게 조금씩 접근해나가다 보면, 단순히 봉건제의 특정 측면을 떠올리는 것을 넘어 봉건적 논리를 전체적으로 떠올리게 하는 하나의 구성이 드러날 것이다. 즉, 기술 봉건주의의 가능성을 논의하는 것이다.

2장

디지털 지배

정복의 시대

"디지털 플랫폼은 종종 가상의 부동산으로 묘사되며, 풍요로운 개척지의 발견과 비교되곤 한다. (중략) 고전적인 '서부 개척 시대'의 관점에서 보면, (중략) 이러한 영역을 냉혹하게 감시하고 보호할 수 있는 개척자들이 수익을 차지하게 된다. (중략) 이는 놀랍도록 중세적 느낌을 준다. 바로 이러한 현상이 역사 속 중세 시대를 떠올리게 하기 때문이다. 단 하나의 진정한 차이점은 풍경이 디지털화되어 있다는 점뿐이다. 그러나 세를 징수하는 영주들의 본질은 동일하다."

— 인디 조하르[1]

아마존은 매년 연례 보고서에 1997년 상장 당시 창립자인 제프 베이조스가 주주들에게 보낸 편지를 빠짐없이 싣는 관행을 가지고 있다. 프로젝트와 실행된 방침이라는 관점에서 일관성이 눈에 띌 만큼 놀랍다. 베이조스는 이 문서에서 아마존의 사명이 단순히 고객

---

1 Indy Johar, "The sharing economy will go Medieval on you", *Financial Times*, 21 mai 2015.

의 시간과 돈을 절약하는 데 그치지 않는다고 설명한다. 그는 "개인화 덕분에 전자 상거래는 발견이라는 과정 자체를 가속화할 것"이라고 말한다.[2] 개인화, 즉 개인정보와 상황에 따른 데이터를 축적하는 과정을 통해 아마존은 소비자가 선택하기 전 단계에서 자리를 선점한다. 이는 수요를 예측하거나, 더 나아가 적절한 제안을 통해 수요를 창출하는 것을 목표로 한다.

따라서 아마존의 핵심 활동은 이미 이 시점에 단순히 책을 판매하는 데 머물지 않았다. 대신, 정보를 소비자 취향에 맞게 가공해서 상품을 이해하고 접근하는 방식을 근본적으로 변화시키는 데 중점을 두었다. 프리드리히 하이에크는 경쟁, 특히 시장 경쟁을 '발견의 절차'이자 지식을 생산하는 수단으로 간주했다.[3] 베이조스는 아마존 시스템을 같은 틀 안에 놓는다. 그는 데이터를 활용해 지식을 생산하고 상품과 서비스에 대한 접근을 안내하는 방식을 실행하고 있다. 바로 이러한 포괄적인 사회경제적 기능에서 아마존이 종합 플랫폼으로 진화할 가능성이 자리 잡고 있다. "광범위하고 이미 확고히 자리 잡은 시장에서도 지속 가능한 사업을 개발한다"라는 초기 목표는 대규모 디지털 데이터 수집을 통해 경제적 거래를 안내하는 급진적 혁신에 기반을 두고 있다.[4]

---

2 Amazon, *Amazon Annual Report 2017*, 2018, en ligne.
3 Friedrich A. von Hayek, "Competition as a discovery procedure" [1968], trad. Marcellus S. Snow, *The Quarterly Journal of Austrian Economics*, vol. 5, n° 3, 2002, p. 9.
4 구글이나 우버 같은 다른 플랫폼에서도 볼 수 있는 이러한 조정 역할은 알고리즘에 따라 구

아마존은 서로 무관한 활동을 결합해서 지배적 지위를 남용할지도 모르는 복합기업이 아니다. 아마존은 전문성을 갖춘 종합기업이다. 이 역설은 복잡한 사회에서 아마존의 전문 분야가 모든 사람에게 필수적이라는 점에서 비롯된다. 아마존은 경제적 환경을 조율하고 있다. 즉, 적절한 제품을 최적의 가격에 제시하고, 적시에 적합한 장소에서 제공하는 역할을 한다. 이 기능을 소련의 고스플란 Gosplan[5]보다 훨씬 더 유연하고 정교하게 수행하려면 방대한 데이터와 지속 성장이 반드시 뒷받침되어야 한다. 데이터 축적의 필수 조건인 이 확장 욕구는 베이조스의 프로젝트가 처음부터 장기적인 주도권 확보를 목표로 설계된 이유를 설명한다.

우리는 우리의 성공을 근본적으로 측정하는 기준이 장기적으로 주주들에게 창출하는 가치라고 믿습니다. 이 가치는 시장에서 우리의 지도력을 확장하고 공고히 할 수 있는 능력에서 직접적으로 비롯될 것입니다. 시장에서 강한 지도력을 발휘할수록 우리의 비즈니스 모델은 더욱 강력해집니다. 시장의 지도력은 더 높은 수익, 더 큰 수익성, 더 빠른 자본 회전 속

조화된 가격 체계의 본질을 둘러싼 일련의 논쟁을 촉발한다. 일부는 조정을 거쳐 생성되는 지식 유형이 중앙집중식 계획 시스템을 떠올리게 하며, 이러한 시스템이 가진 인지적 한계를 연상시킨다고 주장한다. Cf. Pip Thornton et John Danaher, "On the wisdom of algorithmic markets: governance by algorithmic price", *SSRN*, 2018, en ligne.

5   1921년부터 활동한 '국가경제기획위원회'로서, 스탈린 시기 대규모 산업화와 집단 농업화를 주도하며 소련의 공업화를 촉진했으나, 비효율성과 경직성으로 국제 정세에 적절히 대응하지 못하고 소련 체제의 붕괴와 함께 폐지되었다―옮긴이.

도, 결과적으로 더 높은 자본 투자 수익률을 기대할 수 있게 합니다.[6]

금융 자본주의의 가장 날카로운 비평가 중 한 명인 빌 라조닉은 베이조스가 장기적 발전을 강조한 것에 대해 칭찬했다.[7] 금융화 전문가인 라조닉은 주주들에게 가치를 분배하는 문제에 전문성을 갖춘 인물이기도 하다. 그가 이끄는 팀은 지난 20년 동안 기업 경영진이 이익을 재투자해서 회사의 발전에 활용하기보다 배당금과 자사주 매입 형태로 금융 시장에 분배하는 방식을 연구해왔다. 그들은 이익을 분배하려는 경향을 경제 정체와 불평등 심화의 주요 원인 중 하나로 보고 있다. 그러나 이러한 관점에서 아마존은 금융기업이 아니다. 아마존은 수익을 유지하는 몇 안 되는 대형 미국 기업 중 하나다. 상장 이후 20년 동안 아마존은 주주들에게 한 번도 배당금을 지급하지 않았다. 반면, 2012년부터 2017년까지 S&P(스탠더드앤드푸어스) 500 기업들이 수익의 98퍼센트를 재분배하는 동안, 아마존은 투자와 혁신을 지속하며 자사의 사업 영역을 놀라운 속도로 확장해나갔다.

영토가 된 사이버 공간

투자에 대한 논리와 지도력을 유지하는 중요성을 이해하기 위해,

---

6 Amazon, *Amazon Annual Report 2017, op. cit.*

7 William Lazonick, "Opinion. The secret of Amazon's success", *The New York Times*, 23 novembre 2018.

『대헌장』에서 제시된 한 가지 관점을 돌아볼 수 있다. 이는 사이버 공간과 개척 시대의 서부 사이의 유사성을 뜻한다.

> 사이버 공간은 미국의 마지막 개척지다. (중략) 자유의 근본 원칙을 확립해야 하는 이유는 (중략) 우리가 아직 규칙이 없는 새로운 영역에 들어서고 있기 때문이다. 이는 1620년 당시 아메리카 대륙이나 1787년 북서부 영토의 상황과 마찬가지다.[8]

『대헌장』의 저자들이 가장 먼저 염두에 둔 것은 디지털 네트워크가 열어주는 새로운 인간 활동 영역과 기존의 정치적 상상, 즉 개인주의와 소규모 재산의 이념적 연속성을 구축하는 것이다. 이러한 이유로 그들은 '정복'이라는 은유를 사용한다. 그러나 이 이미지는 곧 다른 의미를 띠게 된다. 먼저 정책적 의미를, 그리고 지질학적 의미를. 이미 2009년에 미국군 홍보부는 다음과 같이 설명했다.

> 사이버 작전은 미군의 또 다른 작전 무대이며, 국방부는 다른 모든 작전 무대와 마찬가지로 동일한 분석적 엄격성과 자원을 적용해야 한다.[9]

그 후, 2016년 『MIT 테크놀로지 리뷰』에서 발표된 보고서는 디

---

8   Esther Dyson et al., "Cyberspace and the American dream", *loc. cit.*

9   Jim Garamone, "Questions abound in cyber theater of operations", *American Forces Press Service*, US Department of Defense, 9 juin 2009.

지털 네트워크가 채굴 가능한 자원이 풍부한 새로운 지하층에 접근할 길을 열어준다는 아이디어를 제시했다.

데이터 생산 관점에서 보면, 인간의 활동은 마치 발견을 기다리는 땅과 같다. 먼저 도착해서 이를 통제하는 사람이 그 안에 숨겨진 자원, 즉 데이터라는 부를 차지하게 된다.[10]

정복해야 할 이 새로운 땅은 디지털화할 수 있는 모든 것을 포함한다. 예를 들어 비디오 감시 영상, 계산대 영수증 기록, 연결된 기기(휴대전화, 스마트 스피커, 냉장고, 연기 감지기, 온도 조절기, 스마트 미터)의 사용 데이터, 디지털 네트워크상의 거래와 상호작용(온라인 양식, 전자 은행 서비스, 소셜 미디어 게시물), 웹 탐색 데이터, 위치 정보, 사물에 내장된 센서 측정값(산업 장비의 센서, 대중교통 카드), 전자여권, DNA 샘플 외에도 무수히 많다. 이처럼 데이터가 풍부한 새로운 땅의 식민화는 다양한 기술적·법적 장치에서 이루어진다. 그러나 모든 경우에 이 과정은 일종의 영토적 점유를 포함한다. 즉, 데이터를 채굴할 수 있는 곳에 경계 표식을 세우는 것이다. 이는 빅데이터 형성 과정에서 자원을 확보하는 추출적 단계에 해당한다.

이러한 착취의 논리는 안드로이드 운영 체제의 확산 사례에서

---

10   MIT Technology Review Insights et Oracle, "The rise of data capital", *MIT Technology Review*, 21 mars 2016.

확인할 수 있다. 구글은 이 운영 체제를 휴대전화 제조업체들에 무료로 제공함으로써 시장에서 전략적인 위치를 차지하려 했다. 이를 통해 애플의 소프트웨어 생태계를 우회하고 스마트폰을 통해 인터넷에 접근하는 기본 진입점이 되려는 의도를 보였다. 2023년에는 70퍼센트 이상의 스마트폰이 안드로이드 운영 체제로 작동하고 있으며, 구글 애플리케이션이 가장 많이 사용되는 앱이 되었다. 잡지 『폴리티코』는 부동산 개념을 빌려와, 구글이 운영 체제를 통해 모바일 영역에 침투한 덕분에 "온라인 부동산 제국"을 건설했다고 썼다.[11] 마운틴뷰에 본사를 둔 이 기업은 이로써 광고 수익 성장의 새로운 발판을 마련했다.

수렴에 관하여

가속주의accélérationnisme[12] 이론가인 닉 스르니체크는 디지털 플랫폼의 데이터에 대한 갈망이 이들의 성장을 설명하는 핵심 요소라고 주장한다. 이러한 성장은 "핵심 위치를 차지하려는 지속적인 노력으로 형성된 복잡한 연결망"을 따라 이루어진다. 인수합병은 특정 분야에서 시장 지배력을 강화하려는 수평적 집중 논리에 따라 이루어지는 것이 아니다. 그렇다고 해서 통신망과 오디오·비주얼 콘텐

---

11 Mark Scott, "What's really at stake in Google's Android antitrust case", *Politico*, 15 juillet 2018.
12 현대 사회의 기술과 혁신의 속도를 활용해 자본주의의 내적 모순을 해결하거나 극복할 수 있다는 이론—옮긴이.

츠 제작처럼 즉각적으로 상호 보완적인 활동을 결합하려는 수직적 통합 논리를 따르는 것도 아니다. 단순한 수평적 집중도, 순수한 수직적 통합도 아닌 플랫폼의 발전은 데이터 원천을 확보하려는 성장 방식을 따른다. 스르니체크는 이 점을 바탕으로 자신의 '수렴 논제'를 도출한다.

다양한 플랫폼은 점점 더 서로 비슷해지고, 동일한 시장과 데이터 영역을 침범하는 경향을 보인다. 현재 다양한 플랫폼 모델이 존재한다. 그러나 데이터 추출을 확대하고 중요한 위치를 장악해야 한다는 필요성 때문에 기업들은 같은 유형의 활동에 끌리게 된다. 따라서 페이스북, 구글, 마이크로소프트, 아마존, 알리바바, 우버, 제너럴 일렉트릭 같은 기업들은 서로 다르지만, 직접적인 경쟁관계에 있다.[13]

다시 말해, 초기 사업 분야와 상관없이 이제 모든 디지털 공간 확장 활동은 똑같은 목표를 지니고 있다. 그것은 인간 활동에서 발생하는 데이터를 관찰하고 수집하는 영역을 확보하는 것이다. 우리가 흔히 생각하는 것과 달리, 빅데이터는 희소성의 문제와 무관하지 않다.[14] 데이터는 확실히 매우 적은 비용으로 복제할 수 있지만,

---

13 Nick Srnicek, *Platform Capitalism. Theory Redux*, Polity Press, Malden, 2017.

14 예를 들어 에브게니 모로조프는 이렇게 쓴다. "결국 데이터가 석유와 결정적으로 다른 중요한 측면이 하나 있다. 그것은 희소하지 않다는 점이다." Evgeny Morozov, "Capitalism's new clothes", *The Baffler*, 4 février 2019.

원본 데이터는 희소하다. 이에 따라 제한된 영역에서 이루어지는 디지털 공간 확장의 논리는 산업 간 경계를 넘어선다. 그 결과, 플랫폼이 점차 범용적으로 변화하는 성격을 띠게 되었으며, 이는 아마존이 연례 보고서에서 식별한 경쟁자들의 방대한 목록으로 잘 드러난다.

우리의 활동은 다양한 유형의 제품, 서비스 제공 방식, 배송 채널을 아우릅니다. (중략) 현재와 잠재적인 경쟁자로는 다음과 같은 이들이 포함됩니다. 1) 우리가 소비자와 기업에 제공하고 판매하는 제품을 취급하는 소매업체, 출판사, 판매자, 유통업체, 제조업체, 생산자 등 온라인·오프라인·멀티채널 사업자들, 2) 모든 유형의 물리적, 디지털, 인터랙티브 미디어를 다양한 유통 채널을 통해 제작·생산·유통하는 출판사, 제작자, 유통업체, 3) 웹 검색 엔진, 가격 비교 사이트, 소셜 네트워크, 웹 포털 (중략), 4) 웹사이트 개발, 광고, 주문 처리, 고객 서비스, 결제 처리 등 전자 상거래 서비스를 제공하는 기업, 5) 자사 또는 제삼자를 위해 온라인과 오프라인에서 주문 처리와 물류 서비스를 제공하는 기업, 6) 현장 또는 클라우드에서 인프라를 포함한 IT 제품이나 기술 서비스를 제공하는 기업, 7) 소비자 가전제품, 통신기기와 전자기기를 설계·제조·마케팅하거나 판매하는 기업.[15]

---

15   Amazon, *Amazon Annual Report 2017, op. cit.*

맥락이 모든 것을 좌우한다

1990년대 말, 웹은 여전히 상업 활동의 중심에서 멀리 떨어진 부차적이고 한정적인 공간에 머물러 있었다. 1997년 온라인 구매는 전체 2조 5,000억 달러 중 겨우 15억 달러에 불과했다. 그야말로 새 발의 피였다.[16] 같은 해, 웹 광고 지출은 5억 5,000만 달러를 넘지 못했다. 물론 빠르게 성장해서 이듬해에는 20억 달러에 도달했지만, 여전히 미국의 전체 광고 지출 약 2,850억 달러에 비하면 미미한 수준이었다.[17] 당시 인터넷에서 상업 활동은 여전히 매우 제한적이었으며, 비즈니스 모델도 상당히 불확실했다. 초기 기업들의 온라인 판매 실적은 실망스러웠고, 많은 마케팅 담당자가 회의적인 반응을 보였다.

1998년 생활용품과 미용제품의 거대 기업인 프록터앤드갬블P&G은 자사 제품을 홍보하기 위해 30억 달러를 지출했다. 같은 해 8월, P&G는 오하이오 주 신시내티 본사에 마케팅·인터넷 전문가들과 경쟁기업들을 초대해 "미래 광고 이해관계자 정상회의"를 열었다.[18] 이러한 종류의 행사는 매우 이례적이었다. 초기 단계의 온라인 광고

16 Pradeep K. Korgaonkar et Lori D. Wolin, "A multivariate analysis of Web usage", *Journal of Advertising Research*, vol. 39, n° 2, 1999, p. 53.

17 Brian Kahin et Hal R. Varian, "Introduction", in Brian Kahin et Hal R. Varian (dir.), *Internet Publishing and Beyond. The Economics of Digital Information and Intellectual Property*, MIT Press, Cambridge, 2000.

18 Kate Maddox, "P&G: interactive marketer of the year", AdAge, en ligne; Stuart Elliott, "Procter & Gamble calls Internet marketing executives to Cincinnati for a summit meeting", *The New York Times*, 19 août 1998.

가 수많은 어려움에 부딪혀 좌절감을 안겨주었기 때문에 마련된 행사였다. 지나치게 낮은 대역폭, 통일되지 않은 규격과 표준, 신뢰할 수 없는 시청률 측정방식 등 기술적 문제를 해결할 필요가 있었다. 그러나 소비자들이 온라인 광고를 수용할 수 있는지, 특히 개인정보 보호 권리가 주요 쟁점이었다. 신시내티 정상회의[19]는 웹의 '상업화'를 위해 해결해야 할 핵심 과제를 밝혀내는 데 기여했다. 그것은 바로 소비자들이 자신들의 개인 데이터를 상업적 목적으로 활용하는 것을 수용할 수 있는지 여부였다.

1999년 마케팅 교수인 도나 호프만과 토마스 노박은 「월드 와이드 웹을 위한 광고 가격 모델」이라는 제목의 논문을 발표했다.[20] 그들은 광고로 운영되는 웹사이트를 두 가지 유형으로 구분한다. 첫 번째는 CNN처럼 콘텐츠가 스폰서의 지원을 받는 사이트이고, 두 번째는 인터넷 사용자들을 웹상에서 안내하는 포털 사이트로, 당

---

19 1996년 미국 신시내티에서 유관 기업과 기관의 고위 인사들이 소비자의 개인 데이터 상업적 사용 수용 방안을 논의하며, 디지털 경제와 인터넷 비즈니스 모델 발전에 이바지했다—옮긴이.

20 이 논문은 『인터넷 출판과 그 너머Internet Publishing and Beyond』라는 다소 난해한 제목의 저서에 수록되었다. 이 저서는 브라이언 케인Brian Kahin이 편집한 것으로, 케인은 1989년부터 1997년까지 하버드 정보 인프라 프로젝트Information Infrastructure Project의 초대 총재를 역임한 후, 미국 정부와 OECD에서 정보 경제와 관련된 다양한 직책을 맡았다. 또 다른 편집자는 할 R. 배리언Hal R. Varian으로, 당시 버클리 대학교 정보관리시스템 학부의 학장이었으며, 2002년에 구글에 합류해 컨설턴트를 거쳐 수석 이코노미스트로 활동했다. 이 책은 1997년 하버드에서 열린 컨퍼런스에서 처음 발표된 논문들을 모은 것이다. 이 컨퍼런스에는 『글로벌 시대를 위한 대헌장Magna Carta for the Global Age』의 공동 저자 중 한 명인 에스더 다이슨이 참여했다. 따라서 이 책은 디지털 자본주의의 이상과 그 실현 사이의 접점에 놓인 작품이다. Cf. Donna L. Hoffman et Thomas P. Novak, "Advertising pricing models for the World Wide Web", in Brian Kahin et Hal R. Varian (dir.), Internet Publishing and Beyond, op. cit.

시에는 야후!Yahoo!, 넷스케이프Netscape, 또는 익사이트Excite라고 불렀다. 이 웹사이트 운영자들의 주요 과제는 광고 시장을 구축하는 것이다. 광고 형식, 시청자, 효과 등 모든 것이 여전히 매우 불안정하지만, 이미 두 가지 가격 책정 모델이 등장하고 있다.

첫 번째 모델은 당시 가장 널리 쓰이던 방식으로, 전통적인 미디어와 유사하게 시청자 수를 토대로 한 논리를 따랐다. 이는 단순히 특정 페이지를 방문한 인터넷 사용자의 수를 집계하는 방식이다. 그러나 이 측정방식에만 머무르는 것은 웹이 제공하는 가능성을 고려할 때 충분하지 않았다. 종합 포털 사이트의 메인페이지에 배치한 배너는 특정 검색어에 맞춰진 콘텐츠와 직접적으로 연관된 페이지의 배너와 똑같이 취급받아서는 안 된다. 인터넷에서는 평가의 관점에서 "중요한 것은 콘텐츠가 아니라 맥락"이다.[21]

두 번째 모델은 클릭 수를 측정해서 맥락에 따라 달라지는 광고의 효과를 평가하는 방식이다. 이 분야에서도 P&G는 선두에 서 있다. 1996년부터 이 회사는 단순한 광고 배너 노출 수가 아니라, 클릭 수에 상응하는 비용만 지불하겠다는 취지로 검색 엔진(당시의 경우 야후!)과 협상했다. 그 후 단순하고 직관적인 클릭 기반 광고비 지불방식이 널리 채택되었다. 광고주들이 관심을 가지는 것은 잠재 고객들이 그들의 메시지에 어떻게 반응하느냐다. 바로 이 점에서

---

21 Brian Kahin et Hal R. Varian, "Introduction", in Brian Kahin et Hal R. Varian (dir.), *Internet Publishing and Beyond, op. cit.*, p. 2.

"인터넷은 처음으로 소비자의 반응을 단순히 추측하는 것이 아니라 측정할 수 있는 매체"라는 특징을 갖는다.[22] 클릭은 소비자 반응을 측정할 수 있는 기준이 된다.

2000년 이후 이러한 차이는 결합된 측정방식을 탄생시켰다. 그것은 바로 예상 클릭률로, 특정 광고가 받을 것으로 예상되는 클릭 수를 추정하는 방식이다. 주요 검색 엔진들은 경매 시스템을 통해 웹 광고 공간을 최고 입찰자에게 할당하며, 이 과정에서 예상 클릭률과 메시지 품질에 대한 마케팅 지표를 바탕으로 한다.[23]

물론 클릭은 완벽한 지표는 아니다. 그것이 브랜드와의 직접적인 연계나 실제 구매를 반드시 의미하지는 않는다. 그러나 클릭은 상호작용의 형성과 측정을 기반으로 한 새로운 마케팅 개념의 출발점이 된다. 클릭은 인터넷 사용자가 의도적으로 방문한 사이트에서 광고주가 유도하는 곳으로 이동하는 움직임을 나타낸다. 이는 광고 메시지에 대한 직접적인 반응으로, 정확하게 측정할 수 있다. 이러한 마케팅 관점의 변화는 근본적인 변혁을 예고하며, 놀라운 일은 호프만과 노박이 이미 1999년에 이를 인식했다는 사실이다. 그들은 온라인 광고의 지평선이란 고객-메시지-상품의 상호작용을 맥락적으로, 글로벌하게 포착하는 것이라고 설명한다.

---

22 *Ibid.*, p. 53.

23 Hal R. Varian, "Computer mediated transactions", in Brian Kahin et Hal R. Varian (dir.), *Internet Publishing and Beyond, op. cit.*, p. 4.

노출과 상호작용이 소비자의 반응에 미치는 영향을 정확히 평가하기 위해, 시간적·공간적으로 통합된 대응 방안을 마련할 필요가 있을 것이다. 노출과 상호작용에 대한 측정은 온라인 쇼윈도에서 사는 행동, 태도 변화, 추가 정보를 요청하는 방문자 수와 같은 형태를 취할 수 있다. 이러한 지표를 확보하려면 다음이 필요하다. 1) 방문자의 식별, 2) 통합 마케팅 캠페인에 참여하는 각 웹사이트에 대한 다중 사이트 데이터. 이러한 데이터를 활용할 수 없다면 결과를 측정하기가 어렵다. 위에서 설명한 기준과 함께 온라인 광고의 효과를 구체화하기 위해 행동적·심리적 측정치들을 추가로 고려해야 한다. 이는 관련 웹사이트와 일반 웹에서 탐색한 기록, 방문자의 인구통계적·심리적·인지적 측정과 태도(흐름을 포함), 방문자의 충성도와 방문 빈도를 포함한 행동적 특성을 말한다. 향후 가격 책정 모델은 이러한 측정치를 새로운 방식으로 통합할 것으로 예상된다.[24]

다중 사이트, 시간적 연속성, 사이버 공간과 현실 세계의 경험을 통합한 데이터는 이러한 신흥 광고 체계에 필수적이며, 이는 복잡한 윤리적·정치적 문제를 제기한다는 점을 저자들은 잘 인지하고 있다. 한편으로 사생활 침해 가능성이 상당히 크다.

---

24 Brian Kahin et Hal R. Varian, "Introduction", in Brian Kahin et Hal R. Varian (dir.), *Internet Publishing and Beyond, op. cit.*, p. 56.

인터넷과 같은 네트워크화되고 분산된 디지털 환경은 사생활 침해의 전례 없는 가능성을 제공한다. 개인에 대한 정보는 물리적 세계보다 더 쉽게 접근할 수 있으며, 결합과 통합하기 쉬운 대상이다.

다른 한편으로, 이러한 침해에 대한 소비자의 경계심은 기업의 기대와 직접적으로 충돌한다.

즉, 개별 소비자에 대한 정확한 정보를 확보해서 맞춤형 시스템을 개발하려는 기업의 필요와 소비자의 사생활 보호 권리 사이에는 긴장이 존재한다.[25]

이러한 문제는 소비자의 권리와 사생활 보호가 "공공기관의 개입을 통해 전자 상거래를 규제하는 결과를 초래할 수 있다는 점에서 더욱 민감하다."[26]

21세기에 들어서기도 전에, 추적과 데이터 통합 기술이 아직 초기 단계에 있었지만, 마케팅 이론가들은 이미 핵심 정치적 문제의 좌표를 파악했다. 웹의 상업화는 정치적으로 지속 가능성이 불확실한 포괄적인 감시 체계를 요구한다.

---

25 *Idem.*
26 Donna L. Hoffman et Thomas P. Novak, "Advertising pricing models for the World Wide Web", *loc. cit.*, p. 56.

알고리즘 기반 통치와 감시 자본주의

"다른 사람이 우리를 바라본다는 것은 그가 우리를 바라
본다고 느끼는 상태를 말한다. 이는 우리가 동시에 그를
바라보는 것이 아니며, 우리가 그를 의식하기도 전에, 그
리고 우리의 시선 바깥에서 이루어진다. 이는 우리가 느
끼기 전부터 시작되며, 철저히 일방적이고, 완전히 통제
할 수 없는 불균형적인 행위다. 여기서는 비동시성이 지배
한다. 우리가 결코 마주칠 수 없는 시선의 영향으로 바라
보고 있다고 느끼는 것, 그것이 바로 차양 효과[27]다."

—자크 데리다[28]

빅데이터의 주요 특징을 세 가지로 요약할 수 있다. 첫째, 지속적
으로 생성된다는 점, 둘째, 포괄성과 세부성을 동시에 목표로 한다
는 점, 셋째, 언제든 추가적인 데이터 소스를 통합할 수 있도록 유연
하게 생산된다는 점이다.[29] 빅데이터는 다양한 분야의 정보를 통합
하지만, 이 정보들이 사전에 서로 연관되어 있을 필요는 없다. 이질

---

27 차양 효과l'effet de visière는 보이지 않는 감시나 일방적인 시선에 대한 심리적 상태를 나타내
   며, 권력·감시·윤리의 문제를 논의할 때 자주 등장한다—옮긴이.

28 Jacques Derrida, *Spectres de Marx*, Galilée, Paris, 1993, p. 27.

29 Rob Kitchin, "Big Data, new epistemologies and paradigm shifts", *Big Data & Society*,
   vol. 1, n° 1, 2014.

적인 데이터를 처리할 때 관계를 드러내는 데 집중하며, 이를 설명하려고 하지 않는 중립적 태도를 유지한다. 빅데이터의 이러한 특성은 새로운 지식 체계가 완전히 자동화된 귀납적 방식으로 작동한다고 여기는 순진한 경험주의적 인식론을 뒷받침한다. 즉, 데이터가 이론의 개입 없이 진리를 직접적으로 드러낸다고 여기는 것이다. 그러나 실상은 그렇지 않다.[30] 아무리 방대한 데이터라 해도 그것은 표현의 영역에 속하며, 본질적으로 부분적인 관점을 나타낸다. 데이터는 미리 구성된 지식과 연결될 때만 의미가 있다. 데이터는 결코 중립적이지 않다. 데이터에는 그것을 구성하는 알고리즘에 담긴 이론이 응축되어 있다. 이를 지배하는 규칙성을 탐구하는 과정은 가설의 구성을 전제로 한다.

빅데이터에는 사회적 편향과 지배관계 또한 내포되어 있다. 인공지능 프로그램은 단순히 제도와 권력관계에 깊이 뿌리박힌 인종 차별이나 성별 불평등을 반영하는 데 그치지 않고, 이를 증폭시키는 데 기여할 수도 있다.[31] 이들 프로그램에 내재된 편견은 다른 알고리즘 결과에 다시 통합된다. 예를 들어 언어 분석 프로그램인 워드 임베딩Word Embedding은 유럽계 미국인의 이름을 긍정적으로, 아프리

---

30 Ibid., pp. 4~5; Jean-Christophe Plantin et Federica Russo, "D'abord les données, ensuite la méthode? Big Data et déterminisme en sciences sociales", Socio. La nouvelle revue des sciences sociales, n° 6, 2016, pp. 97~115.

31 Safiya Umoja Noble, Algorithms of Oppression. How Search Engines Reinforce Racism, New York University Press, New York, 2018; James Zou et Londa Schiebinger, "AI can be sexist and racist—it's time to make it fair", nature.com, 18 juillet 2018.

카계 미국인의 이름을 부정적으로 분류하는 것으로 드러났다. 또 다른 예로, 자율주행차 알고리즘을 훈련시키는 데이터베이스는 주로 밝은 피부색을 가진 사람들로 구성되어 있기 때문에, 기계는 어두운 피부색을 가진 보행자를 체계적으로 덜 인식하게 된다. 그 결과, 어두운 피부색의 보행자가 충돌 위험에 더 많이 노출된다. 이러한 편향이 일상생활에 미치는 부정적인 영향을 '예측적 불공정'이라고 한다.[32]

빅데이터는 결코 중립적이지 않다. 그러나 그것이 내포하는 편향과 편견을 수정한다 해도 우려를 완벽하게 해소할 수는 없을 것이다. 앙투아네트 루브루아와 토마스 베른스는 '알고리즘 기반 통치'라는 개념을 제안하며, 이를 "대량의 데이터를 수집, 통합, 자동 분석해서 가능한 행동을 모델화하고 예측하며 사전에 영향을 미치기 위해 작동하는 특정 유형의 (a) 규범적 또는 (b) 정치적 합리성"으로 정의한다.[33] 이러한 형태의 통치는 인간 주체를 우회하며, 그들에게 성찰의 기회를 빼앗는다. 이를 요약하자면, "욕망을 형성하거나 표현하지 않고도 행동으로 이행하도록 만드는 것"이다.[34] 개인은 절대화되어, 다중적인 결정 요인들의 복잡성 속에 놓이게 되는 동시

32 Benjamin Wilson, Judy Hoffman et Jamie Morgenstern, "Predictive inequity in object detection", arXiv preprint, 2019.

33 Antoinette Rouvroy et Thomas Berns, "Gouvernementalité algorithmique et perspectives d'émancipation. Le disparate comme condition d'individuation par la relation?", *Réseaux*, vol. 177, n° 1, 2013, p. 173.

34 *Ibid.*, p. 177.

에, 분해되어 측정 가능한 연속성으로 축소되고, 확률적으로 예측 가능한 가능성에 갇히게 된다. 장뤽 고다르가 상상한 미래 도시 알파빌처럼, 알고리즘이 지배하는 사회는 점차 "흰개미나 개미와 같은 기술적 사회"를 닮아가며, "사람들이 확률의 노예가 된 사회"로 변모한다.[35]

존재를 확률로 축소하려는 시도는 개인과 공동체가 자신의 미래를 통제할 수 있는 능력을 상실하게 만들 위험을 내포하고 있다. 주체가 확률에 도전할 능력, 즉 현실에 도전할 능력을 박탈당하면, 모든 힘을 잃게 된다. 이러한 현실 왜곡의 위험이 반드시 나타나는 것은 아니지만, 디지털 기업들이 이윤을 추구하는 과정에서 알고리즘 기반 통치를 도구화하며 점점 더 커지고 있다.

빅 어더Big Other[36]는 벗어날 수 없는 세상을 감시한다

빅데이터를 활용하는 것은 사회 전반에 영향을 미치는 체계적 계획이며, 쇼샤나 주보프는 이를 '감시 자본주의'[37]라고 부른다. 이 체계의 기반인 이윤 추구 방식은 인간 행동을 예측하고 수정해서

---

35 Jean-Luc Godard, *Alphaville*, 1965.
36 인간을 초월한 감시와 통제의 체계, 혹은 알고리즘적 지배를 상징한다—옮긴이.
37 Shoshana Zuboff, "Big Other: surveillance capitalism and the prospects of an information civilization", *Journal of Information Technology*, vol. 30, n° 1, 2015, p. 75; Shoshana Zuboff, *The Age of Surveillance Capitalism. The Fight for the Future at the New Frontier of Power*, PublicAffairs Books, New York, 2019.

수익을 창출하고 시장을 통제하는 데 있다. 따라서 감시 자본주의는 인간 경험에 대한 일방적이고 포괄적인 지식을 요구하며, 이를 행동 데이터로 전환해 예측 도구로 활용한다. 그러나 감시 자본주의는 여기서 멈추지 않는다. 주보프는 점점 더 정밀한 예측을 추구하는 과정의 최종 목표가 행동을 조종하는 것이라고 지적한다.

이 **빅 어더**('거대한 타자')는 우리가 제공하는 모든 데이터를 흡수하면서 결국 우리 자신보다 우리를 더 잘 알게 된다. 우리의 통신 내용부터 침실에서의 움직임, 소비 목록까지 모든 것을 탐색한다. 대규모 온라인 실험을 통해 우리의 행동을 이끄는 법을 배우며, 결국 새로운 형태의 전체주의를 구현하게 된다. 20세기 전체주의가 폭력을 통해 작동했다면, 주보프가 '도구주의적'이라는 성격을 부여한 이 새로운 권력은 행동의 변화를 통해 작동한다.

하이에크와 케인스는 거의 모든 주제에서 대립했지만, 경제란 본질적으로 정보와 지식의 문제라는 확신을 공유했다. 그래서 케인스는 근본적 불확실성과 그것이 경제 주체들의 심리에 미치는 영향을 강조하게 되었다. 그는 경제 정책이 경제 행동의 심리적 차원을 고려하고, 부정적 감정이 자기실현적 예측으로 발전하는 악순환을 정부가 강력히 개입해서 막아야 한다고 주장했다. 반대로 하이에크는 지식이 본질적으로 분산된 특성을 갖고 있기 때문에 공공 개입이 효과가 없다고 보았다. 그에 따르면, 시장만이 암묵적이고 상황별로 다르기 때문에 본질적으로 접근할 수 없는 지식을 동원할 수 있게 한다. 따라서 경쟁 역학을 방해하면 사회적 차원의

인지과정이 질적으로 저하할 수밖에 없으며, 이는 결국 잘못된 경제적 결정을 초래한다.[38]

새로운 축적 논리[39]의 특징은 하이에크와 케인스의 우려와는 정반대로 작용한다는 것이다. 중심이 되는 것은 불확실성이나 알 수 없음이 아니라, 오히려 예측 가능성이다. 주보프는 감시 자본주의자들이 "확실성의 수준을 높이기 위한 경쟁"에 나서며 사회적 활동의 통제를 더욱 강화할 수밖에 없다고 지적한다. 아마존, 구글, 페이스북은 각기 다른 방식으로 감시의 확장과 가치 창출 간의 근본적인 연계를 강화하고 있다.

아마존과 추천 논리

아마존 성공의 비결 중 하나는 추천 시스템과 판매 환경의 개인화에서 강점을 가졌다는 데 있다.

아마존닷컴은 고객마다 최적화된 맞춤형 상점을 구축했다. 아마존닷컴에 접속하는 개인은 자신의 관심사에 따라 개인화된 사이트를 보기 때문에 저마다 다른 화면을 경험한다. 당신이 상점에 들어가자 진열대가 재배치되어 살 가능성이 큰 상품은 눈에 잘 띄는 곳으로 배치되고, 관심을 끌지 못할 상품은 뒤로 밀려나는 것과 같다. 아마존닷컴의 추천 시스템은 현재 상황과 과거의 행동을 기반으로

---

38 Philip Mirowski et Edward M. Nik-Khah, *The Knowledge We Have Lost in Information. The History of Information in Modern Economics*, Oxford University Press, New York, 2017.
39 경제적·사회적 자본을 축적하는 방식에 대한 새로운 접근이나 시스템을 말한다―옮긴이.

당신이 원할 가능성이 있는 소수의 품목을 선택한다.[40]

경험의 개인화는 다른 사용자들의 경험을 활용하는 협업 필터링 알고리즘에서 비롯된다. 그러나 아마존이 개발한 시스템은 유사한 이력을 가진 고객끼리 연결하는 대신 상품을 중심으로 구성된다. 사용자가 구매하고 평가한 품목은 유사한 상품과 연결되며, 이후 이러한 상품은 유사성을 고려해서 추천 목록으로 결합된다.[41] 우리는 다양한 측정 기준을 적용해 이 목록을 정교하게 만든다. 예를 들어 시간적 요소를 포함해서 시스템이 특정 지출의 연속적 논리(예: 문학 시리즈의 연속된 권)나 개인의 사회생물학적 궤적(노화, 자녀 출생과 관련된 생애 주기 등)을 반영하도록 한다.

이 기술의 주요 장점 중 하나는 대부분의 계산을 오프라인에서 수행한다는 점으로, 이를 통해 시스템은 높은 성능과 빠른 속도를 동시에 구현한다. 이 시스템은 매우 강력한 효율성을 자랑한다. 클릭률과 클릭을 지출로 전환하는 비율이 매우 높다. 이 시스템은 아마존에서 조회되는 페이지의 약 30퍼센트를 생성한다고 한다. 같은 방식을 적용하는 넷플릭스에서는 시청된 비디오의 80퍼센트가 이 시스템을 통해 추천되며, 이는 넷플릭스의 가치를 높이는 핵심 요소 중 하나로 자리 잡았다.[42] 추천과 행동의 관계는 순환적이다. 타기팅

---

40 Brent Smith et Greg Linden, "Two decades of recommender systems at Amazon.com", *IEEE Internet Computing*, vol. 21, n° 3, 2017, p. 12.

41 Greg Linden, Brent Smith et Jeremy York, "Amazon.com recommendations. Item-to-item collaborative filtering", *IEEE Internet Computing*, vol. 1, n° 1, 2003, pp. 76~80.

ciblage[43]의 질이 안내의 질을 결정하며, 그와 동시에 안내된 행동은 사용자의 선택으로 검증되고, 이를 통해 향후 추천 주기에 새로운 정보를 제공한다.

구글과 맥락의 계층화

구글의 모회사인 알파벳은 무엇보다도 광고 회사다. 2017년 이 활동은 전체 매출의 87퍼센트를 차지했으며, 알파벳은 전 세계 온라인 광고 시장의 33퍼센트(224억 달러 중 74억 달러)와 미국 내 시장의 42퍼센트를 점유했다.[44] 구글에 막대한 부를 안겨준 광고 공간 판매 시스템은 두 가지 요소가 결합한 힘에 토대를 두고 있다. 첫 번째는 검색 엔진의 성능이다. 세르게이 브린과 로런스 페이지[45]가 고안한 순위 매김 시스템은 웹의 하이퍼텍스트 링크 구조를 기반으로 한다.[46] 초기 검색 엔진이 주로 키워드 분석에 바탕을 두고 작동

---

42 Brent Smith et Greg Linden, "Two decades of recommender systems at Amazon. com", *loc. cit.*, p. 14.

43 특정 연령대, 관심사, 소비 습관을 가진 사람들을 골라 그들에게 맞는 메시지를 전달하는 방식이다—옮긴이.

44 이에 관한 방대한 정보를 확인할 수 있는 사이트가 있다.
https://www.sec.gov/Archives/edgar/data/1652044/000165204417000042/goog10-qq32017.htm#s26AAD44B6D2A899A0549C37D13E1E28E; Ranni Molla, "Google leads the world in digital and mobile ad revenue", vox.com/recode, 24 juillet 2017; "Google and Facebook tighten grip on US digital ad market", emarketer.com, 21 septembre 2017.

45 흔히 애칭으로 래리 페이지라고 불린다. 그는 세르게이 브린Sergey Brin과 함께 1998년에 구글을 설립했으며, 검색 엔진의 핵심 알고리즘인 페이지랭크PageRank를 공동 개발했다. 그의 이름은 이 알고리즘의 이름(페이지랭크)에 직접적으로 반영되어 있다—옮긴이.

했던 것과 달리, 구글의 프로토타입은 페이지로 연결되는 링크 수와 이러한 링크를 포함한 페이지의 상대적 중요성, 링크의 텍스트, 검색 요청의 위치, 글꼴 크기와 같은 시각적 특성 등 다양한 요소를 함께 고려한다. 이 새로운 검색 엔진의 성공은 강력한 계층화 원리에서 비롯되었다. 이는 단순히 부적합한 결과(스팸)를 배제할 뿐만 아니라, 검색 의도에서 다소 덜 흥미로운 결과까지 선별해낸다. 구글의 경제적 성공은 이러한 기능적 기반 위에서 구축되었다.

두 번째 중요한 요소는 탐색 맥락과 광고의 적합성이다. 이는 최악의 경우에도 광고가 탐색 경험에 미치는 방해를 최소화하고, 최상의 경우 사용자가 광고를 긍정적으로 받아들이도록 보장한다. 정밀한 광고 타기팅은 키워드 분석, 탐색 기록, 구글 생태계에서 수집된 다양한 데이터를 기반으로 이루어진다. 이러한 풍부한 맥락적 정보는 매우 정밀한 타기팅을 가능하게 하며, 이는 광고가 클릭을 유도할 확률을 높인다. 광고주가 원하는 행동 효과를 극대화하면 광고 공간의 가치를 더욱 높일 수 있다.

알파벳은 2010년대에 사이버 보안(크로니클Chronicle), 인공지능(딥마인드DeepMind), 스마트 홈(네스트Nest의 온도 조절기, 카메라, 센서, 경보, 비디오 도어벨), 자율주행차(웨이모Waymo) 등 다양한 분야로 활동 영역을 넓히며 사업을 다각화했다. 2018년에 이 자회사가 애리조나

---

46 Sergey Brin et Lawrence Page, "The anatomy of a large-scale hypertextual Web search engine", *Computer Networks and ISDN Systems*, vol. 30, n° 1~7, 1998, pp. 107~117.

주에서 첫 로봇 택시를 도로에 선보였을 당시, 그 가치는 700억에서 2,500억 달러로 추정되었으며, 이는 폭스바겐(750억 달러)이나 도요타(1,930억 달러)와 같은 주요 자동차 제조사의 가치를 넘어서는 수준이었다. 웨이모의 이윤 창출 방안은 더 나은 자동차를 만드는 것이 아니라, 자동차를 생활 공간과 이동 수단으로 활용해 데이터를 수집하고 분석하는 데 초점을 맞추고 있다. 이는 『파이낸셜 타임스』가 상세히 설명한 UBS 은행의 보고서에서 잘 드러난다.

웨이모가 제기하는 위협은 더 나은 자동차를 만드는 데 있지 않다. 이 회사는 그것이 필요하지 않다. 오히려 웨이모는 크라이슬러와 재규어에서 차량을 주문해 그들을 단순 공급자로 전락시킨 뒤, 자체 제작한 자동 운전 소프트웨어와 하드웨어를 차량에 장착한다. 그러나 웨이모의 잠재력은 뛰어난 자율주행 능력을 넘어선다. 로봇 택시가 보편화되면, 알파벳은 구글 지도와 검색을 통해 데이터를 수집하고, 유튜브와 플레이 스토어로 승객을 즐겁게 하며, 구글 홈의 스마트 스피커를 통해 조언을 제공하거나 소프트웨어 역량을 활용해 차량 운행을 관리할 수 있게 된다. UBS는 웨이모가 차량 자체를 넘어 수직적으로 통합된 '폐쇄형 시스템'이라고 설명한다. 틸Thill은 로봇 택시와 관련된 이 변화가 "광고, 미디어, 엔터테인먼트 산업에 영향을 미칠 것"이라고 덧붙였다. 중요한 것은 자율주행 기술만이 아니다. 구글이 자동차에 제공하는 모든 구성 요소가 핵심이다. 바로 이 때문에 이 회사는 거실 장비에 많은 투자를 하고 있으며, 자동차를 마치 사용자의 거실처럼 만들고자 한다.[47]

구글의 확장은 데이터의 수집·통합·처리 과정을 통해 이루어지며, 이는 항상 개인과 상황에 가장 적합한 제품을 제공하려는 의지와 함께 진행된다. 구글의 설립자이자 CEO인 로런스 페이지는 이렇게 말한다. "구글의 문제는 질문을 해야 한다는 점이다. 구글은 당신이 무엇을 원하는지 알아야 하며, 당신이 묻기도 전에 그것을 알려 줘야 한다."[48] 타기팅의 목적은 행동을 예측하는 것에서 나아가 행동을 이끄는 데 있다.

페이스북과 광범위한 소프트웨어 통합

사회적 배경의 원칙은 끊임없이 정교해지고 있으며, 개인의 활동에서 남겨진 모든 디지털 흔적을 통합하는 방향으로 발전하고 있다. 여기에는 소셜 네트워크 데이터, 이동 경로, 구매 기록, 개인적(심지어 내밀한) 정보, 행정적·금융적·직업적 정보가 포함된다. 일부 모바일 애플리케이션이 사용자에게 알리지 않고 데이터를 페이스북에 직접 제공한다는 사실이 밝혀졌다.

이러한 사례로는 명상 프로그램 브리드Breethe, "최초이자 가장 빠르고 정확한 휴대용 심박수 측정기"라고 홍보하는 인스턴트 하트 레이트Instant Heart Rate, 플로Flo 애플리케이션이 있다. 이 마지막 애플리케이션은 "30가지 이상의 증상과 활동을 기록해서 인공지능을

---

47 Patrick McGee, "Robotaxis: can automakers catch up with Google in driverless cars?", *Financial Times*, 31 janvier 2019.

48 Hal R. Varian, "Beyond Big Data", *Business Economics*, vol. 49, n° 1, 2014, p. 28..

기반으로 생리 주기와 배란에 대해 가장 정확히 예측한다"라고 소개하며, "반복되는 신체와 정서의 패턴을 감지해서 사용자가 자신의 몸을 더 잘 이해하도록 돕겠다"라고 약속한다. 이 모든 경우에서 명상, 심박수, 또는 배란 날짜와 같은 정보가 페이스북에 전달된다. 수집된 데이터는 애플리케이션이나 웹사이트에 통합된 작은 프로그램인 '소프트웨어 개발 키트SDK'[49]에서 나온다.

이 프로그램들은 애플리케이션에 고급 기능을 추가할 수 있도록 하며, 세션 수와 지속 시간, 위치, 사용된 기기 유형, 사용자가 애플리케이션에 입력한 정보와 같은 데이터를 분석 플랫폼으로 전송한다. 이를 통해 기업은 사용자 행동을 더 잘 파악하고, 사용자에게 적합한 광고를 더욱 효과적으로 타기팅할 수 있다.

페이스북 애널리틱스Facebook Analytics[50]는 "옴니채널 세상을 위한 사람 중심 분석"을 제공한다고 소개한다. 이는 기업가들에게 "커뮤니티에서 수집한 20억 명의 통계"를 기반으로 "웹사이트, 애플리케이션, 페이스북 페이지 등에서 그들의 기업과 상호작용하는 사람들의 위치와 행동을 깊이 이해할 수 있다"라고 약속하며 이를 가능하게 한다. 운영 규모 축소와 빅데이터의 강력함을 결합할 수 있다는

---

49 SDK는 특정 회사에 국한되지 않는 도구와 라이브러리의 집합으로, 구글의 안드로이드 SDK, 애플의 iOS SDK, 페이스북 SDK 등이 있다. 주로 모바일 앱 개발, 데이터 분석, 광고 구현 등을 지원한다—옮긴이.
50 페이스북 SDK로 수집한 데이터를 기반으로 사용자의 행동, 관심사, 구매 패턴 등을 분석해 기업이 더 나은 결정을 내릴 수 있도록 돕는 자동화된 분석 도구다—옮긴이.

언스케일링unscaling 이론[51]에 따라, 이 거대 기업은 중간 규모의 기업이 실행하기 어려운 정교한 정보기술 서비스를 제공한다.[52]

소셜 네트워크는 '소프트웨어 개발 키트'를 이용해 추가적인 개인 데이터 소스를 확보하고, 이를 이미 보유하고 있는 사용자 데이터와 결합해서 개인의 삶에 대한 지식을 더욱 풍부하게 만든다. 『월스트리트 저널』은 소프트웨어 개발 키트를 조사한 결과, 모바일 애플리케이션 데이터가 페이스북의 수익에 중요한 역할을 한다고 보도했다.

페이스북이 사용자 행동에 대해 축적한 지식을 바탕으로, 이 회사는 마케팅 전문가들에게 대부분의 다른 기업들보다 더 나은 투자 수익률을 제공할 수 있다. 예를 들어 이들이 운동을 좋아하는 사용자나 새 스포츠카를 찾고 있는 사람들을 타기팅하려 할 때, 이러한 광고는 클릭당 비용이 더 높다. 이것이 페이스북의 수익이 증가하는 이유다.[53]

이 중요한 정보를 추출할 자원을 차지하기 위한 경쟁에서, 웹의

---

51 전통적으로 대규모 기업은 규모의 경제를 통해 효율성을 달성했지만, 언스케일링 이론은 빅데이터, 클라우드 컴퓨팅, 인공지능 같은 기술로 작은 기업도 대기업 수준의 효율성과 맞춤형 서비스를 제공할 수 있음을 강조한다. 이는 규모의 제약을 넘어선 작지만 강한 기업의 가능성을 보여준다—옮긴이.

52 Hemant Taneja, *Unscaled. How IA and New Generation of Upstarts Are Creating the Economy of the Future*, PublicAffairs Books, New York, 2018.

53 Sam Scheschner et Mark Secada, "You give apps sensitive personal information. Then they tell Facebook", *Wall Street Journal*, 22 février 2019.

거대 기업들은 자신들이 직접 수집하거나 파트너한테 취득한 데이터를 철저히 보호하고 있다. 게다가 그들은 이를 보완하기 위해 파일 수집을 전문으로 하는 중개업체를 이용한다. 오라클은 80개 이상의 중개업체를 보유하거나 협력하고 있으며, 이들은 소비자의 매장 내 구매 행동, 금융 거래, 소셜 미디어상의 행동, 인구통계학적 정보 등 방대한 데이터를 수집하고 있다. 이 회사는 전 세계 3억 명 이상의 사람들에 대한 데이터를 판매하며, 개인당 3만 개의 데이터 속성을 제공한다고 주장하면서, "미국 인터넷 인구의 80퍼센트에게 손쉽게 접근할 수 있다"라고 말한다.[54]

개인당 3만 개의 속성과 여러 겹으로 얽힌 추적 장치 덕분에 각자에 대해 많은 것을 알 수 있다. 주보프는 이 데이터의 체계적인 탐색을 통해 얻은 정보적 이점을 '행동적 잉여'[55]라고 부르며, 이를 통해 조직은 정보를 통제할 수 있는 우위를 차지하고, 설정한 목표에 맞춰서만 이를 활용할 수 있게 된다. 따라서 사용자에게 중요한 정보는 가치 창출이라는 요구와 일치할 때만 공개될 것이다.

주보프의 주장은 이 동력이 우리를 어디로 이끄는지를 보여주는 점에서 새롭고 강력하다. 감시 자본주의의 목표는 행동의 예측 가능성을 높이는 것이 아니라, 행동을 조종하는 것임을 분명히 한다. 이 조종의 원리는 포켓몬 고Pokémon Go 같은 게임에서처럼, 상점들

---

54 Madhumita Murgia et Aliya Ram, "Data brokers: regulators try to rein in the 'privacy deathstars'", *Financial Times*, 8 janvier 2019.

55 사용자가 웹사이트나 앱에서 행동하는 과정에서 나오는 부수적인 데이터를 뜻한다―옮긴이.

이 자신에게 유리한 목적지로 군중을 유도하기 위해 비용을 치르게 만드는 방식의 미묘한 유도 장치일 수 있다. 그것은 또한 더 심각한 침해 가능성이 있음을 보여준다. 예를 들어 대출이나 보험 기한을 지키지 않은 사람의 차량을 원격으로 제어하는 방식이다. 원격으로 정보를 처리하는 텔레매틱스telematics[전송관리] 기술은 명확한 목표를 갖고 있다.

텔레매틱스는 단지 알기 위한 것이 아니라 행동을 취하기 위한 것이다. 그것은 행동을 변화시켜 최대 수익성을 추구하는 기계 프로세스를 통해 위험을 줄일 것을 약속한다. 행동적 잉여는 실시간 요금 인상, 금전적 벌금, 통행금지, 엔진 차단 같은 처벌이나 요금 할인, 쿠폰, 미래의 혜택과 교환할 수 있는 포인트 같은 보상을 유발하는 데 활용된다.[56]

주보프의 말대로, 감시 자본주의의 기업들은 **빅 어더**라는 인프라를 구축하고, 우리의 사회적 경험에서 무제한으로 자원을 추출한 후, 이를 다시 스스로 재조정해서 행동적 강제 형태로 우리에게 돌려준다. 그 결과, 우리의 자율성은 급격히 제한된다. 이 **빅 어더**는 자크 데리다의 의미에서 유령이다. 그 앞에서는 근본적으로 비대칭이 존재한다. **빅 어더**는 "보지 않고 보는" 권력의 최고 상징을 지닌 반면, 개인으로서 우리는 '차양 효과'에 갇혀 우리를 바라보는 사람을

---

56 Shoshana Zuboff, *The Age of Surveillance Capitalism, op. cit.*, p. 21.

볼 수 없다.[57]

하지만 대부분의 유령과는 달리, **빅 어더**는 우리의 삶에 단순히 존재하는 데 그치지 않고, 그 안에서 놀기도 한다. 그는 추천·제안·의무를 통해 존재론적 형태로 자신의 권력을 발휘하며, 우리의 행동에 깊은 영향을 미친다. 주보프가 보여주는 것은 감시 자본주의가 자율적인 개인의 온전함을 무시하며 번창하고, 인간 조건의 핵심에 이르기까지 영향을 미친다는 것이다.

누가 실험자를 통제하는가?

빅 어더는 "육체를 초월한 본질의 뚜렷한 존재감"을 가지고 있다. 붙잡을 수 없지만 동시에 어디에나 존재한다. 이는 "역설적인 체현, 몸이 되어가는 과정, 즉 정신의 특정한 현상적·육체적 형태"다.[58] 하지만 이 정신은 무엇일까? 그것은 어떻게 만들어지며, 어디서 그 힘을 얻는가? 첫 번째 답은 빅데이터가 사용하는 지식의 종류, 더 구체적으로는 통제된 무작위 실험의 역할에 관한 것이다.

인터넷이라는 실험실
무작위로 통제된 실험은 세 가지 요소로 구성된다.[59] 첫 번째 요

---

57 Jacques Derrida, *Spectres de Marx, op. cit.*, p. 29.

58 *Ibid.*, p. 25.

59 이러한 관행의 연원과 경제에서 어떻게 이용되는지에 대해서는 자토의 학위 논문을 참고하

소는 실험 자체, 즉 시험과 그 효과를 검토하는 과정이다. 두 번째 요소는 통제다. 이는 비교할 수 있는 기준을 갖는다는 개념과 관련이 있다. 세 번째 요소는 무작위화이며, 이는 통제의 질을 높이기 위해 우연의 통계적 특성을 활용하는 것을 목표로 한다.

여러 분야가 교차하는 지점에 있는 이 장치는 오랜 역사를 가지고 있다. 그 뿌리는 19세기 실험의학에 뿌리를 두고 있지만, 공식화는 1920년대에 이루어졌다. 비료가 귀리 작물에 주는 효과를 평가하고자 유전학자이자 농학자인 로널드 피셔는 대상 작물을 무작위로 결정했다. 그는 1926년에 발표된 논문에서 자신의 방법론을 자세히 설명했으며, 이로써 이 실험 방법의 첫 번째 이론가로 과학사에 기록되었다.

2차 세계대전 후, 이 방법은 특히 의학 분야의 임상 시험에서 일반화되고 표준화되었다. 또한 미국과 캐나다에서는 공공 정책 평가, 특히 고용 관련 분야에서 널리 쓰인다. 마지막으로, 21세기 초에 이러한 방법들은 MIT의 제이팔JPAL 팀과 에스터 뒤플로Esther Duflo의 연구를 통해 개발경제학 분야에서 재발견되었다.[60]

라. Arthur Jatteau, "Faire preuve par le chiffre? Le cas des expérimentations aléatoires en économie", Université Paris-Saclay, 2017.

60 이 주제의 비판적 설명은 다음을 참고할 것. Agnès Labrousse, "Nouvelle économie du développement et essais cliniques randomisés: une mise en perspective d'un outil de preuve et de gouvernement", *Revue de la régulation*, n° 7, 2010; Cédric Durand et Charlotte Nordmann, "Misère de l'économie du développement", *La Revue des livres*, n° 1, 2011.

그러나 이런 종류의 실험이 오늘날 웹에서 전례 없는 규모로 진행된다는 사실은 잘 알려지지 않았다. 우리는 종종 우리가 전혀 알지 못하는 실험의 대상으로 이용되며, 이는 마이크로소프트의 실험 전문가인 론 코하비와 로저 롱보탐이 밝혀낸 사실이다.

인터넷의 성장과 함께 1990년대 후반에 온라인에서 실험자가 조건을 엄격히 통제한 실험들이 활용되기 시작했다. 오늘날 아마존·빙·페이스북·구글·링크드인·야후! 등 많은 대형 사이트는 매년 수천 또는 수만 건의 실험을 진행하면서 사용자 인터페이스UI 변경, 알고리즘 개선(검색·광고·개인화·추천 등), 애플리케이션 변경, 콘텐츠 관리 시스템 등 다양한 요소를 테스트하고 있다. 온라인 실험은 이제 필수적인 도구가 되었으며, 스타트업과 소규모 웹사이트는 그 도구를 널리 활용하고 있다.[61]

이처럼 온라인 실험을 광범위하게 이용하는 이유는 간단하다. 연결된 객체가 늘어나면서 다양한 장치가 개인의 행동에 미치는 영향을 대규모로 평가할 수 있게 되었기 때문이다. 다른 데이터 마이닝 datamining[62] 기법들과 달리, 이는 단순히 자발적인 통계적 규칙을 드

---

61 Ron Kohavi et Roger Longbotham, "Online controlled experiments and A/B testing", in Claude Sammut et Geoffrey I. Webb (dir.), *Encyclopedia of Machine Learning and Data Mining*, Springer, Boston, 2017, p. 922.
62 대량의 데이터에서 패턴이나 유용한 정보를 추출한 뒤 숨겨진 관계나 트렌드를 발견하고, 예

러내는 것이 아니라, 매우 높은 확률로 통제된 상관관계를 설정하는 것이다. 실험자는 종종 경제학자들로[63] "특정한 변화가 도입되면 주요 지표들이 개선될까?"와 같은 가설을 탐구할 수 있다. 일반적으로 실험은 검색 엔진의 광고 형태를 약간 수정한 후, 표준 보기와 수정된 보기를 사용자에게 무작위로 배포해서 행동 변화를 관찰하는 방식으로 진행될 수 있다. 도입된 차이는 종종 미미하다. 예를 들어 마이크로소프트의 검색 엔진인 빙에서 진행한 테스트의 경우, 광고 배너에 내부 링크를 추가하거나 글꼴 크기를 변경하거나 페이지에 표시되는 광고 수를 조정하는 등의 변화가 있었다. 그러나 이러한 변화는 수백만 달러의 효과를 가져올 수 있다.

원하는 효과를 측정하기 위해 적절한 지표를 정의하는 것은 어려운 문제다. 이를 위해 전문가들이 '**종합평가기준**Overall Evaluation Criterion'이라고 부르는 지표가 필요하다. 예를 들어 클릭률이 높더라도 실제로 사이트 방문 빈도가 감소하면, 그 긍정적 지표는 잘못된 결과일 수 있다. 따라서 이 두 가지 측면을 만족스럽게 포착할 방법을 찾아야 한다. 또한 신뢰할 수 있는 결과를 얻기 위해, 특히 소프트웨어 로봇의 활동에서 발생하는 잘못된 신호를 배제해야 한다. 이러한 어려움을 잘 해결하면, 실험의 결과는 유의미할 것이다.

측 모델을 구축하는 데 활용하는 기법이다. 통계·머신러닝·데이터베이스 등 다양한 분야의 방법을 결합해 데이터를 분석하는 데 사용한다―옮긴이.

63 Susan Athey et Michael Luca, "Economists (and economics) in tech companies", *NBER Working Paper*, n° 19~27, 2018, p. 7.

구글의 수석 경제학자 할 바리안은 무작위 실험을 "인과관계에 관한 기준"이라고 말한다. "만약 진정으로 인과관계를 이해하고 싶다면, 실험을 해야 한다. 그리고 실험을 지속적으로 진행한다면, 시스템을 개선할 수 있다."[64] 기술적으로 바리안은 틀렸다. 테스트는 인과관계를 이해하는 데 도움을 주지 않는다. 테스트는 상관관계의 통계적 강도를 나타낼 뿐, 아무것도 설명하지 않는다. 예를 들어 광고의 색깔을 바꾸면 클릭률이 증가한다는 것을 확실히 입증할 수 있다. 하지만 왜 이 연관이 존재하는지, 어떤 문화적·사회적·생리적 메커니즘이 작용하는지에 대해서는 설명할 수 없다. 우리는 그 이유를 알지 못한다. 증명된 것은 오직 연관성뿐이다. 그러나 도구적 논리에서는 그것만으로 충분하다. 이러한 상관관계는 이익을 창출할 수 있는 장치를 구축하기에 충분한 기반이 된다.

처음에는 대기업에 한정되었던 '실험과 학습test and learn' 방법은 이제 디지털 환경의 혁신 주기에서 표준이 되었으며, 플랫폼은 제3의 기업들이 자체적으로 온라인 테스트를 수행할 수 있는 도구를 제공한다. 이 새로운 방법들에 대해 걱정해야 할까? 2012년 1월 11일부터 18일까지 페이스북에서 진행된 실험이 논란을 일으켰다. 그것은 사회심리학에서 연구된 감정 전염 현상이 소셜 네트워크의 맥락에서도 나타나는지 알아보려는 실험이었다. 결과는 가설과 일치했다. **뉴스 피드**에서 긍정적인 콘텐츠의 양이 줄어든 사람들은 상

---

64 Hal R. Varian, "Beyond Big Data", *loc. cit.*, p. 29.

태 업데이트status updates에서 부정적인 단어를 더 많이 언급하고, 긍정적인 단어는 더 적게 썼다. 부정적인 콘텐츠의 양이 줄어든 사람들에게서는 반대의 경향을 관찰할 수 있었다. 확실히, 측정된 영향은 상당히 미미하다(변화율은 약 0.1퍼센트)고 할 수 있지만, 매일 수십만 개의 감정이 이러한 필터링 방식에 영향을 받을 수 있다는 점을 시사한다.

또한 이 연구는 긍정적이거나 부정적인 감정이 담긴 메시지의 수를 줄이면, 그 사람이 이후 소셜 네트워크에서 생성하는 단어 수가 감소한다는 것을 보여주었다. 다시 말해, 페이스북은 개인의 참여를 유도할 수 있는 지렛대를 갖고 있다. 감정적으로 자극적인 콘텐츠를 장려하면 콘텐츠 생산이 증가하는 경향이 있으며, 이는 회사가 사용자의 참여를 늘리기 위해 콘텐츠 선택을 자극적으로 만들도록 유도하는 이유가 된다. 따라서 이 연구는 감정적 조작 능력과 소셜 네트워크 참여, 즉 페이스북의 수익성 간의 관계를 증명한다.

이 실험은 명시적으로 참여에 동의하지 않은 개인들에게도 영향을 미칠 수 있었기 때문에 비난받았다.[65] 하지만 기업은 과학기관들과 달리 실험에 관한 윤리적 규범을 따를 의무가 없다. 다른 인터넷 기업들과 마찬가지로 이 회사의 데이터 사용 정책은 이용 약관에 명시되어 있으며, 사용자는 대개 이를 읽지 않은 채 클릭한다. 예를

---

65 Robinson Meyer, "Everything we know about Facebook's secret mood manipulation experiment", *The Atlantic*, 28 juin 2014.

들면 다음과 같다.

> 우리는 제품을 개발하고 테스트하며 개선하기 위해, 특히 설문조사와
> 연구를 수행하고, 새로운 제품과 기능을 테스트하고 문제를 해결하는
> 데 보유한 정보를 활용합니다.[66]

이처럼 모호한 경고는 기업에 자유로운 행동을 허용한다. 그러나
이는 비즈니스 비밀로 보호되는 전체의 일각에 불과하다. 인터넷상
의 대규모 실험적 조작은 디지털 애플리케이션을 다루는 연구팀들
의 일상 업무가 되었다. 이는 그들의 주요한 혁신 수단이기도 하다.
기업들은 대부분 자신이 진행한 실험의 프로토콜protocol[67]과 결과
를 공개하지 않는다. 이는 자사의 경쟁 우위를 구축하는 데 중요한
요소이기 때문이다.

기계가 실험할 때

온라인 실험의 중요성은 인공지능에서 기계 학습이 발전함에 따
라 나날이 커지고 있다. 2015년 10월, 알파고AlphaGo는 알파벳 그룹
의 자회사인 딥마인드가 개발한 프로그램으로, 유럽 바둑 챔피언인
판후이Fan Hui와 대결해서 처음으로 프로 바둑 기사에게 승리했다.

---

66 Facebook, "Politique d'utilisation des données", en ligne.
67 실험의 절차나 세부 지침을 가리킨다―옮긴이.

2016년 3월, 이 프로그램은 세계 최고의 바둑 기사 중 한 명인 한국의 이세돌과 대결해서 그 업적을 재현했다. 그때까지 바둑은 인공지능 프로그램이 마스터하기 가장 어려운 게임 중 하나로 여겨졌다. 컴퓨터는 단지 더 큰 계산 능력 덕분에 승리한 것이 아니다. 이 업적은 기계가 집중 훈련을 한 결과다. 기계는 모든 수의 결과를 계산하는 것이 아니라, 경험을 쌓아가며 어떤 종류의 수가 최고의 결과로 이어지는지를 배운다.[68] 기계는 대량의 기보를 분석하는 것 외에도, 스스로 대국하며 최선의 수를 선택하는 방법을 배운다. 즉, 기계는 스스로 실험한다.

이른바 '강화 학습' 방법은 인공지능 분야에서 성숙한 기술이며, 로봇 공학, 컴퓨터 비전, 게임은 물론 금융, 교육, 교통, 에너지 네트워크, 건강 등 매우 다양한 분야에서 응용되고 있다.[69] 실험의 결과를 즉각적으로 얻기보다 장기적으로 극대화하기 위해, 기계가 인간에 대해 실험을 수행한다. 바둑 게임처럼 컴퓨터는 수를 테스트하고, 알려지지 않은 전략을 탐색한다. 그러나 기계가 스스로와 대국하지 않는다는 점이 바둑과 다르다. 기계는 인간에게 특정한 조건이나 환경을 설정해서 행동을 유도하며, 연구 의뢰자들이 촉진하려는 행동을 만들어내는 것을 목표로 한다. 예를 들어 2형 당뇨병 환자

---

68 David Silver et al., "Mastering the game of Go with deep neural networks and tree search", *Nature*, vol. 529, n° 7587, 2016, pp. 484~489.

69 Yuxi Li, "Deep reinforcement learning", arXiv.org, 15 octobre 2018, en ligne.

들이 운동하도록 유도하기 위한 실험이 진행되었다.[70] 기계는 참가자에게 보내는 메시지를 개인화하는 방법을 배우게 되었으며, 그렇게 해서 메시지의 긍정적인 내용(사회적 요소가 포함되었는지 여부)이나 부정적인 내용과 빈도를 조정할 수 있게 되었다. 프로그램은 점차 신호에 대한 개인의 반응에 따라 기계와 개인의 상호작용을 세밀하게 조정해나갔다. 프로그램은 이렇게 메시지를 개인별로 조정하는 방법을 배웠으며, 환자들의 활동 수준을 눈에 띄게 증가시키는 데 성공했다.

2차 세계대전과 뉘른베르크 재판 이후, 정보에 입각한 동의는 인간을 대상으로 한 실험의 윤리적 요구사항 중 하나로 설정되었다. 온라인에서 이루어지는 실험의 경우, 이 원칙은 대체로 무시되며, 가입자는 대개 플랫폼의 이용 약관에 동의하도록 강요받는다. 디지털 시대에는 경험의 대중화와 통제의 확장이 함께 진행된다. 19세기에는 "실험적 지식과 규율적 기관[71]의 권력 사이에 깊은 연관이 사실상 존재했다"라고 할 수 있다면,[72] 21세기에는 온라인 실험의 발전이 완전한 감시 권력과 연관되어 있다고 할 수 있다.

빅 어더가 우리의 삶에 미치는 영향에 대한 이 우려스러운 관점

---

70 Irit Hochberg et al., "Encouraging physical activity in patients with diabetes through automatic personalized feedback via reinforcement learning improves glycemic control: table 1", *Diabetes Care*, vol. 39, n° 4, 2016, pp. 59~60.

71 학교·병원·군대·교도소 같은 사회적 규율과 질서를 유지하는 역할을 하는 기관—옮긴이.

72 Grégoire Chamayou, *Les Corps vils. Expérimenter sur les êtres humains aux xviiie et xixe siècles*, La Découverte, Paris, 2008, p. 291.

은 실질적인 위협을 지적하지만, 문제의 전모를 완전히 밝혀내지는 못한다. 에브게니 모로조프는 "주보프가 자본주의의 감시 동태에서 새로운 점을 설명하고 비판하려 하면서 오히려 자본주의 자체를 지나치게 정상적인 것으로 간주할 위험이 있다"라고 경고한다.[73] 다시 말해, 이러한 시스템들이 사람들을 통제하는 측면에 지나치게 집중하면, 그 시스템이 경제적 이익을 창출하는 방식은 간과할 위험이 있다는 것이다. '감시 자본주의' 이론에서 부족한 점은 정치경제학적 질문이다. 이를 위해 어떤 생산방식의 변화가 있었는가? 어떻게 해서 경쟁의 동력이 감시에 기반을 둔 이익 창출 방식을 정당화하게 되었는가?

이렇게 비판한 모로조프는 더 직접적인 정치적 비판을 추가한다. 모로조프는 주보프의 책에서 자유주의적 개인을 신성시하는 시각에 바탕을 둔 '선험적 규범'을 지적한다. 감시 자본주의의 일탈에 직면해서 주보프의 시각은 본질적으로 고립된 소비자의 선택 주권 보호에 초점을 맞추고 있다. 하지만 그 밖에도 더 집단적인 차원을 생각해볼 여지는 없을까?

---

73 Evgeny Morozov, "Capitalism's new clothes", *loc. cit.*

디지털 시대의 새로운 농토

> "전형적인 밀레니얼 세대처럼, 항상 휴대전화와 붙어 지
> 내는 내 가상생활은 현실생활과 완전히 융합되었다. 이제
> 더는 구분이 없다."
>
> —주디트 뒤포르타이유[74]

내재적 초월 효과

주보프의 이론은 인간을 자유롭고 자율적인 존재로 보는 자유주
의 원자론적 전제에 기반을 두고 있다. 프레데리크 로르동은 『임페
리움』에서 바로 이 전제를 분쇄하며, 사회란 근본적으로 독립적인
개인들이 자율적으로 연결된 것에 불과하다는 생각을 비판한다. 에
밀 뒤르켐Emile Durkheim의 사회학적 전통을 계승하는 전체론의 관
점에서, 로르동은 오히려 "전체는 단순히 부분들의 총합을 넘는 것
이다"라고 본다.[75]

사회는 본질적으로 초월적이지만, 매우 독특한 형태의 초월성, 즉 내재

74　Judith Duportail, "I asked Tinder for my data. It sent me 800 pages of my deepest, darkest secrets", *The Guardian*, 26 septembre 2017.

75　Frédéric Lordon, *Imperium. Structures et affects des corps politiques*, La Fabrique, Paris, 2015, p. 61.

적 초월성[76]을 갖는다. 상당한 규모의 인간 집단은 다양한 상징적 생산물을 구성원 모두에게 투영하지 않고서는 형성될 수 없다. 모든 구성원이 생산물 형성에 참여했음에도 그것을 자신의 '작품'으로 인식하지 못하고 오히려 그것의 지배를 받게 된다.[77]

아마존과 마이크로소프트에서 각각 활동 중인 연구자 브렌트 스미스와 그렉 린든은 빅데이터가 유사한 논리에 이바지한다고 시사한다.

추천 시스템과 개인화는 우리가 세상을 움직이며 생성하는 방대한 데이터, 즉 우리가 발견하고 찾아내며 좋아하는 모든 것에서 비롯된다. (중략) 알고리즘은 마법이 아니다. 단지 다른 사람들이 이미 발견한 것을 당신과 공유할 뿐이다.[78]

빅데이터란 바로 개인들에게서 나왔지만, 증식하고 결합하면서 그들에게 낯설게 느껴지는 형태로 변하는 상징적 생산물이다. 알고리즘의 원료를 제공하는 '데이터의 바다'는 개인의 행동에서 비롯되

---

76 사회의 규범·상징·가치 등이 개인의 상호작용에서 형성된 내재적 결과물이면서도 개인을 넘어서는 초월적 특성을 가지며, 이를 통해 사회가 단순히 개인의 합 이상인 '초과 효과'를 발휘하는 현상을 설명하는 개념이다—옮긴이.

77 *Ibid.*, pp. 61~62.

78 Brent Smith et Greg Linden, "Two decades of recommender systems at Amazon.com", *loc. cit.*, p. 18.

지만, 결합과정에서 이를 초월해 변형된 형태로 다시 돌아오는 산물이다.

사회와 빅데이터 사이에는 단순한 유사성 이상이 존재한다. 빅데이터가 사회 전체는 아니지만, 사회의 일부임은 분명하다. 빅데이터는 변증법적 움직임에서 비롯된다. 먼저, 통계적 규칙성 속에서 포착된 집단적 역량의 상징적 결정화가 이루어지고, 이후 그것이 개인과 그들의 행동에 다시 영향을 미친다. 플랫폼 대부분의 공통된 특징은 사용자한테 수집한 데이터가 그들에게 제공되는 서비스를 가능하게 한다는 점이다. 사용자들이 남기는 흔적이 검색어, 음성 샘플, 혹은 서비스에 매긴 평가 점수 등 무엇이든 간에, "사용자들은 자신들이 쓰는 제품에 기여하는 피드백 루프 안에 있다. 이것이 데이터 과학의 기본 원리다."[79] 데이터의 수집은 알고리즘을 강화하고, 알고리즘은 다시 행동을 유도하며, 이 둘은 상호 강화되는 피드백 루프를 형성한다.

빅데이터의 힘은 규모의 산물이다. 알고리즘적 초과, 내재적 데이터의 수집과 처리에서 비롯된 초월 효과는 데이터의 양이 많을수록 더욱 강력해진다. 그러나 이러한 대규모 데이터의 힘은 통제 상실의 위험을 내포하고 있다.[80] 소규모에서는 집단생활의 동력과 영향에

---

79 Mike Loukides, "What is data science? The future belongs to the companies and people that turn data into products", *O'Reilly Radar Report*, 2010.

80 "내재적 초월은 바로 대규모에서 발생하는 감정적 시너지로부터 생겨나는 잉여이며, 반면 소규모는 종합적 관점을 유지하는 조건을 충족시킴으로써 자신들의 집단적 생산물을 완벽히

대한 인식을 오롯이 공유할 수 있지만, 대규모에서는 그것이 전문가들, 즉 데이터 과학자들의 일이 된다. 다수는 자신의 역량을 더는 인식하지 못하고 그것이 낯선 것이 되어버린 상태에서는 스스로 그것을 깨닫기 어렵다. 로르동은 "결합한다는 것은 단순히 더하는 것을 넘어 잉여를 만들어내는 것이다"라고 쓴다.[81] 비극은 사회가 수직적으로 결합하는 이 과정에서 드러나는 역량이 상실될 위험에 노출된다는 것이다.

> 왜냐하면 **다수의 역량**potentia multitudinis은 포획의 '재료', 즉 포획해야 할 '대상' 그 자체이기 때문이다. 이는 포획으로 정의할 수 있는 제도적 사실 그 자체다. 제도의 권위, 즉 우리를 특정 방식으로 행동하게 하고, 그들의 규범에 따라 정해진 일을 하게 만드는 규범화 권력과 실질적 권력은 다수의 역량에서 비롯된다. 이 권위는 다수의 역량을 포획해 이를 결정화된 형태로 부여함으로써 생겨난다. 제도는 **다수의 역량**이 결정화된 형태다.[82]

'제도'를 '빅데이터'로 바꾸면, **빅 어더**가 무엇을 의미하는지 알 수 있다. 차라리 빅데이터를 기술적 사실이 아니라 제도적 사실로 보라. 그것은 제도주의의 창시자 중 한 명인 존 R. 커먼스가 쓴 것처

통제할 가능성을 기대할 수 있다." Frédéric Lordon, *Imperium, op. cit.*, p. 74.
81 *Ibid.*, p. 224.
82 *Ibid.*, p. 221.

x

럼 "개인의 행동을 통제하고, 자유롭게 하며, 행동의 확장을 촉진하는 것"이다.[83]

데이터 수집을 확장하는 과정에서 포획해야 할 것은 본질적으로 데이터 자체가 아니라, 데이터가 담고 있는 사회적 역량이다. 데이터 수집을 축소하는 과정에서 이 역량은 개인들에게 투입되어, 집단의 힘을 구성하는 인지적 자원을 부여함으로써 그들의 행동 능력을 확장시킨다. 하지만 사회적 역량이 개인으로 되돌아오는 것은 권력의 지배 아래서 일어나는 일이다. 개인은 알고리즘이 되돌려준 사회적 역량으로 강화되는 반면 자율성을 잃는다. 이 두 가지 움직임은 지배다. 제도적 포획은 자신들의 목적을 추구하는 기업들에 따라 조직되며, 이는 영향을 받는 공동체들이 설정할 수 있는 목적과는 관계가 없기 때문이다.

빅데이터는 자본과 디지털 기업들의 지배 아래 있는 특별한 종류의 내재적 초월 효과에서 생긴다. 집단 역량의 상징적 결정화가 상향하는 과정에서 자신들의 목적을 추구하는 조직들이 개인들에게 행사하는 권력potestas 형태로 되돌아온다. 이것이 바로 이 체제의 핵심으로, 주보프는 감시 자본주의라는 개념을 통해 그 일부만을 설명한다.

---

83 John R. Commons, *Institutional Economics. Its Place in Political Economy*, vol. 1, Transaction Publishers, Londres, 1990, pp. 73~74; Marie-Claire Villeval, "Une théorie économique des institutions", in Robert Boyer et Yves Saillard (dir.), *Théorie de la régulation. L'état des savoirs*, La Découverte, Paris, 1995, pp. 479~489.

플랫폼은 마치 영지처럼

사회화된 인간이 제도의 지배에서 벗어나지 못하는 것처럼, 디지털 시대에 강화된 인간도 알고리즘의 지배에서 벗어날 수 없다. 클라우드에서 사회적 잉여가 형성되고 개인에게 스며들 때, 이는 마치 과거 농노가 영지에 얽매였던 것처럼 그들을 옭아맨다. 이 사회적 역량은 인간 공동체에서 비롯되어 개인을 형성하며, 빅데이터에서 부분적으로 객관화된다. 여기서 우리는 새로운 종류의 생산수단, 즉 21세기 주체들이 얽혀 있는 경험의 장을 봐야 한다.

우리의 상호 보완성은 이제 강력한 흡인력을 가진 소수의 헤게모니적 컴퓨터 시스템에 통합된다. 오늘날에도 마이크로소프트 워드Microsoft Word가 차지하는 위치는 이 메커니즘을 본질적으로 보여준다. 워드는 나에게 글을 쓰고 내 작업을 형식화할 수 있는 방법을 제공하기 때문에 유용하지만, 무엇보다도 나의 편집자, 동료, 공동저자, 학생들, 내가 몸담고 있는 대학의 행정, 12억 명이 넘는 잠재적 수신자들[84]이 이 소프트웨어를 함께 쓰고 있기 때문에 내가 보내거나 받을 문서의 무결성을 보장해준다. 우리가 오피스Office 인터페이스를 이해하는 데 할애한 시간, 이를 사용하는 데 익숙해진 루틴, 소프트웨어 개발자에게 전달하기로 동의한 사용자 데이터는 우

---

84 2016년 3월에 존 칼라햄John Callaham(Windows Central, 2016년 3월 31일 온라인)이 발표한 오피스 패키지 사용자 수.

리를 마이크로소프트가 통제하는 사회기술적 생태계에 속하게 하며, 이를 떠나는 데는 비용이 든다. 게다가 워드를 사용하는 모든 사람이 동시에 다른 소프트웨어로 이동할 수 있도록 하는 간단한 조정 메커니즘은 존재하지 않는다. 결국 워드가 계속 존재하는 이유는 1983년 첫 번째 버전 이후 점진적으로 확산하면서 '경로 의존성'과 함께 이를 통해 잠금 효과lock-in를 초래했기 때문이다.[85]

성능이 우수하고 무료인 대안이 존재하는데도 마이크로소프트를 포기하지 못하는 것은 우리를 서로 연결하는 네트워크 상호 보완성의 양면적 결과[86]다. 시애틀의 기업에 이것은 자사 제품의 본질적인 품질과는 큰 관련이 없는 기회다. 사용자들은 자신의 활동을 지속하기 위해 오피스 패키지를 이용하도록 강요받는다. 마이크로소프트는 지식재산권인 정확한 코드를 활성화해야 하며, 이로써 매년 수십억 달러의 수익을 얻는다.[87]

하지만 이 소프트웨어에 대한 집착은 다른 디지털 거대 기업들의 생태계에서 발생하는 흡인력에 비하면 훨씬 미미하다. 구글은 대다

---

85 이 문제에 대해 경제학자들은 증가하는 수익과 네트워크 효과에서 비롯된 잠금 효과에 대해 이야기한다. 기술 발전의 역사적 동태에서 초기 이점의 중요성을 지적하는 고전적인 논의는 W. 브라이언 아서의 논문이다. W. Brian Arthur, "Competing technologies, increasing returns, and lock-in by historical events", *The Economic Journal*, vol. 99, n° 394, 1989, pp. 116~131.

86 네트워크 상호 보완성은 오피스를 쓰는 사람들이 연결되어 이점을 얻는 한편, 그 시스템에 깊숙이 얽혀 있어 새로운 대안으로 전환이 어려워지는 상반된 효과를 가져온다—옮긴이.

87 2016년 오피스 패키지 매출액은 260억 달러였다. Cf. Todd Bishop, "This is the new Microsoft: Windows slips to No. 3 amid shift to the cloud", GeekWire.com, 2 août 2016.

수 서구인에게 일상에서 없어서는 안 될 보조 도구가 되었다. 다른 기기들이 구글의 프로그램을 활용해 제공하는 실시간 지리적 위치 데이터를 보유하고 있기 때문에 구글 지도는 최적의 경로를 제시할 수 있다. 내 이메일이나 일정 분석을 통해 구글은 내 목적지를 알고, 내가 묻기도 전에 내 경로에 대해 알려준다. 또한 내가 전날 검색한 경기 결과를 자발적으로 제공할 수 있다.

플랫폼은 우리를 관찰하고 테스트함으로써 강력하고 쓸모 있는 효과를 되돌려준다. 그것은 우리의 상호 보완성이 우리에게 돌아오는 것이다. 우리는 이미 이 지배력의 강력함을 확인했다. 2014년 여름, 페이스북이 미국 여러 지역에서 몇 시간 동안 다운되었을 때, 긴급 서비스가 전화 폭주로 마비되었다.[88] 우리는 필수 불가결한 존재가 된 플랫폼들을 전기·철도·통신망 같은 인프라로 생각해야 한다.[89] 중요한 사회적 역할을 하는 인프라의 고장이 사회를 혼란에 빠뜨릴 수 있듯이, 플랫폼들도 여느 인프라처럼 관리해야 한다.

이 디지털 인프라의 구조는 세 가지 핵심 요소를 중심으로 조직된다. 낮은 변동성을 가진 중앙 컴포넌트, 높은 변동성을 가진 보완적 컴포넌트, 중앙 컴포넌트와 보완적 컴포넌트 간의 모듈성 modularité[90]을 관리하는 인터페이스. 이 구조화는 기본적인 강건함

---

88 "911 calls about Facebook outage angers L. A. county sheriff's officials", *Los Angeles Times*, 1er août 2014.

89 Jean-Christophe Plantin et al., "Infrastructure studies meet platform studies in the age of Google and Facebook", *New Media & Society*, vol. 20, n° 1, 2018, pp. 293~310.

과 진화의 유연성을 조화롭게 만든다. 이러한 구조에서 세 부류의 관계가 중요하다. 첫째, 중앙 구성 요소를 담당하는 참여자, 둘째, 보완 요소에 개입하는 이들, 셋째, 모듈 사이를 오가며 탐색할 수 있지만 자신이 남긴 흔적의 플랫폼에 여전히 의존하는 사용자다. 그러나 이들은 역할과 권한 면에서 근본적으로 비대칭 관계에 있다. 그들은 시간이 지나면서 자신을 독특하게 만드는 일련의 요소, 즉 지식 네트워크, 탐색 습관, 검색 기록, 관심사, 비밀번호, 주소 등을 플랫폼에 남겨둔 채 그 안에 갇혀 있다.

웹은 분산된 구조에 기반을 두고 있으며, 이 구조에서 일반적인 거래 프로토콜(http)과 일관된 식별자 형식(URI/URL)이 '평면' 콘텐츠 공간을 만들어 인간과 컴퓨터 에이전트가 균일하게 직접 접근할 수 있게 한다. 반대로 플랫폼은 중개를 재창출하고, 피드백 루프를 만들어 상호작용을 더욱 밀접하게 해준다. 이 계층화된 구조를 뒷받침하는 기술적 대상은 플랫폼이 소유하는 애플리케이션 프로그래밍 인터페이스API다. 한편, API를 통해 대형 플랫폼들은 그 안에 자리 잡은 애플리케이션에 번창하는 데 필수적인 기본 데이터를 제공한다. 또 한편, 플랫폼은 이들이 생성하는 추가 정보에 접근한다. 플랫폼은 생태계가 확장될수록 더 많은 데이터를 축적한다. 구글 맵이 바로 좋은 사례다.

---

90 시스템이나 구조의 구성 요소인 모듈이 독립적으로 기능할 수 있으며, 필요에 따라 추가하거나 교체할 수 있는 유연성과 확장성을 의미한다—옮긴이.

2005년에 구글은 구글 맵을 출시하고 거의 즉시 API를 제공했다. 이 API는 제삼자가 구글의 기본 지도 위에 다른 데이터를 추가하거나 겹칠 수 있게 만들어, 이른바 지도 '오버레이surcouches'[91]를 생성하게 했다. 다시 말해, 구글은 구글 맵을 플랫폼으로 삼아 지도를 프로그래밍할 수 있는 객체로 변형시켰다. 대부분의 구글 제품에 API가 추가되면서 유사한 예들이 증가했다. 구글의 주요 이점은 API를 통해 사용자 활동에 대한 데이터를 얻고, 자사 브랜드의 인터페이스가 어디에서나 존재하는 특성을 활용할 수 있다는 점이다. 또한 구글 플랫폼에 연결된 수많은 애플리케이션은 구글이 제공하는 데이터를 활용할 수 있는 혜택을 누린다.[92]

클라우드에서 사회적 디지털 초과가 축적될수록 웹의 개방적이고 수평적인 구조는 플랫폼의 계층화된 구조로 전환된다. 이러한 집단 자원이 개별화되고 즉각적으로 제공되면서, 우리의 개인적 존재와 사회생활은 큰 변화를 겪게 되었다. 항상 연결된 상태에서, 우리의 '사이보그적 존재'는 더욱 밀도 있게 된다. 인지 활동에서 가장 기계적인 부분을 덜어내려는 목적을 가지고,[93] 알고리즘은 우리

---

91 overlay: 바탕에 겹쳐서 표시한다는 뜻으로, 지도에서는 교통상황, 맛집 같은 다양한 종류의 데이터를 겹쳐서 표시하는 기능을 가리킨다—옮긴이.

92 *Idem.* 그러나 하나의 플랫폼에 집중하거나 같은 제품의 여러 버전을 유지해야 하는 애플리케이션 개발자들은 제약을 받는다.

93 Dominique Cardon, *À quoi rêvent les algorithmes. Nos vies à l'heure des Big Data*, Seuil, Paris, 2015.

의 각 역할에 즉각적이고 지속적인 공동의 힘을 제공한다.[94] 이러한 개입이 늘어날수록 우리의 삶은 클라우드와 더 밀접하게 연결된다.

플랫폼의 디지털 계층에 뿌리내리는 형태를 결정하는 것은 기업들의 이익 창출 방법이다. 사용자들이 더 많은 데이터를 생성함에 따라 이익이 증가하는 동시에 제공되는 서비스의 품질도 향상된다. 따라서 플랫폼의 이익은 경쟁자들과 상호 운용성을 제한하면서, 사용자들을 자신의 생태계에 가두는 데 있다.[95] 그들의 힘의 증가는 결국 인터넷의 분절화라는 논리를 동반한다.[96]

플랫폼은 현재 영지로 변해가고 있다. 원본 데이터의 소스를 독점하려는 영토적 논리 외에도 디지털 서비스에 내재된 피드백 루프는 사용자들에게 의존적인 상황을 만든다. 첫째, 단지 우리의 행동을 관찰해서 데이터를 공급하는 알고리즘이 일상적인 존재에 필수적인 생산수단이 되어가고 있기 때문이다. 둘째, 개인들이 플랫폼에 지속적으로 얽히게 되는 것은 인터페이스의 개인화와 높은 이탈 비용에 따른 잠금 효과 때문이다.[97]

---

94 알고리즘이나 기술이 기계적이고 반복적인 일을 처리하면, 사람은 창의적 활동에 전념할 여유가 생긴다는 뜻이다―옮긴이.

95 Jean-Christophe Plantin et al., "Infrastructure studies meet platform studies in the age of Google and Facebook", loc. cit., pp. 299~300.

96 기업이 이익을 극대화하려면 인터넷의 개방성과 연결성을 제한하고, 독자적인 플랫폼을 운영해 독점적 생태계를 만들어야 한다―옮긴이.

97 Adam Candeub, "Behavioral economics, Internet search, and antitrust", I/S. A Journal of Law and Policy for the Information Society, vol. 9, 2014, p. 409.

결국 플랫폼이 조직한 디지털 영역은 서로 경쟁하는 독립 인프라들이 존재하는 곳이다. 이 인프라를 통제하는 자는 정치적·경제적 권력을 집중해 그와 관련된 사람들에게 행사한다. 알고리즘적 통치의 감시 논리 이면에는 주체들을 디지털 영지에 얽매는 것이 있다.

자율성이라는 허울

모빌리티 플랫폼과 노동자 간의 본질적인 관계에 대한 질문은 알고리즘적 관리 시대의 노동관계에 대해 큰 논란을 불러일으켰다. 이와 관련해서 우버는 전형적인 사례로, 2018년 12월 31일 기준으로 플랫폼에 등록된 390만 명의 운전자와 관련된 반복적인 질문이 있다. 그들은 우버가 주장하는 것처럼 자율적으로 계약을 체결하는 독립적인 노동자인가? 아니면 플랫폼의 직원으로 인정받아 고용주의 보호와 급여를 받아야 하는가?

특히 이 문제는 지역적·국가적 맥락에 따라 다른 방식으로 제기되기 때문에 법적 측면에서 답은 불확실하다. 예를 들어 2019년 캘리포니아 입법자는 두 번째 해석을 채택해서 플랫폼 노동자들이 직원에 해당하며, 그에 따라 플랫폼은 사회보장, 실업보험, 급여세, 산업재해 보상, 최저임금 법규 준수 등 고용주로서 책임을 져야 한다고 밝혔다. 2023년 2월, 스위스 연방법원은 운전사와 우버 간에 노동관계가 존재하며, 회사가 사회보험료를 내야 한다고 판결했다.[98]

이와 반대로 프랑스 당국은 우버와 같은 플랫폼들의 주장을 따랐다. 이들은 전통적인 서비스 회사가 아니라 소비자와 개별 기업가를 연결하는 기술 기업이라고 주장한다. 2016년부터 프랑스에서는 "플랫폼 모델을 안전하게 만들기 위해" 일련의 법적 장치가 마련되었다.[99]

본질적으로 이것은 무엇보다도 노동의 보수와 관련된 문제다. 우버는 운전사들을 직원으로 재분류할 경우 미국에서 20퍼센트에서 30퍼센트에 달하는 추가 비용이 발생할 여지가 있기 때문에 그들의 독립성을 강조한 것이다.[100] 재정적으로 아직 불안정한 우버의 모델은 저임금 노동을 동원할 때만 실행 가능하다. 그 시간당 수입은 고용주의 의무 비용을 제외한 채 외식업과 상업의 최저임금 수준에 해당한다.[101]

---

98 Tribunal fédéral suisse, "Sociétés néerlandaises tenues de payer les cotisations AVS pour les chauffeurs Uber", communiqué de presse du 23 mars 2023, Lausanne. 이와 반대로, 캘리포니아에서는 제안 22가 주민투표로 통과되어 플랫폼의 운전사와 배달원들이 독립적인 노동자의 지위를 법으로 인정받았다. Miriam A. Cherry, "Dispatch—United States: 'Proposition 22: a vote on gig worker status in California'", *Saint Louis University Legal Studies Research Paper*, n° 2021~2103.

99 플랫폼을 노동 계약 분야에 재분류할 가능성을 제한하기 위해, 플랫폼의 사회적 책임 개념을 실질적으로 적용하는 방식을 선택했다. Cf. Yves Struillou, "De nouvelles dispositions législatives pour 'réguler socialement' les plateformes de mobilité et sécuriser leur modèle économique", contribution de la Direction générale du Travail au rapport 2019 du groupe d'experts sur le Smic, 2019, en ligne, pp. 144~148; Coralie Larrazet, "Régime des plateformes numériques, du non-salariat au projet de charte sociale", *Droit social*, vol. 2, 2019, pp. 167~176.

100 Kate Conger et Noam Scheiber, "California bill makes app-based companies treat workers as employees", *The New York Times*, 11 septembre 2019.

101 우버는 상장과 관련된 문서에서 미래의 주주들에게 운전사들이 낮은 보수에 불만이 많다는

이 계약구조는 운전사들의 자율성을 주된 논리로 앞세우면서 그들이 자신의 차량을 사용하고, 근무일과 시간을 선택하며, 언제든지 다른 플랫폼으로 전환할 수 있다고 정당성을 주장한다. 이 유연성은 관계에서 분명히 중요한 측면을 차지하며, 이는 실제로 해당 노동자들을 대상으로 한 조사 결과에서도 드러난다. 뉴욕의 우버 운전사는 간단히 말한다. "당신의 상사는 당신 자신입니다. 원하면 일하고, 원하지 않으면 집에 있으면 됩니다. 그것은 당신에게 달려 있습니다."[102] 결론적으로, 우버에서 일하는 경제학자를 포함한 연구자들은 실증적 모델링 작업을 수행해서 유연성의 가치를 정량화했으며, 운전사 수입의 40퍼센트로 추정했다.[103] 우버와 긱 경제gig economy[104] 모델의 옹호자들은 이 유연성과 이것이 운전사들에게 제공하는 기회가 종속의 부재를 의미하며, 따라서 노동관계가 비임금

점을 인정하며, 이러한 불만이 더 커질 것 같다고 밝혔다. "우리의 목표는 소매업·도매업·외식업 등 다른 유사한 분야에서 제공하는 수익 기회와 비교할 수 있는 기회를 제공하는 것이지만, 많은 운전사가 우리 플랫폼에 불만을 품고 있습니다. 우리는 운전사들의 금전적 보상을 줄여 재무성과를 개선할 계획이므로, 그들의 불만이 더 커질 것으로 예상합니다." Cf. "Uber technologies, inc., form s-1—Registration statement under the *Securities Act* of 1933", United States Securities and Exchange Commission, 11 avril 2019, p. 30.

102 Mareike Möhlmann et Lior Zalmanson, "Hands on the wheel: navigating algorithmic management and Uber drivers' autonomy", International Conference On Information (ICIS), Association for Information System, 2017, p. 7.

103 M. Keith Chen, Judith A. Chevalier, Peter E. Rossi et Emily Oehlsen, "The value of flexible work: evidence from Uber drivers", *Journal of Political Economy*, vol. 127, n° 6, 2019, pp. 2735~2794.

104 단기 계약이나 임시 고용을 기반으로 하는 경제 시스템으로, 사람들은 전통적인 정규직 대신 프로젝트별, 작업별 또는 단기 계약 형태로 일을 하며, 주로 디지털 플랫폼을 통해 일을 찾고 수행한다—옮긴이.

적 성격을 띤다고 주장한다.

노동자가 전통적인 고용관계에서와 같은 방식으로 종속성 문제를 겪지는 않지만, 노동자와 플랫폼의 관계가 근본적인 비대칭성에 기반을 두고 있다는 점은 분명히 드러난다. 이는 정보 시스템의 관점과 법적 분석의 관점에서도 마찬가지다.

정보 시스템 전문가들은 원격으로 소프트웨어 장치를 통해 수행되는 감시·지휘·통제 관행을 가리켜 '알고리즘적 관리'라고 부른다.[105] 이 형태의 관리는 "노동자의 행동과 성과를 끊임없이 추적하고 평가하는 것, 그리고 자동으로 결정을 실행하는 것"을 포함한다. 따라서 이들 에이전트agents[106]는 인간 감독자와 상호작용하는 것이 아니라, 주로 경직되고 불투명한 시스템과 상호작용하며, 이 시스템에서 알고리즘을 지배하는 규칙 대부분은 그들에게 접근할 수 없다. 우버 운전사의 경우, 자율성에 대한 욕구가 활동을 강력히 규제하는 플랫폼과 충돌하는 역설적인 상황으로 이어진다.[107] 이 플랫폼은 실시간으로 진행 상황을 제어하고, 승객의 평가에 따라 영향을 받으며, 불투명하게 요금을 책정한다. 또한 고객의 연락처를

---

105 Mareike Möhlmann et Lior Zalmanson, "Hands on the wheel: navigating algorithmic management and Uber drivers' autonomy", loc. cit., p. 3.

106 시스템 내부에서 특정 기능을 수행하는 자동화된 주체로, 사용자나 외부와 상호작용하는 역할을 한다—옮긴이.

107 Lawrence Mishel et Celine McNicholas, "Uber drivers are not entrepreneurs. NLRB General Counsel ignores the realities of driving for Uber", *Economic Policy Institute Report*, 20 septembre 2019, en ligne.

받을 수 없는 환경에서, 운전사들의 충성도를 높이거나 특정 지역에서 공급을 증가시키기 위한 인센티브 보너스를 제공하며, 규정을 어기면 계정 비활성화와 같은 제재를 가할 수 있다. 소프트웨어 구조에 내재된 근본적인 비대칭성은 노동자들의 협상력을 급격히 떨어뜨리며, 이는 플랫폼이 단순한 중개 기능만 수행한다는 주장을 허구로 만든다.[108]

그럼에도 우버의 경영진은 이 허구를 유지하는 데 모든 에너지를 쏟고 있다. 2020년 초, 캘리포니아에서 법이 시행되면서 샌프란시스코에 본사를 둔 우버는 기존의 계약들이 대규모로 노동 계약으로 재분류될 위협에 직면해 있다. 이를 피하려고 우버는 캘리포니아주에서 애플리케이션의 운영방식을 재구성해 운전사들의 자율성을 확대하려는 노력을 기울였다. 이제 운전사들은 자신에게 제시된 승차의 예상 시간, 거리, 목적지, 가격을 미리 알 수 있다. 또한 처벌받을 위험 없이 고객의 요청을 거절할 수도 있다. 결국, 운전사들이 직접 가격을 설정하는 역경매방식이 몇몇 도시에서 실험적으로 도입되었다.[109]

---

108 이와 관련해서 유럽연합 사법재판소의 해석을 참조할 것. Barbara Gomes, "Les plateformes en droit social: l'apport de l'arrêt 'Elite Taxi contre Uber'", *Revue de droit du travail*, vol. 2, 2018, p. 150~156; Vassilis Hatzopoulos, "After Uber Spain: the EU's approach on the sharing economy in need of review", *European Law Review*, vol. 44, n° 1, 2019, pp. 88~98.

109 Preetika Rana, "Uber tests feature allowing some California drivers to set fares", *Wall Street Journal*, 21 janvier 2020.

캘리포니아에서 우버의 알고리즘적 관리방식과 프랑스 당국이 이 유형의 활동을 법적으로 안전하게 규명하는 데 겪는 어려움은 플랫폼 노동자들이 "노동 계약에 따른 종속관계의 경계에 놓여 있다"라는 현실을 보여준다.[110] 승객 운송, 배달 또는 가사 노동을 위한 플랫폼들은 소프트웨어 시스템의 개입 없이는 존재할 수 없는 서비스 조직을 가능하게 한다. 하지만 종속성 문제를 넘어 여전히 경제적 의존관계의 문제가 남아 있다. 실제로 바로 이 알고리즘적 피드백 루프의 힘—평판, 실시간 조정, 단순성, 행동의 이력 등—이 분산된 생산자들로서는 접근할 수 없는 이러한 서비스에 특별한 품질을 부여한다. 다시 말해, 노동자들이 해당 서비스를 생산하기 위한 상당한 자율성을 가지고 있다고 보더라도, 플랫폼에 얽매이지 않고는 동일한 품질의 서비스를 달성할 수 없다. 노동자의 종속성은 바로 플랫폼이 그들의 노동에서 이익을 얻을 수 있는 위치에 있는 이유다.

여기에는 중요한 점이 있다. 이는 프랑스 사회법에서도 인정된 사항이다. "타인의 활동에서 얻은 경제적 이익"이라는 기준은 종속관계가 없더라도 적용되며, 예를 들어 주문자가 사회보장 기여를 통해 예술가들의 사회보장을 가능하게 하는 경우다.[111] 따라서 알고리

---

110 "Étude d'impact. Projet de loi pour la liberté de choisir son avenir professionnel", Assemblée nationale, 27 avril 2018, art. 28, p. 234.

111 Coralie Larrazet, "Régime des plateformes numériques, du non-salariat au projet de charte sociale", loc. cit.

즘적 장치를 통한 서비스 생산은, 비록 매우 부분적인 종속성만을 포함하더라도, 노동과 이를 착취하는 자본 간의 경제적 의존관계가 완전하게 존재한다는 것을 배제하지 않는다. 이러한 분리의 가능성은 바로 모빌리티 플랫폼 맥락에서 노동과의 관계를 독특하게 만든다. 전통적인 고용관계에서는 종속성 문제가 핵심이지만, 플랫폼 경제의 맥락에서는 경제적 의존관계가 우선적이다.

사회적 통제의 자동화

> "우리는 행정의 진실, 신들이 보호하는 테이블 위에 놓인
> 차가운 보고서를 마주할 준비가 되어 있는가?"
>
> —마티아스 에나르[112]

신뢰의 객관화

1970년에 발표되어 고전이 된 논문에서 조지 애커로프는 중고차의 예를 들어 상품의 품질에 대한 불확실성이 일부 시장의 존재를 위협할 수 있음을 증명했다. 구매자는 판매자가 차량의 결함을 숨길 수 있다는 점을 인지하고, 그에 따라 품질에 대한 불확실성을 피

---

112 Mathias Énard, *Zone*, Actes Sud, Arles, 2013, p. 505.

하기 위해 낮은 품질의 차량(미국 속어로 '레몬lemon')에 해당하는 가격만을 치르려 한다. 그러나 좋은 품질의 차량을 팔려는 사람들은 이 가격을 받아들이지 않기 때문에 중고차 시장을 떠나게 되고, 결국 시장에는 레몬 차량만 남게 된다.[113]

판매자가 정직하지 않을 때 심각한 문제가 생긴다. 특정 상품을 사려는 사람이 있더라도, 정보 비대칭이 거래를 방해할 수 있다. 경제적인 관점에서, 부정직한 상인의 존재와 관련된 주요 비용은 상품에 대한 속임수로 피해를 본 구매자가 입는 손실보다는 신뢰 부족 탓에 많은 잠재적 거래가 성사되지 않는 데 있다.

1990년대 전자 상거래가 처음 시작되던 시기에 이러한 정보 비대칭 문제는 전자 상거래 발전에 거의 넘을 수 없는 장애물처럼 보였다. 매장에서 살 때와 달리, 온라인에서는 상품을 살펴보거나 만지거나 무게를 잴 수 없다. 또한 판매자의 신원도 확인할 수 없다. 물론 사법 시스템은 사기꾼의 처벌을 규정하고 있지만, 이를 활용하는 데는 비용이 든다. 일상생활에서는 신뢰가 주로 거래의 반복, 근접한 관계, 시간에 걸쳐 구축된다. 인터넷의 발전이 통신 비용을 줄여 거래의 범위를 엄청나게 확장할 것으로 보였지만, 거래에 필수적인 신뢰가 함께 따라올 것이라고 보장할 수는 없었다. 이 새로운 경제적 관계를 활성화하려면 새로운 매체에 적합한 신뢰의 전달 수단

---

113 George A. Akerlof, "The market for 'Lemons': quality uncertainty and the market mechanism", *The Quarterly Journal of Economics*, vol. 84, n° 3, 1970, pp. 488~500.

이 발명되어야 했다. 이러한 메커니즘이 없었다면, 마치 애커로프의 '레몬'이 중고차 시장에서 좋은 차량들을 몰아낸 것처럼, 사기 행위의 증가가 온라인 시장을 황폐하게 만들었을 것이다.

이베이eBay는 에이전트들 간의 상호 평가에 기반을 둔 평판 시스템을 마련해서 최초로 해결책을 찾은 플랫폼이다.[114] 사용자들은 다른 사용자에 대해 긍정적이거나 부정적이거나 중립적인 평가를 남기도록 요청받는다. 이러한 신호들은 이후 집계되어 점수와 긍정적인 평가 비율로 변환된다. 또한 구매자와 판매자는 공개적인 댓글을 작성할 수 있다. 마지막으로 별점 제도는 거래의 다양한 측면에 대한 자세한 평가를 제공한다. 이러한 피드백 도구는 해당 거래에만 국한되지 않고, 거래 당사자들에게 장기적으로 영향을 미친다. 이러한 시스템을 도입함으로써, 당사자들이 기회주의적인 행동을 취하지 않도록 유도하고, 정보 비대칭을 자신에게 유리하게 악용하지 않도록 할 수 있다. 간단히 말해, 판매자가 약속한 조건에 맞게 팔도록 유도하며, 그의 바람직한 행동에 대해 공개적인 평판을 제공하는 것이다. 이러한 평가 기준을 마련함으로써, 잠재적 구매자들은 거래를 시작하기 전에 판매자의 과거 행동을 알 수 있게 된다. 과거 거래의 피드백을 바탕으로 형성된 평가는 익명으로 이루어지지만, 신뢰를 촉진하는 강력한 유인책이 된다.

---

114 Steven Tadelis, "Reputation and feedback systems in online platform markets", *Annual Review of Economics*, vol. 8, n° 1, 2016, p. 332.

에어비앤비Airbnb에서는 임차인도 임대인과 마찬가지로 평가받는다. 임차인이 자신이 묵었던 숙소를 다음 임차인에게 넘기는 것은 그에게 신뢰를 부여하는 일이기 때문이다. 작은 배려, 장식적인 손길, 공유하는 이야기들……, 이러한 상호성의 중요성이 강조된 연구는 많다. 임대인은 정성껏 자세한 댓글을 달아 거래에서 사회적 깊이를 추구하는 모습을 드러내며,[115] 이는 비전문가들이 평균적으로 전문 임대인보다 더 높은 평가를 받는다는 사실로 입증된다.[116]

마찬가지로 우버는 "평점이 승객과 운전사 간의 상호 존중을 촉진한다. 이는 우리의 커뮤니티를 강화하고 모두가 서비스를 최대한 활용할 수 있게 해준다"라고 말한다. 평점은 개인들이 상호작용에 얼마나 잘 참여했는지를 보여주는 종합 지표로 여겨진다.

거래를 극대화하기 위해 플랫폼은 평판 측정 절차를 점차 복잡하게 만들었으며, 인터넷 사용자들의 명시적인 피드백에 그들의 교환 흔적에서 얻은 암묵적인 정보를 더해 이를 풍부하게 했다. 예를 들어 에어비앤비의 메시지 시스템에서는 임대인과 임차인이 주고받은 서신의 문장구조를 분석해서 이를 활용한다. 이 경우, 평판을 직

---

115 숙소를 제공한 임대인은 단순한 거래를 넘어서 인간적이고 더 의미 있는 관계를 만들려고 노력한다─옮긴이.

116 Davide Proserpio, Wendy Xu et Georgios Zervas, "You get what you give: theory and evidence of reciprocity in the sharing economy", *Quantitative Marketing and Economics*, vol. 16, n° 4, 2018, pp. 371~407.

접 측정하는 방법과 달리, 순위를 매기는 논리는 사용자에게 노출되지 않는다. 경제학자 스티븐 타델리스는 다음과 같이 설명한다. "플랫폼은 시장 참가자들이 정보를 효율적으로 해석할 수 있다고 가정하지 않고, 규범적이고 보호자적인 접근방식을 채택하는 것이 유리하다."[117] 참가자들이 이용할 수 있는 정보를 해석하도록 두는 대신, 플랫폼은 이를 추천 형태로 종합해서 제공한다.

평판보다 추천이 더 중요하게 된 것은 판단이 변화했기 때문이다. 이제는 알고리즘이 우리 대신 가장 적합한 상대를 결정한다. 예를 들어 '소개팅' 앱인 틴더Tinder는 우리의 개인 데이터를 거리낌 없이 활용해 우리를 평가하고, 그 자체의 비밀인 기준에 따라 우리가 만날 수 있는 잠재적 파트너를 결정해서 제시한다.

물론 플랫폼들은 이렇게 함으로써 사용자들을 더 잘 만족시키려 한다고 주장하지만, 남용의 위험은 결코 적지 않다. 예를 들어 아마존의 순위 시스템이 다른 판매자들의 제품보다 아마존의 자사 브랜드 제품을 우선시할 때처럼, 플랫폼은 평판 시스템을 덜 바람직한 목적을 위해 조작할 수 있다.

소셜 네트워크의 맥락에서 평판 관리에는 직접적인 정치적 문제가 발생한다. 페이스북은 사용자들에게 0에서 1까지의 척도로 신뢰성을 예측하는 점수를 부여하기 시작했다. 이 점수는 가짜 뉴스와

---

117 Steven Tadelis, "Reputation and feedback systems in online platform markets", *loc. cit.*, p. 336.

싸우겠다는 명목 아래, 알고리즘이 개인의 게시물을 얼마나 잘 보이게 할지에 영향을 미친다. 이는 공적 표현의 관리 역할을 민간 기업에 맡기는 셈이다. 그 기업은 자체적인 편향을 의견 필터링에 반영할 가능성이 있다. 문제는 평가가 이루어지는 기준이 투명하지 않다는 점이다. 그리고 한 기자는 "아이러니한 점은 그들이 우리를 어떻게 평가하는지 말할 수 없다는 점인데, 만약 그들이 그것을 말한다면, 우리는 그들이 만든 알고리즘을 속일 수 있을 것이기 때문이다"라고 썼다.[118]

지불 능력, 청렴성, 도덕성

이 새로운 평가 시스템이 특정 플랫폼을 넘어서 사회적 관계 전반으로 확산하고 일반화되는 모습을 상상할 수 있다. 2016년에 넷플릭스에서 방영된 〈블랙 미러〉 시리즈의 에피소드 "추락Nosedive"은 바로 이러한 디스토피아적 가능성을 그린다. 이야기는 모든 사람이 서로를 끊임없이 평가하는 사회에서 전개된다. 이러한 상호 평가의 흐름은 점수로 집약되며, 이 점수는 재화와 서비스에 대한 접근을 결정하고, 변동하는 사회적 계층을 객관적으로 나타낸다. 상호작용은 매번 암묵적인 거래의 대상이 되며, 그 목표는 점수를 올리거

---

118 Elizabeth Dwoskin, "Facebook is rating the trustworthiness of its users on a scale from zero to 1", *The Washington Post*, 21 août 2018.

나 하락시키는 것이다. 그 시리즈에서, 형과 싸운 뒤 레이시의 점수
는 4점 아래로 떨어지게 되면서 비행기를 탈 수 없게 되고, 결국 사
회에서 배제된 사람들의 지옥으로 추락하고 만다. 이 시스템의 강점
인 정당화의 원리는 사회적 계층화가 어떤 권위나 상위 규범적 틀에
서 비롯되지 않는다는 것이다. 이것은 상향식 평가방식으로, 다수
의 의견이 축적되어 내재적인 사회적 판단, 즉 모든 개인이 참여하
고 그들에게 직접 적용되는 평판을 생성한다.

하지만 공상과학에 의존할 필요는 없다. 이러한 관행의 쟁점을
이해하려면, 단지 우리의 시선을 중국으로 돌리면 충분하다.[119] 베
이징 당국은 실제로 전체 인구와 조직을 포괄하는 '사회 신용' 시스
템을 구축하려는 야망을 품고 있다. 개인·기업·행정기관을 포함
한 모든 단체는 점진적으로 이 공공-민간 혼합 시스템에 통합될 예
정이다. 이 프로그램은 2013년에 "진실성을 높이고 거짓을 처벌하
라"라는 구호 아래 공식적으로 시작되었다.[120] 국가 최고 정부기관
인 국가평의회의 결의안에서 자세히 설명하듯이, 이는 재정적·경제
적·사회정치적 측면에서 책임 있는 행동을 장려하고, 그렇지 않은
행동을 처벌하자는 것이다.

---

119 『뉴스테이츠먼』은 이에 답하면서 이러한 인상적인 유사성을 제기한 일련의 언론 기사의 기
만적이고 완곡한 성격을 지적했다. Cf. Ed Jefferson, "No, China isn't Black Mirror. Social
credit scores are more complex and sinister than that", *Newstatesman*, 27 avril 2018.

120 중국공산당 18차 당대회의 3차 전체 회의, 2013년 11월. 다음에서 인용. Rogier Creemers,
"Planning outline for the construction of a social credit system (2014-2020)", China
Copyright and Media (blog), 14 juin 2017.

이 프로그램은 신뢰를 유지하기 위해 유인책을 활용하고, 신뢰 상실을 방지하기 위해 강제 조치를 취한다. 목표는 사회 전반에서 정직과 책임감을 촉진하는 방책을 마련하는 것이다. (중략) 이는 사회적 거버넌스를 가속화하고 향상시켜 사회주의 시장경제 시스템을 개선하는 방법이다.[121]

사회 신용 시스템의 주요 목표는 경제적이다. 최근까지도 중국 가구의 은행 신용 접근은 매우 제한적이었다. 평점 기록부의 구성은 금융 시스템을 발전시키는 것을 목표로 하며, 이는 전후 미국에서 신용 점수의 확산과 유사하다.[122] 아이디어는 대출자의 정보를 축적하고 중앙화해서 가구들이 은행 신용에 쉽게 접근할 수 있도록 돕는 것이다. 하지만 '셔후이 신용shehui xinyong'이라는 용어는 일반적으로 '사회(적) 신용'으로 번역되지만, 더 넓은 의미로는 '신뢰할 수 있는', '믿을 수 있는', '성실한'을 의미한다. 리커창 총리가 설명한 바와 같이, 시장경제는 신뢰를 바탕으로 운영되며, 사회 신용 시스템은 이러한 방식에 부합한다.

---

121 *Idem.*

122 미국에서 가장 많이 쓰이는 시스템은 '피코Fair Isaac Corporation'라는 회사에서 관리한다. 이 시스템은 다섯 가지 요소의 가중치에 기반을 둔다. 상환의 규칙성, 부채 수준, 신용 이력의 기간, 사용된 신용 유형, 신용 요청. 이 지표들의 조합은 국가등록부에 기록된 점수로 이어지며, 은행들이 대출을 승인할지 말지와 그 조건을 결정하는 데 활용된다.

결국 신용 시스템은 시장의 주체들이 상업적 활동에 필요한 정보를 제공한다. 또한 블랙리스트가 작성되어야 한다. 정보에 대한 접근과 공유는 유인책이나 규율의 역할을 할 수 있으며, 거래 비용을 줄이고 상업적 환경을 개선하는 데 기여한다.[123]

사실 자금횡령, 환경규칙 위반, 또는 식품 안전규정 미준수는 중국 사회에 만연한 문제다. 사기와 부패는 경제의 큰 부분이 민영화되고 자유화된 것과 연관되어, 전반적인 불신의 분위기에서 기인한다. 이러한 개혁은 1980년대 이후 불평등을 급격히 늘렸다.[124] 사회가 불평등할수록 개인은 다른 사람들의 협력적인 행동을 기대하기 어려워지고, 신뢰는 더 적게 퍼지게 된다.[125]

따라서 중국공산당의 지도부는 신뢰의 악화에 대응하려 한다. 그리고 감시하고 처벌하는 방법을 선택했다. 핵심 아이디어는 "한 번 신뢰를 잃으면, 모든 활동에서 신뢰가 제한된다"라는 것이다.[126] 특정 분야에서 실수한 관계자는 자신의 모든 활동에서 그 대가를

123 Zhang Hue, "Social credit system work progressing", chinadaily.com, 7 juin 2018.

124 Thomas Piketty, Li Yang et Gabriel Zucman, "Capital accumulation, private property and rising inequality in China, 1978-2015", *NBER Working Paper*, n° 23368, 2017.

125 Henrik Jordahl, "Inequality and trust", sous le titre "Economic inequality", in Gert Tinggaard Svendsen et Gunnar Lind Haase Svendsen (dir.), *Handbook of Social Capital*, Edward Elgar, Londres, 2009.

126 Mareike Ohlberg, Ahmed Shazeda et Bertrand Lang, "The complex implementation of China's social credit system", *China Monitor, Mercator Institute for China Studies*, 12 décembre 2017.

치르게 된다.

중국의 계획 시스템은 매우 분권화되어 있다. 이 시스템은 전국적인 목표를 설정하지만, 지방정부에 큰 자율성을 부여해서 목표를 달성할 방법을 결정할 수 있도록 한다.[127] 그 결과, 지방정부들 간에 일종의 사회적 통제 경쟁[128]이 벌어지게 되었다. 종종 고안된 시스템은 경제와 금융의 영역을 넘어서 매우 광범위한 신뢰의 개념을 포괄한다. 이렇게 해서 중국의 가장 큰 도시인 상하이에서 애플리케이션 어니스트 상하이Honest Shanghai는 100개 이상의 정부 출처에서 데이터를 모으고, 얼굴 인식 데이터를 포함해 개인과 기업, 특히 음식점에 점수를 부여한다. 나쁜 평점을 받은 사람들에게는 행정 절차가 복잡해지고, 검사 빈도가 증가하며, 특정 직업에 대한 접근을 제한한다. 또한 기업과 직업단체들은 이러한 공공 결정을 강화하기 위해 자발적으로 노력해야 한다.

신뢰할 수 있는 단체에 대해 추천이나 승진 같은 보상 조치를 채택하고, 그 반대로 신뢰할 수 없는 단체에 대해서는 공식 경고, 공개 비판, 강등 또는 회원 제명 같은 처벌 조치를 하도록 권장한다.[129]

---

127 Nathan Sperber, "La planification chinoise à l'ombre du capitalisme d'État", *Actuel Marx*, vol. 65, n° 1, 2019, pp. 35~53
128 원문은 concours Lépine이며, 프랑스에서 매년 열리는 발명 대회다―옮긴이.
129 상하이 인민대표대회 상임위원회.

산둥성 룽청에서는 점수 시스템이 일상적인 행동을 고려한다. 예를 들어 길거리에 쓰레기를 버리거나 교통법규를 위반하면 낮은 점수를, 반면 노인을 방문하는 일 등 모범적인 행동을 하면 높은 점수를 받는다. 저장성과 허난성의 두 지역에서는 통신사들과 협력관계를 맺었다. 만약 벌금을 내지 않은 사람이라면 전화가 올 때, 그가 블랙리스트에 올라 있으며, 법적 명령을 준수해야 한다고 촉구하는 자동 메시지가 전달된다.[130]

다양한 행정 단계와 여러 조직 간의 데이터 통합은 아직도 매우 불완전하다. 기술적인 어려움 외에도 관료 조직의 여러 부문에서 중요한 저항이 존재한다. 하지만 중국 계획의 효율성은 가장 성공적인 경험을 선택하고 목표를 추구하는 지속적인 노력에 달려 있다. 계획 기관에 속한 국가 공공 신용정보센터의 연례 보고서는 시스템의 강력한 확장 정도를 알 수 있게 해준다.[131] 2018년에는 359만 개의 중국 기업이 신뢰할 수 없는 단체 목록에 추가되었으며, 그 결과 특히 공공 조달 시장의 입찰에 참여할 수 없게 되었다. 같은 해, '신용 불량자' 1,746만 명은 항공권을, 547만 명은 고속열차 승차권을 살 수 없게 되었다. 신용 불량자는 또한 프리미엄 보험, 자산 관리 상품, 부동산에 대한 접근이 차단되었다.

---

130 Mareike Ohlberg, Ahmed Shazeda et Bertrand Lang, "The complex implementation of China's social credit system", *loc. cit.*

131 He Huifeng, "China's social credit system shows its teeth, banning millions from taking flights, trains", *South China Morning Post*, 18 février 2019.

이 목록은 공개되므로, 수치는 처벌 시스템의 중요한 부분을 차지한다. 정부 신용 플랫폼에 대한 풍자 그림에서 한 남자가 여성에게 꽃다발을 바치려 하지만, 여성은 공개된 불명예 목록에 올라가 있는 사람의 꽃다발을 거절하고 있다. 사기, 대출 미상환, 불법 자금 모금, 허위 광고, 기차의 지정석에 함부로 앉는 것과 같은 작은 위반 행위가 보고서에 기록된 주요 불만사항이다. 이 보고서는 또한 지난해에 부채를 갚거나 세금과 벌금을 낸 351만 명과 단체가 블랙리스트에서 제외되었다고 언급하고 있다.

사회 문제를 예지와 슬기로 관리하기

사회 신용 시스템의 도입은 1995년 당시 중화인민공화국 주석이었던 장쩌민이 "경제와 사회 관리의 정보화·자동화·지능화"라고 명명한 것의 구현에 한몫한다.[132]

미국 국방부가 발표한 보고서에서 컨설턴트인 사만다 호프먼은 중국공산당 이념의 관점에서 사회 신용 시스템에 대한 유익한 계보를 제시한다.[133] 중국에서는 수십 년 동안 사회적 사이버네틱스 관

132 Simina Mistreanu, "Life inside China's social credit laboratory", *Foreign Policy*, 3 avril 2018.

133 Samantha Hoffman, "Managing the State: social credit, surveillance and the CCP's plan for China", in "AI, China, Russia, and the global order: technological, political, global, and creative", *SMA Report*, 2018, p. 42.

리 프로젝트를 논의했다. 1984년 9월 13일자 『인민일보』의 한 기사
에서는 이렇게 설명하고 있다.

> 이 분야에서 우리가 정보, 데이터, 시스템 분석과 의사결정 모델링의 개
> 념을 속속들이 이해해야만 비로소 '예지와 슬기'를 발휘할 수 있고, 역사
> 적 흐름에 맞는 용기와 대담한 비전을 창출할 수 있다.[134]

호프만은 일반적인 사회적 관리와 특히 사회 신용 시스템이 마오
주의의 대중 노선 원칙의 연장선에 있다고 주장한다. 대중에서 출발
해 대중에게 돌아가는 것은 대중 정당에서 이루어지는 정치적 과정
뿐만 아니라, 방대한 데이터를 활용한 알고리즘적 처리에서도 공통
으로 나타난다. 1945년 마오쩌둥은 이 교리의 요점을 다음과 같이
설명했다.

> 우리 당의 모든 실천 활동에서 올바른 지도는 대중에서 출발해 대중에
> 게 돌아간다는 원칙에 기초해야 한다.
> 이는 대중의 (분산되어 있고 체계적이지 않은) 의견을 수집한 후, 이를 (연구
> 를 거쳐 일반화되고 체계화된 아이디어로) 집중해서, 다시 대중 속으로 나가
> 그 아이디어를 전파하고 설명하며, 대중이 이를 이해하고 확고히 받아
> 들여 행동으로 옮기게 해야 한다는 의미이며, 대중의 실제 행동 속에서

---

134 Samantha Hoffman, *ibid.*

그 아이디어의 정당성을 확인해야 한다는 것이다.

그 후 대중의 아이디어를 다시 한 번 집중시키고, 그것을 대중에게 되돌려줘야 하며, 그렇게 해야 그 아이디어들을 확고히 실행에 옮길 수 있다.[135]

이 비교에는 한계가 있다. 마오쩌둥은 대중 노선을 대중을 동원하고 정치화하는 방법으로 여겼다. 반면, 알고리즘 기반 사회 통제는 그와 정반대의 방향을 추구한다. 이는 자동화를 통해 경제와 사회생활의 운영방식을 탈정치화하려는 것이다. 알고리즘 기반 사회 통제는 사회 전체를 하나의 통합된 시스템으로 바라보는 전체론적 접근을 취한다. 이는 사회를 개인의 관점에서만 이해하려는 자유주의의 개인주의적 사고와 뚜렷이 다르다. 이런 관점을 통해 중국공산당은 빅데이터 시대에 알고리즘의 보편화로 발생하는 문제를 자유주의보다 더 명확하게 파악할 가능성도 있다.

사실, 중국 당국은 사회를 부분적으로 자동화해서 관리하려는 감시 체계를 구축하려 하고 있다. 이는 판량과 공동 저자들이 사회 신용 체계의 기술적·제도적 장치에 대해 심층적으로 연구한 결과 드러난 사실이다.[136]

이 포괄적인 시스템은 중국에 기반을 둔 모든 주체(기업, 다양한

---

135 Tse-toung Mao, *Le Petit Livre rouge*, 1964.
136 Fan Liang et al., "Constructing a data-driven society: China's social credit system as a State surveillance infrastructure", *Policy & Internet*, vol. 10, n° 4, 2018, pp. 415~453.

기관, 개인)에 대해 500개 이상의 변수를 기록하는 것을 목표로 하고 있다. 목표는 신뢰할 수 있는 식별 요소를 중앙집중화하고, 이를 비난받을 행위나 반대로 칭찬받을 행위의 목록과 대조하는 것이다. 곧 알게 되듯이, 이 시스템은 주로 경제 활동 주체들을 통제하는 것을 목표로 하지만, 정치적·사회적 감시의 측면도 포함하고 있다.

이 프로그램의 전반적인 논리는 세 단계로 구성되어 있으며, [그림 2]에서 확인할 수 있다. 첫 번째 단계는 다양한 민간·공공 기관으로부터 데이터를 모으는 것이다. 금융 데이터에는 은행정보, 세무 정보뿐만 아니라 온라인 결제나 신용카드 결제와 관련된 거래 데이터도 포함된다. 비금융 데이터에는 교육과 학력, 범죄 이력, 의료 기록, 고용 상태, 소셜 미디어 사용 등과 관련된 다양한 개인정보가 포함된다. 매우 많은 출처에서 생성된 데이터 흐름을 결합하는 과정에서 기술과 행정상의 어려움이 발생한다. 결과적으로 사회 신용 체계는 단일한 조직이 아니라 다양한 형태로 이루어진 복합적인 장치다. 그 중심은 중앙기획기관인 국가발전개혁위원회가 개발한 '국가 신용정보 공유 플랫폼NCISP'이다.

중국 관영 통신사 신화에 따르면, 2017년 기준으로 이 플랫폼은 중앙정부의 42개 기관, 32개 지방정부, 50개 시장 주체로부터 107억 개 이상의 정보를 이미 통합하고 있었다. 바이두·알리바바 같은 주요 기술 기업들도 NCISP와 데이터를 공유하고 있다. 이 플랫폼에서 관리하는 400개의 데이터베이스 중 3분의 2는 기업에 관한 것이며, 5분의 1은 개인에 관한 것이고, 나머지는 공공·사회 기관과 관련된

[그림 2] **중국 사회 신용 체계의 구성**

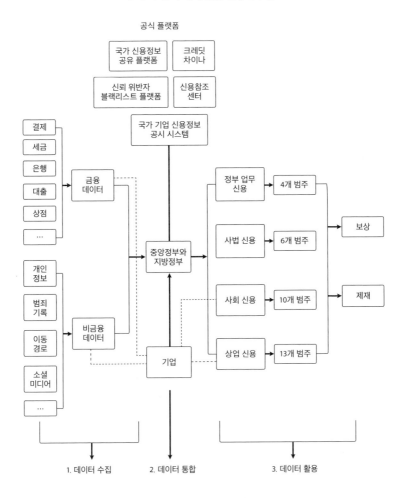

점선은 공식적으로 명시되지 않았지만, 사회 신용 체계 구축에서 민간 기업이 맡을 것으로 예상되는 역할을 나타낸다. 이들 기업의 민간 신용 체계는 사회 신용과 상업 신용에 중점을 두고 있다.
출처: 판량 외, "데이터 기반 사회 구축Constructing a Data-Driven Society", 앞의 책, p. 427.

것이다.

두 번째 단계인 데이터 통합과 처리 과정에서는 상황이 덜 명확하다. NCISP 외에도 수집된 정보를 통합하는 역할을 맡은 다섯 개의 플랫폼이 있다는 사실은 알려져 있다. 그러나 데이터 통합과 처리를 뒷받침하는 메커니즘은 비밀로 유지되고 있다. 이 시스템은 방대하긴 하지만 비교적 정교하지 않아 주로 다양한 행정기관에 분산된 데이터를 연결하는 역할에 그치고 있다. 따라서 이것은 〈블랙미러〉에서 묘사된 단일 사회 신용 점수와는 전혀 다르다. 또한 중앙 차원에서 행정 활동이 쇼샤나 주보프가 온라인 마케팅에서 활용된다고 비판한 행동 예측 모델에 따라 이루어진다는 증거도 없다. 어쨌든 사회를 반자동으로 관리하려는 야망은 여전히 중국 당국이 내세우는 목표로 남아 있다.

세 번째 단계인 실제 실행과정에서는 보상과 처벌의 논리를 활용하는 것이 주요 인센티브 메커니즘이다. 모든 개인·기업·공공기관은 세 가지 범주로 나뉜다. 일반적인 절차를 따르는 일반 등급, 모든 영역에서 활동이 복잡해지는 신뢰할 수 없는 등급, 절차가 간소화되고 행정 통제가 완화되며 시장 접근이 쉬워지는 모범 등급으로 나뉜다.

이 프로젝트의 모호함은 중국 총리의 다음 발언에서 분명히 드러난다.

우리는 부처 간 정보 공유를 개선해 국민과 기업이 부처를 방문해야 하는 절차를 줄이고, 절차를 간소화하며, 서비스를 향상시키도록 할 것입니다. 우리는 관료주의를 줄이고 불법 행위를 근절함으로써 시민들에게 더 평등한 기회를 보장하고, 그들의 창의성을 발휘할 수 있는 공간을 확대할 것입니다.[137]

이것은 실리콘밸리식 국가 자본주의의 합의다. 정보기술을 활용한 행정의 자동화는 개인을 관료적 절차의 부담에서 해방시키는 동시에 사회 통제의 힘을 강화해야 한다는 것이다. 사이버네틱 국가[138]라는 환상이 여기에서 오롯이 구현되고 있다.

기업-국가의 결합

이 시스템에서 가장 급진적인 측면은 데이터 수집·통합·활용이라는 세 단계를 관통한다. 이는 중국 국가기구와 디지털 기업들 간의 공생적 관계 구축으로, 판량과 공동 저자들은 이를 '기업-국가 결합corporate-state nexus'이라고 부른다.

일부 기업은 자체 평가 시스템을 구축했으며, 이는 다양한 방식으로 공공 시스템과 연결되어 있다. 중국에는 이러한 유형의 민간 구조가 약 10여 개 있으며, 대규모로 운영되고 있다. 중국에서 가장

---

137 "China's promotion of 'Internet Plus governance'", english.gov.cn.
138 정보기술과 AI로 행정을 자동화하고 중앙집중화해서 효율성을 높이지만 프라이버시 침해와 과도한 통제의 위험도 있다—옮긴이.

중요한 프로그램은 세서미Sesame다. 알리바바의 금융 자회사인 앤트 파이낸셜Ant Financial이 개발한 이 프로그램은 2018년 기준으로 5억 2,000만 명 이상의 개인에게 영향을 미쳤다. 이러한 민간 프로그램은 일부 측면에서 서방의 대형 기업들이 운영하는 멤버십 프로그램과 유사하다. 이 프로그램의 주요 목적은 신용 접근성을 제공하는 것이다.

그러나 높은 점수를 받은 회원들이 누리는 혜택은 매우 다양하다. 예를 들어 보증금 없이 자전거나 자동차를 대여할 수 있고, 비자를 신속히 발급받을 수 있으며, 병원에서 우대 서비스를 받을 수 있다. 세서미는 다섯 가지 주요 요소를 결합한다. 대출 이력, 사용자 행동(구매 유형, 예를 들어 기저귀를 구매하거나 자선 기부를 하는 사람은 비디오 게임을 소비하는 사람보다 더 높은 평가를 받는다), 자산의 안정성, 개인적 특성(교육, 직업), 마지막으로 사회적 네트워크의 질(누구와 금전 거래를 하는지)이다.[139] 이러한 요소들은 자동으로 평가되며, 그 결과 사용자들은 다양한 서비스 접근 권한에서 차별적인 영향을 받는다.

계획 수립자에게 이러한 민간 프로그램은 두 가지 이점을 제공한다. 한편으로, 이 프로그램들은 국가 사회 신용 체계의 확성기 역

---

139 Rogier Creemers, "Planning outline for the construction of a social credit system (2014-2020)", *loc. cit.*; Genia Kostka, "China's social credit systems and public opinion. Explaining high levels of approval", *New Media & Society*, vol. 21, nº 7, 2018, pp. 1565~1593.

할을 한다. 크레딧 차이나Credit China의 리스트를 활용함으로써 민간 운영자들이 이 체계의 효과를 더욱 증폭시키기 때문이다. 사회 신용 체계의 데이터베이스 중 4분의 3이 공개되어 있기 때문에, 이러한 정보는 점차 민간 기업의 일상적인 운영에 통합되고 있다. 따라서 알리바바가 개인 신용을 평가하는 데 활용하는 데이터의 80퍼센트는 주로 정부 데이터베이스와 같은 외부 출처에서 제공받는다. 다른 한편으로, 정부는 민간 기업을 활용해 자체 시스템을 개선한다. 이들이 축적한 경험은 계획수립기관이 공공 사회 신용 체계를 강화하는 데 활용할 수 있는 자원으로 작용한다.[140] 당국은 민간 신용 시스템의 금융적·사회적 중요성을 매우 중시하므로, 이를 통합된 메타 시스템을 통해 직접적이고 지속적인 통제 아래 두고자 한다. 이러한 목표를 달성하기 위해 2018년에 설립된 바이항 크레딧 Baihang Credit은 여덟 개의 주요 민간 신용 시스템이 참여하는 컨소시엄이지만, 사실상 중국인민은행의 통제를 받는다.[141]

---

140 이 지렛대를 강화하기 위해 계획수립기관은 2018년에 '신이+Xinyi+'라는 프로젝트를 시작했다. 알리바바와 그 프로그램인 세서미를 포함한 참여 기업들은 크레딧 차이나의 '모범 시민이나 기업 목록(레드리스트)'에 등록된 사람들에게 혜택을 제공함으로써 모범적인 행동을 장려하는 데 동참하고 있다. Cf. Ahmed Shazeda, "Credit cities and the limits of the social credit system", in "AI, China, Russia, and the global order: technological, political, global, and creative", *loc. cit.*, p. 48.

141 Xin Dai, "Toward a reputation State: the social credit system project of China", *SSRN*, 2018, en ligne, p. 18; Lucy Hornby, Louise Lucas et Sherry Fei Ju, "China cracks down on tech credit scoring", *Financial Times*, 4 février 2018.

자동화의 유연성

계획수립기관의 주도 아래, 다양한 주체가 공공과 민간, 경제와 정치가 밀접하게 결합한 감시 인프라를 구축하기 위해 협력하고 있다. 이는 경제적 거래를 중립적이고 공정한 방식으로 관리하려는 시도이며, 질서자유주의[142]의 우려를 떠올리게 한다. 그러나 이러한 블랙박스를 구성하는 규범의 전제들은 자동화의 유연성과 자명성 속에서 은폐되거나 간과되는 경향이 있다. 그러나 실제로 사회 신용체계는 특히 긍정과 부정, 보상과 제재, 은폐와 투명성의 균형을 정하는 모든 측면에서 정치적 요소가 넘쳐난다. 이는 시스템 설계자들의 요구에 따라 이루어진 선택들이다.

알려진 바에 따르면, 상당수의 중국인은 이러한 통제 시스템이 제공하는 불확실성 감소를 긍정적으로 평가하고 있다. 이는 한 설문조사에서 응답자의 80퍼센트가 이러한 시스템을 지지한다고 밝힌 결과에서 드러난다. 베를린 자유대학교의 연구자인 게니아 코스트카는 이 연구를 감독하면서, 이를 지난 30년간의 급격한 자본주의 발전 이후 중국에 만연한 전반적인 불신 분위기에 대한 반응으로 여긴다. 코스트카는 이러한 상황에서 다음과 같이 지적한다.

---

142 또는 오르도자유주의ordoliberalism는 1930년대 독일에서 나치 체제와 자유방임적 시장의 실패를 반성하며 제안된 경제 이론이다. 같은 시기, 영국의 케인스가 국가의 적극적 개입을 통해 경기 부양과 고용 창출을 주장한 것과 달리, 이 이론은 시장의 자율성을 신뢰하면서도 국가가 법과 제도로 공정한 경쟁과 질서를 유지해야 한다고 본다―옮긴이.

시민들은 사회 신용 체계를 감시 도구로 여기기보다는 삶의 질을 향상시키고 제도적·규제적 결함을 보완하며, 사회에서 더 정직하고 법을 준수하는 행동을 유도하는 도구로 인식하고 있다.[143]

칼 폴라니Karl Polanyi의 관점에서[144] 사회 신용 체계의 수용은 경제를 사회 속에 다시 통합하려는 시도로 볼 수 있다. 이는 시장관계 확장으로 나타난 기회주의적 행동을 상쇄하기 위해, 개인의 계산에 시장 신호로는 전달되지 않는 긍정적·부정적 효과를 포함하는 인센티브 구조를 구축하려는 것이다. 이 관점에서 당-국가 체계는 사회적 복지를 계산하는 주체로 자신을 내세우기에 유리한 입장이다. 이는 대중에서 출발해 다시 대중으로 돌아오는 알고리즘 순환 구조를 기반으로 하며, 그 과정에서 정치적 권위는 홍보를 통해 공공연히 드러나면서도 자동화를 통해 보이지 않게 된다.

중국의 사회 신용 체계는 단순히 기술적 마오이즘의 호기심 거리나 체제의 권위주의적 성격에 편리하게 결부시킬 수 있는 혐오스러운 모습만이 아니다. 알고리즘 시대에 접어든 지금, 더 분산적이거나

---

143 Genia Kostka, "China's social credit systems and public opinion", *loc. cit.*, p. 20.
144 폴라니(1886-1964)는 헝가리 출신 경제사학자이자 사회철학자로, 시장경제와 사회의 관계를 연구하며 경제적 자유주의에 대한 비판과 사회적 경제 모델의 중요성을 제시했다. 그는 『거대한 전환*The Great Transformation*』(1944)에서 시장경제가 사회의 일부로 통합되어야 한다고 강조했으며, 토지·노동·자본을 '가상적 상품'으로 규정하면서 이들에 대한 과도한 시장화를 경고했다. 그는 시장의 팽창과 이에 대한 사회적 반작용을 설명하며, 이를 '이중 운동Double Movement'으로 개념화했다. 그는 오늘날 디지털 경제와 지속 가능성 논의에 중요한 이론적 기반을 제공한다—옮긴이.

더 자동화되었거나 혹은 더 투명한 평가 시스템들이 증가하면서 이는 여러 분야에서 공통되게 발생하는 문제로 자리 잡고 있다. 이러한 시스템은 누가 설계했는가? 어떤 목적을 위해? 그리고 어떤 영향을 미치는가? 이러한 질문은 중국의 사회 신용 체계뿐만 아니라 서구 사회에서 개발되고 있는 다양한 행정적·상업적 평가 장치에도 똑같이 제기된다.[145]

---

145 Daithi Mac Sithigh et Mathias Siems, "The Chinese social credit system: a model for other countries?", *EUI Department of Law Research Paper, SSRN*, 2019. 이러한 문제의 보편성에 대해서는 cf. Cathy O'Neil, *Algorithmes: la bombe à retardement*, trad. Sébastien Marty, Les Arènes, Paris, 2018; Evgeny Morozov, "The case for publicly enforced online rights", *Financial Times*, 27 septembre 2018 참조.

3장

무형 자산의
임대료 수익자

세계화와 지적 독점화

> "그 괴기한 짐승은 무기력한 덩어리가 아니었다. 오히려
> 그것은 탄력 있고 강인한 근육으로 인간을 휘감고 억눌
> 렀다. 두 개의 거대한 발톱으로 자신이 올라탄 인간의 가
> 슴에 단단히 매달려 있었다."
>
> —샤를 보들레르[1]

무형 자산의 성장

경제학자들은 기계·건물·차량·원자재와 달리 만질 수 없는 생
산수단을 '무형 자산'이라고 부른다. 이는 컴퓨터 코드, 디자인, 데
이터베이스 또는 본질적인 품질을 잃지 않고 무한히 복제할 수 있
는 절차 등을 의미한다.[2] 이들은 비경합적 자산이다. 예를 들어 당신
이 구글을 검색해서 다카르에서 고레 섬으로 가는 보트 운항 시간

---

1   Charles Baudelaire, "Chacun sa chimère", in *Œuvres complètes de Charles Baudelaire*, vol.
    IV, Michel Levy frères, Paris, 1869.
2   최근 경제학과 경영학에서 무형 자산에 관한 연구가 활발히 이루어지고 있다. 특히 개
    념 규정의 문제와 회계적 쟁점에 대한 종합적인 논의를 위해서는 다음을 참고할 수 있다.
    Jonathan Haskel et Stian Westlake, *Capitalism without Capital, op. cit.*

을 알아보거나 넷플릭스에서 〈기묘한 이야기〉의 에피소드를 본다고 해도, 네트워크가 포화 상태가 아닌 한 나도 아무런 방해 없이 그 정보를 검색하거나 시청할 수 있다. 반면, 우리가 벼룩시장에서 오래된 모토베칸Motobécane 자전거[3]를 사고자 하지만 단 한 대만 있다면, 한 사람 외에는 구할 수 없을 것이다.

유형 자산과 무형 자산의 구분은 오래전부터 있었다. 예를 들어 19세기 중반 프리드리히 리스트가 독일이 영국을 따라잡기 위한 산업적 조건을 고민할 때, 그는 발전과정에서 '과학과 예술'의 역할을 강조하며 이를 '육체노동'과 대조했다. 나아가 그는 '살아 있는 인류의 지적 자본'이라는 개념까지 제시했다.[4]

이 구분은 우리 일상에서도 흔히 찾아볼 수 있지만, 너무나 당연하게 여겨져 거의 주의를 기울이지 않는다. 식초 드레싱을 만들기 위해서는 레시피(무형 자산)뿐만 아니라 재료와 조리 도구(유형 자산)가 필요하다는 것은 당연하다. 마찬가지로, 피아노로 즉흥 연주를 준비하더라도 곡의 음표(무형 자산)를 잊었거나 악기가 조율되지 않았다면(유형 자산), 연주는 실패로 끝날 것이다. 간단히 말해, 무형 자산과 유형 자산은 서로 독립적으로 존재할 수 없다. 이들이 결합해야만 유용한 효과를 낼 수 있다는 사실은 시간이 지나도 변하지

---

3 1920년대에 설립된 프랑스의 자전거와 오토바이 제조 브랜드. 이제는 독립 브랜드로 존재하지 않지만, 여전히 클래식 자전거 수집가들 사이에서 인기를 끌고 있다—옮긴이.

4 Friedrich List, *Système national d'économie politique*, éd. de Henri Richelot, Capelle, Paris, 1857, p. 248.

않는 진리다.

변화의 원인은 정보의 복제·처리·전파 비용을 현저히 감소시킨 기술 발전에 있다. 예를 들어 20세기 중반 이후로 정보 처리 비용은 1,000억분의 1로 줄어들었다.[5] 이제 소통은 거의 무료에 가깝고 즉각적으로 이루어지며, 저장 비용은 최소화되었다. 헤겔이 지적했듯이, "겉보기에 무해한 양적 변동은 어떤 면에서 질적인 변화를 이루는 영리한 술책이다."[6] 정보 처리 능력의 변화는 정확히 이러한 양에서 질로 도약하는 것이다.

정보의 순환이 가속화하면서 무형 자산이 사회적 체계에 자리 잡는 방식이 변화를 겪게 되었다. 무형 자산이 구두 전달이나 인쇄물·라디오·전화 같은 제한된 방식으로만 전파되던 시대에는 비경합성[7]을 충분히 발휘하지 못했다. 무형 자산의 확장 능력을 제한한 것은 대인관계와 상업 네트워크의 규모, 접촉 기회의 부족, 전송 비용과 소요 시간, 통신 시스템 구조의 경직성이었다. 이제 정보 시스템이 충분히 발전하면서, 동시에 모든 곳에 존재할 수 있다는 것은 이러한 비경합성의 단순한 결과에 불과하다. 그러나 이것이 생산방식에 미치는 영향은 무엇일까?

---

5   William D. Nordhaus, "Are we approaching an economic singularity? Information technology and the future of economic growth", *NBER Working Paper*, n° 21547, 2015, p. 4.

6   Georg Wilhelm Friedrich Hegel, *Encyclopédie des sciences philosophiques*, Vrin, "Bibliothèque des textes philosophiques", Paris, 1986, p. 444.

7   어떤 자산이나 자원을 여럿이 동시에 쓸 수 있는 성질을 가리킨다―옮긴이.

두 번째 분리

리처드 볼드윈은 정보기술 혁명과 세계화를 연결하는 개념을 설명하기 위해 '두 번째 분리'라는 용어를 쓴다. 그의 생각은 단순하다. 첫 번째 분리는 19세기 말부터 시작되었고, 이후 1960년대부터 더 강하게 진행되었다. 운송 비용이 감소한 덕분에, 상품을 소비지 근처에서 생산해야 한다는 필요성이 사라졌다.

1980년대 후반부터 새로운 유형의 분리가 나타나기 시작했다. 통신 비용이 감소하면서 원격 조정의 가능성이 기하급수적으로 증가했다. 그 결과, 제조과정의 대부분 단계를 서로 근접한 곳에서 수행할 필요가 없어졌다. 자동차, 전화기, 발전소 터빈뿐만 아니라 의류, 식품, 소프트웨어, 심지어 일부 관리 서비스나 의료 분석 서비스도 여러 나라, 심지어 여러 대륙에서 따로 수행한 단계를 결합해서 만든다. 노동과정이 분산되어 있지만, 서로 밀접하게 의존하는 생산 활동들이 수천 킬로미터 떨어진 거리에서 동기화되고 있다. 따라서 볼드윈이 보여주듯, "해외로 이전하는 기업들은 운영의 완전성을 보장하기 위해, 이전된 단계들과 함께 관리, 마케팅, 기술적 노하우도 함께 전파해야 한다."[8]

정보기술 덕분에 새로운 생산구조가 실현될 수 있었다. 또한 관

---

8   Richard E. Baldwin, *The Great Convergence. Information Technology and the New Globalization*, The Belknap Press of Harvard University Press, Cambridge, 2016, p. 134.

리 역량과 기술 사양을 이동할 수 있게 만들었다. 그러나 변화의 원동력은 기술적인 것이 아니라 경제적인 것이다. 실제로 이윤 추구는 데이비드 하비가 '**공간적 고정**spatial fix'이라고 부르는 과정을 촉진한다. 이는 자본의 가치를 더 효과적으로 높이기 위한 새로운 공간적·지리적 배열을 의미한다.[9] 특정 작업, 특히 가장 단순하거나 표준화·통제가 쉬운 작업을 비용이 더 낮은 국가로 이전해서 지리적으로 노동을 분산시키는 방식이다.

예를 들어 애플은 공장을 소유하지 않으며, 모든 기기 생산을 하청업체에 맡긴다. 특히 조립 작업은 중국에 집중되어 있다. 2013년 4월 24일, 방글라데시 다카에서 라나 플라자 건물이 붕괴했을 때, 1,134명의 의류 공장 여성 노동자들의 시신 사이에서 베네통Benetton, 봉마르셰Bonmarché, 프라다Prada, 구찌Gucci, 베르사체Versace, 몽클레르Moncler, 망고Mango, 프라이마크Primark, 월마트Walmart, 카르푸Carrefour, 오샹Auchan, 카마이유Camaïeu 등의 브랜드 라벨이 발견되었다.[10]

스마일 곡선 Smile Curve[11]은 이러한 생산 분업이 글로벌 가치사슬Value Chain에서 가치 분배에 미치는 영향을 도식적으로 나타낸 것

---

9   David Harvey, *The Limits to Capital*, Verso, New York, 2006, chapitre VII.

10   "Effondrement du Rana Plaza", Wikipédia, 22 mars 2019.

11   이 개념은 에이서Acer의 창립자가 제안한 것이다. Stan Shih, "Me-too is not my style: challenge difficulties, break through bottlenecks, create values", The Acer Foundation, Taïpei, 1996.

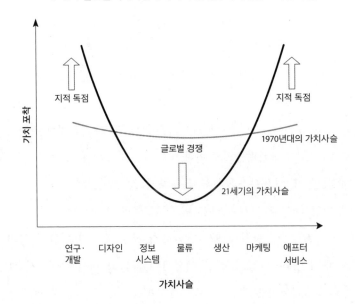

[그림 3] **글로벌 가치사슬에서 가치 분배를 나타내는 스마일 곡선**

가치 포착 (y축)

지적 독점 (왼쪽 화살표)

지적 독점 (오른쪽 화살표)

1970년대의 가치사슬

글로벌 경쟁

21세기의 가치사슬

연구·개발　디자인　정보 시스템　물류　생산　마케팅　애프터 서비스

가치사슬

이다([그림 3] 참조). 곡선의 중앙에는 가장 표준화되어 있고 지식 집약도가 낮은 활동 분야가 위치하며, 이는 1990년대 이후 대규모로 해외 이전된 활동이다. 이 부분에서는 경쟁이 가장 치열하며, 그 결과 가치 창출 능력이 가장 낮다. 곡선의 양 끝에는 생산의 초기 단계인 설계와 최종 단계인 고객 제공과 관련된 활동들이 자리 잡는다. 이들은 지식 집약도가 가장 높은 부분으로, 가치 창출 능력이 최대화되는 영역이다.

배비지 원리[12]의 극대화

다재다능한 학자인 찰스 배비지는 1821년 최초의 기계식 컴퓨터 프로토타입인 '차분 기관Difference Engine'[13]을 설계했다. 그는 단순한 관찰에서 출발했다. 즉, 특정 생산 활동에는 다양한 기술이 요구된다는 것이다. 그러나 일부 작업은 다른 작업보다 더 희귀하거나 더 비쌀 수 있다. 고용주에게는 이러한 작업을 나눠서 별도로 비용을 지급하는 것이 유리하다. 이렇게 하면 노동자들이 각자의 능력에 맞춰 특정 작업에 집중하면서 차별화될 수 있다.

이 분업의 목표는 가장 숙련된 인력, 즉 가장 비싼 인력이 자신만의 전문성을 발휘할 수 있는 업무에 모든 근무 시간을 집중할 수 있도록 하는 것이다. 일반적으로 신속하고 능숙하게 수행해야 하는 제작의 모든 세부사항은 다른 작업과 분리되어야 하며, 한 사람의 특별한 관심을 받는 유일한 대상이 되어야 한다.[14]

---

12 19세기 영국 수학자 찰스 배비지Charles Babbage가 제시한 경제학적 개념이다. 작업을 세분화해서 단순한 작업은 저숙련 노동자가, 복잡한 작업은 고숙련 노동자가 수행하도록 조직함으로써 생산성을 극대화하는 원리로, 현대의 분업과 생산 공정 효율성 원칙에 영향을 미쳤다—옮긴이.

13 최초의 기계식 계산 장치로, 수학적 차이를 자동으로 계산하는 기계—옮긴이.

14 Charles Babbage, *Traité sur l'économie des machines et des manufactures*, trad. Édouard Biot, Bachelier, Paris, 1833, p. 235.

결론적으로, 노동 분업은 고용주의 노동 비용을 줄이는 데 기여한다. 이는 대다수 직무의 상대적 숙련도를 낮추고, 제한된 몇몇 직무에 지식이 집중되도록 만든다. 숙련 필요성을 줄이는 원칙은 현재 생산 공정의 국제적 분절화에 동반되는 인지적 노동 분업에서도 여전히 핵심적인 역할을 하고 있다.[15] 그러나 글로벌 가치사슬에서 수익이 양극화되는 역학은 배비지 원칙의 단순한 연장이 아니라 오히려 극대화다. 가치가 사슬의 양극단에 집중되는 현상은 지적 독점화 과정의 표현이며, 이 과정의 결과로 경제적 권력이 소수의 핵심 거점에 집중된다.

노동과정의 국제적 분절화는 작업 표준화의 강화와 정보기술의 더욱 집중적인 활용을 수반한다. 국제적 분산이 심화하는 상황에서도 정보 시스템은 작업과정의 일관성을 유지하기 위해 점점 더 복잡하고 정교해지고 있다. 따라서 양극화는 단순히 지식 집약도가 더 높거나 낮은 작업들 사이의 분리로만 설명되지 않는다. 작동하고 있는 핵심은 통합과정의 자율성 확보이며, 이는 하나의 생산요소로 기능한다. 전 지구적 차원에서 노동을 조직하는 주된 힘은 무형의 생산요소로 집중되고 있다. 지적 독점화는 생산의지를 중앙집중화하고 있다.

---

15 Philippe Moati et El Mouhoub Mouhoud, "Les nouvelles logiques de décomposition internationale des processus productifs", *Revue d'économie politique*, vol. 115, n° 5, 2005, pp. 573~589.

지대 메커니즘

"모든 것이 익어갈 때 도둑들이 날뛴다."

—앙리 미쇼[16]

이탈리아 경제학자 우고 파가노는 지적 독점 자본주의[17]라는 개념을 제시해 20세기 말 몇십 년 동안 지식재산권이 급격하게 강화되면서 생겨난 경제 시스템을 설명한다.[18] 그는 지식재산권과 관련해서 다음과 같이 설명한다. "독점은 이제 단순히 기술과 관리 능력의 집중에 따른 시장 지배력에만 기반을 두지 않는다. 이제 지식에 대한 법적 독점으로도 확장된다." "지식은 물리적 공간의 경계 안에 제한된 대상이 아니기 때문에, 지식의 사유화는 다수의 장소에서 수많은 개인의 자유를 제한하는 글로벌 독점을 초래한다."[19]

특허 괴물patent troll의 등장은 이러한 해로운 역학을 보여주는 사

---

16 Henri Michaux, "Tranches de savoir", *Face aux verrous* [1967], Gallimard, Paris, 1992, p. 64.

17 Ugo Pagano, "The crisis of intellectual monopoly capitalism", *Cambridge Journal of Economics*, vol. 38, n° 6, 2014, pp. 1409~1429.

18 Benjamin Coriat et Fabienne Orsi, "Establishing a new intellectual property rights regime in the United States. Origins, content and problems", *Research Policy*, vol. 31, n° 8~9, 2002, pp. 1491~1507; Christopher May, The Global Political Economy of Intellectual Property Rights. *The New Enclosures*, Routledge, "RIPE Series in Global Political Economy", Londres, 2010.

19 Ugo Pagano, "The crisis of intellectual monopoly capitalism", *loc. cit.*, p. 1413.

례다. 일부 기업은 특허를 활용하려는 목적이 아니라, 그 안에 포함된 지식의 사용료를 요구하기 위해 특허 보유에만 집중하며, 그 결과로 혁신을 저해한다.[20] 파가노는 1990년대에 혁신 지대rent 추구가 투자 촉진으로 이어지는 슘페터 효과가 있었을 수 있으나, 더는 작동하지 않는다고 보았다. 새로운 장벽은 이제 투자 기회를 극도로 제한하고 있다. 이는 부유한 국가에서 자본 축적과 성장을 둔화시키고, 남반구 국가들의 발전을 가로막으며, 유휴 자본의 무분별한 확장을 초래해 금융 불안을 부추기는 원인이 되고 있다.[21]

지식재산권 강화와 세계화의 동시 발생은 단순한 우연이 아니다. 한편, 국제적 기회를 최대한 활용하려는 기업들은 관련 규정을 더 강화하도록 압력을 가하고 있다.[22] 또 한편, 엄격한 규범의 확산은 기업의 혁신이 침해될 위험을 줄여주며, 이는 국제 생산 분절화에 참여하려는 기업들의 의지를 강화한다.[23]

---

20 Lauren Cohen, Umit G. Gurun et Scott Duke Kominers, "Patent trolls: evidence from targeted firms", *Management Science*, vol. 65, n° 12, 2019, pp. 5449~5956.

21 Ugo Pagano et Maria Alessandra Rossi, "The crash of the knowledge economy", *Cambridge Journal of Economics*, vol. 33, n° 4, 2009, pp. 665~683.

22 Susan K. Sell, "TRIPS was never enough: vertical forum shifting, FTAS, ACTA, and TPP", *Journal of Intellectual Property Law*, vol. 18, n° 2, 2010, pp. 104~160; Susan K. Sell et Aseem Prakash, "Using ideas strategically: the contest between business and NGO networks in intellectual property rights", *International Studies Quarterly*, vol. 48, n° 1, 2004, pp. 143~175.

23 다양한 실증 연구는 무역 거래의 증가가 지식재산권 강화와 연관되어 있음을 보여준다. Cf. Titus O. Awokuse et Hong Yin, "Does stronger intellectual property rights protection induce more bilateral trade? Evidence from China's imports", *World Development*, vol. 38, n° 8, 2010, pp. 1094~1104; Rod Falvey, Neil Foster et David Greenaway, "Trade,

자연적 독점 지대

배타적으로 표준·기술·브랜드를 강화하는 것은 세계화 속에서 지적 독점화를 촉진하는 강력한 동력이다. 하지만 이것이 유일한 원인은 아니다. 나는 윌리엄 밀버그와 공동 연구를 통해 이를 촉진하는 세 가지 추가 메커니즘을 밝혀냈다.[24]

첫 번째 메커니즘은 경제학자들이 자연적 독점이라 부르는 상황과 관련이 있다. 이는 네트워크 상호 보완성, 규모의 경제, 회수 불가능한 투자의 세 가지 요소에서 비롯된 시장구조를 의미한다.[25] 대표적인 예로 철도 네트워크를 들 수 있다. 네트워크가 확장될수록 더 유용해지며(네트워크 상호 보완성), 동시에 네트워크를 구축하고 운영하는 데는 고정 비용이 필요하다(규모의 경제). 마지막으로, 철도 노선을 설치한 이후에는 투자된 자금을 회수할 수 없게 된다(회수 불가능한 비용). 이러한 상황에서는 경쟁에 개방된 시장보다 단일 기업이 관리를 맡는 편이 더 경제적이다.

---

imitative ability and intellectual property rights", *Review of World Economics*, vol. 145, n° 3, 2009, pp. 373~404; Yungho Weng, Chih-Hai Yang et Yi-Ju Huang, "Intellectual property rights and US information goods exports: the role of imitation threat", *Journal of Cultural Economics*, vol. 33, n° 2, 2009, p. 109.

24 Cédric Durand et William Milberg, "Intellectual monopoly in global value chains", *Review of International Political Economy*, 2019 (à paraître), en ligne.

25 Manuela Mosca, "On the origins of the concept of natural monopoly. Economies of scale and competition", *The European Journal of the History of Economic Thought*, vol. 15, n° 2, 2008, pp. 317~353.

글로벌 가치사슬에서도 이러한 특성이 나타난다. 기업 간 상호 보완성의 작용, 분산된 활동의 통합과정에 영향을 끼치는 규모의 경제[26], 운영의 호환성을 확보하기 위한 회수 불가능한 투자 등이 그것이다. 애플의 성공을 이끄는 역학은 자연적 독점 논리의 전형적인 사례다. 애플은 1996년 콜로라도 스프링스의 파운틴 공장과 2004년 새크라멘토의 엘크 그로브 공장을 폐쇄한 이후, 가치사슬을 철저히 관리함으로써 성공 궤도에 다시 올랐다. 모든 제조 공정은 미국 외 지역, 특히 중국에 설립한 시설에서 이루어지지만, 그렇다고 해서 애플이 생산 운영에 대한 통제를 완화한 것은 아니다. 오히려 애플은 설계 단계부터 소매점까지 공급망의 거의 모든 연결고리를 통제하는 폐쇄적인 생태계를 구축했다.[27]

이러한 원격 관리에서 핵심은 애플이 자사의 기기를 경쟁사의 제품과 차별화할 수 있는 능력이다. 애플의 공급업체는 복잡하고 체계적으로 관리된 가치사슬에 참여함으로써 네트워크 상호 보완성의 혜택을 얻는다. 그러나 공급업체는 애플이라는 캘리포니아 기업에 의존하게 되며, 애플은 생산된 가치 대부분을 차지할 수 있는 유리한 위치에 서게 된다.

---

26 생산량이 증가함에 따라 단위당 비용이 감소하고 수익과 성과가 증가하는 현상—옮긴이.

27 Donald L. Barlett et James B. Steele, "Apple's American job disaster—Philly", philly.com, 20 novembre 2011; Andrew B. Bernard et Teresa C. Fort, "Factoryless goods producing firms", *American Economic Review*, vol. 105, n° 5, 2015, pp. 518~523; Adam Satariano et Peter Burrows, "Apple's supply-chain secret? Hoard lasers", *Bloomberg Businessweek*, 3 novembre 2011, pp. 50~54.

무형 자산의 차등적 지대

이 두 가지 잘 알려진 사례 외에도 상대적으로 덜 알려진 세 번째 유형의 지대가 존재한다. 이는 무형 자산, 더 정확히 말하면, 전통적인 유형 자산 활용에서 나타나는 규모 수익과 무형 자산에 대한 높은 집약성을 요구하는 생산 단계에서 나타나는 규모 수익의 차이와 관련되어 있다. 다시 설명하자면, 소프트웨어나 조직적 노하우 같은 무형 자산은 일반적으로 확장 가능하다. 초기 투자가 이루어진 후에는 무형 자산을 사소한 수준의 한계 비용으로 복제할 수 있어, 규모 수익이 무한대로 수렴하는 경향을 보인다. 그러나 건물이나 기계 같은 유형 자산에는 이러한 특성이 적용되지 않는다. 유형 자산의 경우, 규모 수익이 존재한다고 해도 훨씬 낮은 수준에 그친다. 에너지와 원자재 비용 등이 필요하므로 추가적인 물리적 작업은 무시할 수 없는 추가 비용을 수반하기 때문이다.

이러한 차별적인 수익구조는 현재의 경쟁 논리의 특성을 이해하는 열쇠 중 하나를 제공한다. 예를 들어『뉴욕 타임스』가 보도한 월마트와 아마존의 치열한 경쟁이 그 사례다.

대형 유통업체들은 동남아시아와 미국 주요 도시의 매장을 연결하는 정교한 공급망을 효과적으로 관리해서 상품 부족 사태를 방지하는 방법을 찾아야 한다. 또한 잠재 구매자와 주문 사이에 어떤 장애도 생기지 않도록 사용자 경험을 매끄럽게 제공하는 모바일 애플리케이션과 웹사이트도 필요하다. (중략) 공급망 관리와 정보기술 분야에서 강력한 역량을 보유한 기업들은 이러한 고정 비용을 더 많은 총판매량에 분산시킬 수 있다.[28]

무형 자산의 (대략적) 고정 비용을 가능한 한 많은 판매에 분산시킬 수 있다는 것은 분명히 결정적인 장점이 있다. 하지만 또 다른 측면이 작용하는데, 무형 자산이 집약된 분야에서 활동할수록, 그 활동은 잠재적으로 수익성이 더 높아질 수 있다는 점이다. 글로벌 가치사슬은 유형 자산이나 노동 집약적인 분야와 무형 자산 집약적인 분야를 결합한다. 전자는 의류 제조, 전화기 조립, 반도체 제조, 철도 운송 등을 포함한다. 후자는 집적회로 설계, 웹사이트 디자인, 의류 디자인, 마케팅 방안, 소프트웨어 코딩, 데이터베이스 관리 등을 포함한다. 이제 특정 가치사슬에서 전체 생산량이 증가할 때 발생하는 상황을 살펴보자. 무형 자산 집약적인 분야의 비용 그리고 유형 자산과 노동 집약적인 분야의 비용은 서로 다른 속도로 증가한다. 고정비의 불균등한 분배와 차별화된 한계 비용 때문에 물질적 자원이 많이 필요한 분야에서는 총비용이 빠르게 증가하는 반면, 정보 자원이 많이 필요한 분야에서는 평균 비용이 훨씬 더 빠르게 감소한다. [그림 4]는 이를 도식적으로 보여준다.

---

28 Neil Irwin, "The Amazon-Walmart showdown that explains the modern economy", *The New York Times*, 7 juin 2017.

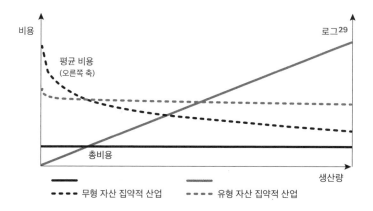

[그림 4] **유형 자산과 무형 자산 집약적 분야의 총비용과 평균 비용 변화 동향**

비용

평균 비용
(오른쪽 축)

로그29

총비용

생산량

━━━ 무형 자산 집약적 산업   ━ ━ ━ 유형 자산 집약적 산업

유형 자산과 무형 자산 간 규모의 경제 차이는, 무형 자산 중심의 연결고리를 통제하는 기업들이 생산이 증가할수록 불균형적으로 큰 몫의 이익을 얻게 됨을 의미한다.

동적 혁신 지대

지적 독점화를 강화하는 마지막 유형의 힘은 이른바 '동적 혁신 지대'와 관련이 있다. 그 메커니즘은 다음과 같다. 사슬이 더 통합되고 활동이 더 확장될수록 생산되는 데이터의 양이 증가한다. 이러

---

29 로그 축은 값이 커질수록 증가 속도를 줄여서 표시하기 때문에, 큰 값과 작은 값을 그래프에서 동시에 쉽게 비교할 수 있도록 돕는 방법이다. 이 축을 사용하면 값의 비율적인 차이를 강조할 수 있어서, 평균 비용과 총비용의 관계를 시각적으로 더 잘 이해할 수 있다—옮긴이.

한 정보는 통합 기능이 집중된 매우 특정한 장소에 축적된다. 사슬을 조직하는 기업들이 정보 시스템을 통제하기 때문에 자연히 데이터도 중앙집중화된다. 이 데이터는 현대 연구·개발 과정에 필수적인 원자재로, 이를 통해 취약점을 파악하고 개선점을 식별하며 혁신적인 해결책을 가상으로 테스트할 수 있다. 지멘스의 CEO 요제프 케저는 데이터란 '혁신의 성배'라고 말한다.[30]

앞서 살펴본 것처럼, 데이터 축적은 인터넷 대기업들의 핵심적인 경제 모델이다. 그들은 사용자들이 생성한 데이터를 이용해서 사용자 경험을 개선하고 맞춤형 광고를 설계하며 개인화된 서비스를 판매할 수 있게 된다. 그러나 데이터의 중요성은 혁신과정에서 이러한 기업들에만 국한되지 않는다. 요제프 케저는 다음과 같이 설명한다.

우리는 전기를 생산하고, 산업 공정을 자동화하며, 스캐너나 MRI처럼 의료 영상을 생성하는 기계를 제작하거나, 사람과 물건을 한 지점에서 다른 지점으로 옮기는 기계를 만든다. 매우 많은 제품을 생산하며, 모든 제품에는 센서가 장착되어 있다. (중략) 우리는 이러한 센서가 생성한 데이터를 수집하고, 자체 소유의 클라우드 플랫폼에서 분석하며, 이를 자체적으로 운영하는 데이터센터에 호스팅한다.[31]

30　Joseph Kaeser et Daniel Gross, "Siemens CEO Joe Kaeser on the next industrial revolution", *Strategy and Business*, 9 février 2016.
31　*Idem.*

산업 공정, 특히 예측 유지·보수 과정에서 생성된 데이터는 연구·개발 과정에서 필수 투입 요소로 작용하기 때문에, 장비 제조업체와 고객 간에 치열한 협상이 이루어지는 지식재산권의 대상이 된다.

월마트와 하청업체의 관계에서는 월마트가 압도적 우위를 차지한다. 아칸소 주 벤턴빌에 본사를 둔 월마트는 2억 4,500만 고객의 활동 데이터를 수집하며, 시간당 100만 건의 거래 데이터를 처리한다. 이 정보는 1만 7,500개 이상의 공급업체에서 모은 물류·운영 데이터에 더해진다. 공급업체들은 자사 제품에 대한 판매 시점 데이터에 접근함으로써 운영을 개선할 수 있다. 그러나 월마트가 이에 대한 대가로 얻는 이점은 훨씬 더 많다. 월마트는 모든 공급업체의 운영을 파악하게 되는데, 여기에는 생산 계획, 제품 설계와 포장은 물론 고객의 정보까지 포함된다.[32]

월마트는 공급업체와 고객 모두를 대상으로 중심적 위치에서 정보의 특권을 누린다. 월마트는 독일 기업 SAP[33]에서 제공하는 'HANA 비즈니스 인텔리전스 플랫폼'이라는 소프트웨어를 활용해 다양한 이해관계자로부터 실시간 데이터를 수집한다. CEO 카렌 안 테렐에 따르면, "HANA는 전체 정보 시스템 위에 떠 있는 플랫

---

32 Nada R. Sanders, "How to use Big Data to drive your supply chain", *California Management Review*, vol. 58, n° 3, 2016, pp. 26~48; Jianfeng Wang, "Economies of IT systems at Wal-Mart. An historical perspective", *Journal of Management Information and Decision Sciences*, vol. 9, n° 1, 2006, p. 45.

33 독일에 본사를 둔 다국적 소프트웨어 기업으로, 기업용 소프트웨어 솔루션을 개발하고 제공하는 세계적인 선두주자로 알려져 있다—옮긴이.

폼"으로 작동해 "혁신이 백오피스[34]에만 국한되지 않게 한다"라고 한다.[35] HANA를 쓰는 회사에는 데이터 카페Data Café가 마련되어 있으며, 이를 통해 기상 예보, 소셜 미디어, 경제 통신, 지역 이벤트를 포함한 200개의 내외부 데이터 흐름에서 실시간으로 제공되는 데이터를 중앙집중화하고 있다. 이 아이디어는 각 부서의 팀이 분석 센터의 전문가들과 직접 협력해서 자신들의 가설을 테스트함으로써 이 독창적인 정보 집합을 활용하는 데 있다.[36]

가치사슬 내에서는 데이터를 통제하기 위한 수직적 경쟁이 존재한다. 데이터의 흐름은 분절된 노동과정 내에서 비즈니스 프로세스를 통합하고 최적화하기 위한 필수 조건이다. 그러나 이러한 통합은 이를 주도하고 조직하는 이들에게 불균형적으로 많은 데이터 접근 권한을 부여한다. 정보 시스템의 구조적 비대칭성과 기업 간 협상력의 불균형 때문에 지배적인 기업들은 파트너의 생산·상업 프로세스를 학습하고, 이러한 정보를 활용해 자사의 혁신 역량을 강화할 수 있는 위치에 있다. 지적 독점화의 역학은 가치사슬 통합을 가능하게 하는 디지털 도구를 통해 생성된 데이터의 중앙집중화에서 비롯된다.

---

34 회계, IT, 인사관리 등의 내부 업무를 가리키며, 고객과 직접 접촉하는 부서는 프런트 오피스라고 한다─옮긴이.

35 Marianne Wilson, "Wal-Mart focuses on speed, innovation with SAP's HANA technology", chainstoreage.com, 6 mai 2015.

36 Bernard Marr, "Really Big Data at Walmart: real-time insights from their 40+petabyte data cloud", *Forbes*, 23 janvier 2017.

지식 독점화 과정은 점점 더 엄격해지는 지식재산권을 통해 전 세계적으로 지식을 대대적으로 폐쇄하는 방식으로 이루어진다. 그러나 이는 거기에만 국한되지 않는다. 생산 공정의 국제적 분절화에 따라 요구되는 설계와 실행 활동의 점증적 분리는 통합 기능을 통해 새로운 지적 지대의 원천을 창출한다. 이는 [표 3]에서 확인할 수 있다.

[표 3] **무형 자산과 관련된 지대의 분류**

유형	설명	예시
지식재산권의 법적 지대		
특허, 저작권, 상표권	생산과 공정, 문화적·과학적 자산, 마케팅 투자에 대한 배타적 권리를 통한 제한	의약품, 소프트웨어의 기능과 코딩, 상표 보호(나이키, 루이비통)에 대한 특허
자연적 독점 지대		
글로벌 가치사슬 통합의 통행료	통합을 뒷받침하는 무형 자산의 수익성, 글로벌 가치사슬 내 네트워크의 상호 보완성, 자산의 특수성으로 발생하는 회수 불가능한 비용	공급망 관리: 애플 자동차 부품 분야의 발레오Valeo, 보쉬Bosch
무형 자산의 차등적 지대		
불균등한 규모 수익	무형 자산이 유형 자산에 비해 불균등한 규모 수익을 가지기 때문에, 가치사슬의 무형 자산 집약적 부문은 더 큰 몫의 이익을 차지할 수 있다.	공장이 없는 제조: 애플과 나이키(조립 공장에 비해), 네스프레소(커피 생산업체에 비해)
동적 혁신 이익		
데이터 수집을 통한 슘페터 마크 II[37]	비대칭적 정보 시스템을 통해 가치사슬 전반에서 생성된 데이터의 중앙집중화 데이터는 슘페터 마크 II 혁신 경로를 지원한다.	기계용 지멘스 센서, 타이어용 굿이어Goodyear 센서, 월마트의 정보 시스템, 아마존의 구매 기록

디지털 기술의 발전은 거대한 지대 경제를 형성하고 있다. 이는 정보가 새로운 가치의 원천이기 때문이 아니라 정보와 지식의 통제, 즉 지적 독점화가 가치를 확보하는 가장 강력한 수단이 되었기 때문이다.

독점의 혼란

> "우리의 상황에서 자유시장은 경쟁을 의미하지 않으며, 오히려 독점을, 그것도 전 세계적인 규모의 독점을 의미한다. 아니, 어쩌면 자본주의적 봉건제를 의미할지도 모른다."
>
> —프레드릭 제임슨[38]

2018년 6월 21일, 앤마리 슬로터는 『파이낸셜 타임스』에 "미디어의 수직적 합병은 너무 19세기적이다"라는 제목의 칼럼을 게재했다.[39] 앤마리 슬로터는 백악관에서 버락 오바마의 전직 고문이

---

37 원래 기업가의 역할을 강조하던 슘페터는 마크 II 혁신 이론을 통해 대기업의 연구·개발과 기술 혁신 역할을 강조하며, 이들이 대규모 자본을 바탕으로 혁신을 주도한다고 설명한다. 또한 비대칭 정보 시스템을 통해 가치사슬에서 생성된 데이터가 중앙집중화되어, 슘페터 마크 II의 혁신 경로에 동력을 제공한다—옮긴이.

38 Fredric Jameson, "In Soviet Arcadia", *New Left Review*, n° 75, 2012, p. 124.

39 Anne-Marie Slaughter, "Vertical media mergers are just so 19th century", *Financial Times*, 21 juin 2018.

자 영향력 있는 재단인 뉴아메리카New America의 대표로 활동하고 있다. 슬로터는 칼럼에서 통신 인프라 소유주와 콘텐츠 제작자 간에 이루어지는 공격적인 합병 움직임을 비판했다. 이는 특히 통신 그룹 AT&T와 CNN, HBO, 영화 스튜디오 등을 소유한 타임워너 Time Warner 간의 합병으로 탄생한 새로운 거대 기업의 등장 배경에서 비롯된 것이다.

1990년대 이후 통신 산업은 대규모로 집중화되었으며, AT&T, 컴캐스트Comcast, 버라이즌Verizon은 사실상 카르텔을 형성하고 있다. 2000년대 후반부터 이들 기업은 웹 중립성에 반대하는 싸움을 시작했다. 이들은 통신 네트워크를 기반으로 수직적으로 통합된 복합 기업을 구축함으로써 지하 케이블과 공중 기지국에서부터 콘텐츠 제작에 이르기까지 미디어 제국의 모든 계층을 통제하려고 한다.

슬로터는 이 계획이 21세기에 실패하게 마련이라고 말한다. 이는 19세기에 철강 거물 앤드류 카네기가 석탄 광산과 제철소뿐만 아니라 철도를 통제하려고 하면서 경쟁자를 배제하려 했던 시대에 걸맞은 책략이다. 정보 시대에 그런 계획은 더는 의미가 없다. "수직적 통합은 플랫폼이 지배하는 시대에 고립된 구조물을 구축하는 것과 같으며, 임대가 중심이 되는 시대에 소유하려는 것이고, 고객들이 개별화된 제품을 원하는 상황에서 대중 시장을 추구하는 것과 같다." 슬로터는 자신의 주장을 뒷받침하기 위해 실리콘밸리의 벤처 투자자인 헤만트 타네자가 최근에 발표한 『언스케일드』라는 책을 인용한다. 이 책에서 타네자는 AI(인공지능)를 통해 혁신적인 소규모 기업들로 이루어진 기업가적 자본주의의 부활을 전망한다.

AI와 디지털 기술에 기반을 둔 경제에서는, 전문성과 민첩성을 갖춘 소규모 기업들이 기술 플랫폼을 활용해 대중 시장을 겨냥해서 설계된 대규모 조직과 효과적으로 경쟁할 수 있다. 이러한 변화는 소규모 기업들이 과거에는 직접 구축해야 했던 것들을 이제 임대할 수 있게 되면서 가능해졌다. 소규모 기업은 클라우드 컴퓨팅을 임대하고, 소셜 미디어를 통해 소비자 접근권을 임대하며, 전 세계 계약 제조업체들에 제조를 위탁할 수 있다. (중략) 과거의 대중 시장은 이제 미시적 시장으로 대체되고 있다. 이것이 바로 축소의 본질이다. 기술이 대량 생산과 대량 마케팅의 가치를 낮추면서, 개인 맞춤형 미세 생산과 정밀하게 타기팅된 마케팅을 가능하게 한다.[40]

할 배리언은 2010년 『아메리칸 이코노믹 리뷰』에서 서비스 플랫폼 모델과 관련해 바로 이런 논지의 주장을 폈다.

오늘날 소규모 기업은 아마존, 구글, IBM, 마이크로소프트, 선마이크로시스템 등과 같은 공급업체로부터 데이터 저장소, 호스팅 서비스, 애플리케이션 개발 환경, 인터넷 연결을 '기성품'처럼 구매할 수 있다. 플랫폼 서비스 모델은 과거에는 소규모 웹 애플리케이션에 고정비로 여기던 것

---

40 Hemant Taneja, *Unscaled, op. cit.,* p. 13.

을 가변비로 전환함으로써 진입 비용을 크게 낮춘다.[41]

흥미로운 점은 실리콘밸리 합의의 이념적 기둥인 기업가적 자본주의의 약속이 여전히 유지되고 있다는 것이다. 인공지능이라는 말을 인터넷으로 바꿔보면, 25년 전 작성된 『지식 시대의 대헌장』의 저자들이 내세웠던 구호와 같다는 점을 발견할 수 있다.

새로운 정보기술은 제품과 사람 모두에서 다양성에 따른 금융 비용을 완전하게 제거해 우리의 제도와 문화에서 '탈대중화'를 이끌어낸다.

앤마리 슬로터는 이 주장을 거리낌 없이 활용한다.

기업은 점점 더 작아질 것이다. 인간 활동을 중앙집중적으로 조직하는 방식이 더는 효율적이지 않기 때문이다. 확실히 미래는 소수 관리자가 기계와 프리랜서, 일반적으로 긱 경제를 감독하는 기업들에 속할 것이다.

이와 같은 맥락에서, AT&T와 워너의 동맹으로 대표되는 구식 독점 기업들은 퇴행적인 선택지 하나만을 남겨두고 있다. 2017년 12월 14일, 미국 연방통신위원회FCC는 인터넷 중립성을 종료하는 결정을

---

41 Hal R. Varian, "Computer mediated transactions", *American Economic Review*, vol. 100, n° 2, 2010, p. 7.

내려 데이터 흐름을 통신 사업자들이 동등하게 처리하도록 보장하는 원칙을 폐지했다. AT&T 같은 인프라 소유자들에게 이는 절호의 기회다. 모바일과 유선 인터넷의 물리적 네트워크를 통제함으로써, 이들은 콘텐츠 제공자들에게 더 많은 요금을 부과하거나 자신들이 제작한 콘텐츠의 배포를 먼저 처리할 수 있게 될 것이다. 그러나 슬로터는 이를 일시적인 기회에 불과하다고 보고 "조심하세요, 거대기업들!"이라고 경고하며, 이 시대에 역행하는 책략이 민첩한 신규 진입자들의 물결에 맞서 오래 버티지 못할 것이라고 주장한다.

앤마리 슬로터의 기고문은 한 번에 두 가지 목표를 달성한다. 한편으로 슬로터는 웹 중립성을 둘러싸고 네트워크 소유자들을 공격한다. 이 소유자들은 뉴아메리카 재단을 후원하는 서부 해안 주요 인터넷 기업들과 갈등을 빚고 있다. 또 한편으로는, 디지털 기업들에 대한 반독점 비판의 부활에 맞서 방어 논리를 제시한다. 슬로터는 이 문제를 공적 논의의 중심에 두고 구식 독점(통신 네트워크)을 공격하면서, 새로운 독점 문제는 의도적으로 회피한다. 그렇게 하면서 실리콘밸리 합의의 이념적 핵심을 다시 활성화하려 시도한다. 즉, 정보기술이 기업가적 자본주의와 불가분의 관계에 있다는 신화를 말이다.

일주일도 채 지나지 않아 당시 『파이낸셜 타임스』 블로그의 '금융시장' 섹션인 '알파빌'의 칼럼니스트였던 알렉산드라 스캑스는 뉴아메리카 재단 대표인 앤마리 슬로터의 기고문을 신랄하게 비판했다. 그는 시작부터 몇 가지 사실을 바로잡았다. 19세기 말과의 역사적 비유는 부정확하다. 슬로터는 카네기의 방어적 수직 통합 전략을 록펠러의 스탠더드 오일 전략과 혼동하는 듯하다. 실제로 록펠러는 경쟁자들이 더 높은 철도 운임을 치르도록 만들어 그들을 배제하는 방법을 썼다. 그러나 이러한 오류가 이념적 과열을 드러내는 징후라고 해도, 핵심은 거기에 있지 않다. 스캑스가 지적한 핵심은 앤마리 슬로터가 오래된 형태의 독점이 초래하는 위협을 비판하면서도 훨씬 더 위험한 모델을 옹호하고 있다는 점이었다.

앤마리 슬로터가 기술 역량을 내부에서 개발하는 대신 임대할 것을 권장할 때, 이를 따르는 민첩한 기업들이 누구에게 그 역량을 임대하는지는 언급하지 않는다. 물론 이 기술 역량을 소유한 누군가가 있다. 그 누군가는 바로 빅테크Big Tech 기업들이다. 그런데 작업 파일을 클라우드에 보관하라고? 언제 어디서나 작업하려면 아마존이나 구글에 비용을 내야 한다. 슬로터가 추천하는 구조(즉, '일반적인 긱 경제')는 약탈적 자본 귀족들 시대의 자본주의 이전에 존재했던 경제구조를 떠올리게 한다. 이 시스템에서 하인들과 다양한 계층의 노동자들은 아무것도 소유하지 않는 특권을 위해 대가를 치르며, 한 개인이나 절대적인 권력을 가진 단체가 통제하는 영토에서 일했다. 이 권력자는 주민들에 대해 절대적인 권한을 행사했으며, 거의 누구에게도 책임을 지지 않았다.
우리가 이야기하고 있는 것은 물론 봉건제다. 기술이 우리를 새로운 봉건 시대로 이끌고 있다는 주장을 뒷받침하는 설득력 있는 논거들이 있다. 점점 더 많은 일상이 빅테크 플랫폼을 통해 이루어지는 이 시대에, 개인들은 이들 플랫폼에 효과적으로 접근하고 단순히 접근권을 유지하기 위해 로보타robota—체코어로 부역과 무상 노동을 뜻하며, '로봇'이라는 단어의 어원이기도 하다—를 제공해야 한다는 것이다.[42]

이 비판은 강렬하며, 두 가지 접근방식을 결합하고 있다. 첫 번째는 젊은 법률가 리나 칸과 이른바 '힙스터 반독점' 학파의 연구를 통해 대두된 새로운 세대의 반독점 논거를 활용한다(부록 II 참조). 두 번째는 앞서 언급한 데이터의 추출과 활용 문제를 바탕으로 빅테크에 대한 비판을 제기하는 것이다. 그러나 무엇보다도 그는 새로운 경제가 역설적으로 봉건화될 가능성을 제시하며, 이를 더 깊이 탐구할 가치가 있는 방향으로 제시한다. 나는 이를 '기술 봉건주의 가설'이라고 부른다.

---

42 Alexandra Scaggs, "The node to serfdom", *Financial Times*, Alphaville (blog), 2018.

4장

기술 봉건주의
가설

봉건주의란 무엇인가?

> "경제학자들은 독특한 방식으로 접근한다. 그들에게는
> 두 종류의 제도만 있을 뿐이다. 하나는 인위적인 제도고,
> 다른 하나는 자연적인 제도다. 봉건제는 인위적인 것이
> 고, 부르주아 제도는 자연적인 것이다."
>
> —카를 마르크스[1]

  마르크스는 경제학이 일반적으로 사회 조직의 근본적인 형태 변
화를 사고하는 데 무능하다고 경고했다. 그가 살던 시대의 고전 경
제학자들도 오늘날의 주류 경제학자들처럼 당대의 경제를 구성하
는 시장관계를 자연스러운 것으로 간주하며, 그 원칙이 영원히 유효
하다고 본다. 그들의 관점에서 합리적인 것은 산업 자본주의와 상
업 자본주의 경제의 작동 규칙에 부합하는 것이다. 그것에 부합하
지 않는 것은 비합리적이고 구시대적이며 결국 이해할 수 없는 것
으로 여겨진다.[2] 우리의 시각을 새롭게 하고, 어쩌면 현재 진행 중
인 변화를 더 잘 이해할 기회를 얻기 위해서는, 자본주의의 '자연스

---

1 Karl Marx, *Misère de la philosophie* [1847], marxists.org, p. 72.
2 Maurice Godelier, *Rationalité et irrationalité en économie*, vol. 2, Maspero, Paris, 1969, p. 192.

러움'에 대해 끊임없이 나타나는 이상 현상에 더 주의를 기울여야
한다.

오늘날 조금만 주의를 기울여보면, 봉건주의의 유령들이 곳곳에
존재한다.[3] 철학자·법학자·인류학자는 우리 시대의 문제를 고찰하
기 위해 망설이지 않고 지나간 시대를 참조한다. 그들의 관심사는
서구 사회에서 민주적 과정의 약화, 세계화 속에서 법질서의 분열,
경영 관행에서 소유권 동기의 만연 같은 문제다.[4]

---

3 이 아이디어는 티에리 라비카의 미발표 글인 「'신봉건주의' 또는 디스토피아화된 신자유주의
의 통찰」(mimeo, 2011)을 읽으면서 얻었다. Thierry Labica, "'Neofeudalism' or the insights
of neoliberalism dystopianized", miméo, 2011.

4 3장에서 논의한 하버마스의 공적 영역 재봉건화 개념 외에도 주목할 만한 세 가지 사례를 들
수 있다. 인류학자 캐서린 베르더리는 1990년대 초 중부 유럽과 동유럽이 경제적으로 퇴행
하고 있을 때 '사회주의에서 봉건주의로의 전환'이라는 가설을 제시했다. 그는 경제 자유화
조치의 충격에 대응해 경제 공간의 분열 논리와 지역적 충성을 기반으로 한 네트워크의 재구
성이 이루어진 점을 지적한다.
"프랑스에서는 법학자들이 독립기구의 성장, 형사 절차법의 법률 홍수, 사회법과 스포츠 활
동 분야에서 자율규제의 확대 가능성에서 봉건주의의 흔적을 발견하고 있다. 이러한 법 창출
과정에서 드러난 사회적·제도적 주체와 원천의 다양성은 통일성의 부재와 공익이라는 규제
적 개념의 약화를 초래한다. 그러나 법의 다원성은 1789년 이후의 법 원칙이 대항했던 구체
제의 특징적인 요소였다. 이러한 다원성은 개인적 관계와 의존성이 지배적인 봉건제 시스템
안에서 드러났던 다양한 영주권의 존재와 연결되어 있다.
마지막으로, 데이비드 그레이버는 '쓸모없는 일자리bullshit jobs'라 불리는, 무의미하고 흥미
를 잃게 만드는 일자리가 어떻게 우리 사회에서 확산했는지 질문한다. 이는 성과와 그 측정
가능성에 집착하는 사회에서조차 나타나는 현상이다. 그는 이 현상이 정치와 경제의 새로
운 형태의 불분명성에서 비롯되었으며, 이는 자본주의 원칙과 단절된 채 '관리 봉건주의'를
탄생시킨다고 주장한다. 이 관리 봉건주의는 자원 소유, 배분, 할당 과정의 우위를 특징으로
한다.
Cf. Katerine Verdery, *What Was Socialism, and What Comes Next?*, Princeton University
Press, Princeton, 1996, chapitre VIII; José Lefebvre (dir.), *L'Hypothèse du néo-féodalisme.*
Le droit à une nouvelle croisée des chemins, CEPRISCA/PUF, Amiens/Paris, 2006; Alain

내 질문은 더 구체적이다. 이는 현재의 일부 경제적 경향을 설명하는 데 봉건주의 개념이 적절한지에 대한 것이다. 이에 답하기 위해, 먼저 이 용어의 본래 의미로 돌아가야 한다. 봉건주의는 서유럽 중세 사회의 조직과 관련된 역사적 개념이다. 또한 곧 살펴보겠지만, 매우 독특한 사회경제적 형태를 지칭하는 명칭이기도 하다.

여기서 목표는 이를 완전하게 설명하는 것이 아니라 이 생산양식의 개략적인 모습을 그려보고, 그 구조적 논리를 도식화하는 데 있다. 이는 제한된 몇 가지 특징에서 출발해 이 양식의 사회경제적 역동성을 구성하는 기본적인 사회적 관계의 연결구조를 의미한다.

인간과 토지에 관한 권력

9세기와 10세기 중세 서유럽은 "소수의 '권력자들'이 대다수의 '농민'을 착취하며 압도적으로 지배하는 급격히 계층화된 사회"였다.[5] 조르주 뒤비는 봉건제 조직의 주요 효과는 극도로 가난한 환경에서 이루어졌다고 말한다.

Supiot, *La Gouvernance par les nombres*, cours au Collège de France, 2012-2014; Alain Supiot, *Poids et mesures du monde*, Institut d'études avancées de Nantes/Fayard, Nantes/Paris, 2015; David Graeber, *Bullshit Jobs*, Les liens qui libèrent, Paris, 2018, chapitre V.

5   Georges Duby, *L'Économie rurale et la vie des campagnes dans l'Occident médiéval. France, Angleterre, Empire, IXe-XVe siècle. Essai de synthèse et perspectives de recherches*, Flammarion, Paris, 2014, pp. 102~105.

사람들 대부분이 빈약한 수확을 위해 지치도록 일했는데, 농민 가구가 극심한 절약을 통해 적은 양의 여분을 마련하면, 이를 작은 규모의 지도 자들과 기생 세력이 빨아들이는 체계였다. 그 잉여는 사치에 집착하며 부의 파괴로 자신의 위대함을 과시하려는 귀족 계층의 낭비와 착취 때 문에 빠르게 소멸되었다.[6]

이렇게 극심한 사회적 양극화는 소비를 목적으로 하는 부의 점 유와 집중 과정에서 비롯된다. 뒤비는 귀족의 본질을 이렇게 설명 한다. "귀족은 항상 궁핍에서 벗어나 있어야 했으며, 굶주린 이들 사 이에서도 언제나 풍족함을 유지해야 했다." 이처럼 권력, 과시, 사치 는 서로 밀접하게 연결되어 있다. 지배층은 물질적으로 풍요로워야 사람들에 대한 권력을 유지하고 재생산할 수 있기 때문이다. 그들 은 "내일에 대한 걱정 없이 항상 식량을 주변에 나누어주고, 자신의 '가족'을 확장하며, 의무를 진 사람들의 집단을 늘릴 수 있는 수난 을 가져야 했다."[7] 권력자들은 경제적 안정과 정치적 안정을 동시에 제공하는 영지를 기반으로 통치한다.

귀족 계층은 알랭 게로가 **'도미니움dominium'**이라 부르는 권력을 행사하는데, 이는 봉건주의의 근본적인 연결고리를 형성한다. 이는 "지배자와 피지배자 간의 사회적 관계로, 지배자들이 사람과 토지

---

6   *Ibid.*, p. 135.
7   *Ibid.*, p. 105.

에 대한 권력을 행사하는 관계"였다.[8] 영주와 그에게 의존하는 생산자의 관계는 토지에 뿌리를 두고 있다. 이 관계는 다양한 신분과 거주 형태를 가지고 있더라도, 땅에 묶여 있다는 이유로 '그 땅의 주인'의 지배를 받는 영지의 모든 주민에게 적용된다. 교회 또한 이 도미니움 관계에 포함된다. 시대와 지역에 따라 교회는 전체 토지의 4분의 1에서 3분의 1을 소유하고 있었다. 따라서 주교와 수도원의 권력자들은 완전한 자격을 갖춘 봉건 영주였으며, 영적 기능을 통해 더욱 권력을 강화했다. 이를 통해 그들은 사회구조 전체를 지탱하는 역할을 했다.

그러나 봉건적 지배는 완전하지 못했다. 중앙 권력이 부재하고 영지들이 뒤엉킨 상황에서 주권이 분열되었으며, 농민이 자율성을 유지할 여지가 있었다. 특히 프리드리히 엥겔스가 지적했듯이, 공동 토지 소유는 "가장 가혹한 중세 농노제 아래에서도, 억압받는 계층인 농민에게 고대의 노예나 현대의 프롤레타리아가 가지지 못했던 지역적 결속과 저항 수단을 제공했다."[9] 중세의 공유지는 경제적이자 정치적인 자원이다.

도미니움이 봉건제의 중심 제도라 할지라도 그것이 유일한 제도

---

8 Alain Guerreau, "Le concept de féodalisme: genèse, évolution et signification actuelle", HAL, 1997, p. 2.

9 Friedrich Engels, *L'Origine de la famille, de la propriété privée et de l'État*, trad. Jean-Marie Tremblay, Université du Québec à Chicoutimi, "Les Classiques des sciences sociales", 2002, en ligne.

는 아니다. 그와 관련된 형태 중 하나가 농노제다. 봉건 사회의 지속적 특징인 이 제도는 농촌 인구의 10~20퍼센트에 영향을 미쳤다.[10] 노예와 달리 농노는 주인의 소유물이 아니지만, 그렇다고 자유로운 것도 아니다. 특히 결혼과 상속 같은 사회적 삶의 중요한 순간에 농노의 자유는 엄격히 제한되었다. 흔히 말하듯, "농노는 토지에 묶여 있다." 이는 그가 영지에 머물러야 할 의무를 뜻한다. 농노의 부역 부담은 전적으로 영주의 재량에 따라 결정되었으며, 이는 다른 의존 계층의 의무보다 더 큰 영향을 받았다.

봉건제의 또 다른 핵심 제도인 봉신관계는 인구의 극소수인 귀족 계층에 한정된다. 그러나 봉신관계는 중요하다. 이는 다른 형태의 결속과 함께 연대의 관계를 형성하고 권력 분배를 조직함으로써 사회 내 많은 관계를 조율하기 때문이다. 토지에 대한 통제의 상당 부분은 봉신관계를 통해 이루어진다. 이는 비대칭적인 관계다. 봉신은 영지를 부여받는다. 그는 특정 지역과 그 주민에 대한 영주권을 양도받아 자신의 지위를 유지하고 의무를 이행해야 한다. 봉신은 영주의 보호를 받는 대가로 영주에게 의무를 지니며, 그의 군사 활동에 참여해야 할 뿐만 아니라 재정적 지원이나 자문을 통해 도움을 제공해야 한다. 첫 번째 측면은 매우 중요하다. 봉건 군대의 형성은 바로 이에 기반을 두고 있기 때문이다. 그러나 영주권은 매우 불안정하다. 막스 베버는 다음과 같이 강조한다.

---

10   Jérôme Baschet, *La civilisation féodale*, 2018, chapitre II.

봉신은 복종해야 하며, 영지를 차지하고 행정 수단을 장악한 행정 권력에 대해 개인적인 충성을 바칠 의무가 있다. 실제로 영주와 봉신은 영주권을 놓고 만성적 권력 투쟁을 벌였다.[11]

전쟁은 봉건제의 규율과 재생산에서 중요한 역할을 한다. 전쟁은 귀족 계층 내부의 연대를 시험하고, 경쟁하는 영주들 사이의 갈등을 조정한다. 제롬 바셰는 전쟁이 농민의 복종을 재생산하는 데도 중요한 역할을 한다고 지적한다. 그는 약탈의 주요 희생자인 농민이 영주의 보호를 필요로 한다는 점을 상기시킨다.[12] 전쟁은 영주가 통제하는 토지의 경계를 설정하고, 그 토지에 거주하는 사람에 대한 지배를 확립한다. 영주의 공적 권위는 영지 내의 사법 집행과 질서 유지를 통해 나타난다. 이와 동시에 외부와의 관계에서는 군사적 불안정성 때문에 더욱 중요한 성격을 띠는 보호 기능을 수행한다.

도미니움, 농노제, 봉신관계는 역사가들이 봉건 사회를 이해하기 위해 활용하는 기본 범주다. 이 사회에서는 정치와 경제가 본질적으로 구분되지 않으며, 폭력이 지배적인 규율 원칙으로 작용한다. 이러한 이유로 봉건적 관계는 지배와 보호라는 문제를 중심으로 조직된다.

---

11 Max Weber, *Économie et société. Tome premier, op. cit.*, p. 339.
12 Jérôme Baschet, *La Civilisation féodale. De l'an mil à la colonisation de l'Amérique*, Flammarion, Paris, 2018, e-book, p. 2195.

농노제는 효율적인 계약인가, 약탈인가?

경제사 분야의 신제도주의 이론가들과 마르크스주의 저자들은 그들만의 독특한 관점을 취한다. 그들의 목표는 봉건 시대를 다양한 측면과 변형 속에서 이해하는 것이 아니다. 대신, 자본주의와는 다른 사회적 구성을 분석적으로 특징지을 수 있는 제한된 핵심 관계를 추출하는 데 있다. 따라서 그들은 봉건제의 본질을 파악하기 위한 결정적 제도로 여겨지는 농노제에 주목하게 되었다. 이는 역사적 관점에서 보면 전적으로 논란의 여지가 있는 전제지만, 이론적으로는 매우 풍부한 가능성을 지닌다.

1971년의 한 논문에서 더글러스 노스와 로버트 토머스는 새로운 경제 이론인 재산권과 제도적 변화 이론을 봉건제, 그 위기, 이후 서구 세계의 경제적 발전을 분석하는 데 적용할 것을 제안했다. 이를 위해 그들은 계약 경제학을 활용한다. 그들은 다음과 같은 가설에서 출발한다. 경제가 꾸준히 성장하려면, "제도적 발전이 토지의 사적 소유와 자유로운 노동시장에 상응하는 것을 창출하거나 촉진하거나 제공해야 한다."[13] 따라서 '영주제의 흥망'에 대한 경제적 분석은 18세기 말부터 서구 세계에서 경제성장의 가속화를 이해하는 데 필수적이다.

---

13 Douglass C. North et Robert P. Thomas, "The rise and fall of the manorial system. A theoretical model", *The Journal of Economic History*, vol. 31, n° 4, 1971, p. 778.

이 신제도주의 경제학자들은 농노제를 통해 봉건제를 면밀하게 분석한다. 그들은 농노제가 '비자발적 예속의 형태'도, '착취방식'도 아니라고 간주한다. 그들은 농노제를 다르게 본다. 그것은 "본질적으로 정해진 노동 서비스가 보호와 정의라는 공공재와 교환되는 계약적 합의"였다.[14] 그들은 자신들의 주장을 다음과 같이 요약한다.

전반적으로 무질서한 상황은 농민들이 뛰어난 군사 기술과 장비를 갖춘 전문화된 개인들에게 의존하도록 만들었다. 이는 공공재의 고전적 사례로, 한 농민 가정을 보호하는 것이 이웃 가정의 보호로 이어진다는 것을 의미한다. 따라서 농민은 이웃에게 비용을 떠넘기려는 경향을 보였을 것이다. 이러한 상황에서는 방어에 필요한 자원을 확보하기 위해 일정한 형태의 강제가 필요했다. 영주의 군사적 힘은 그에게 이러한 자원을 징수할 수 있는 권력을 부여했다. 논리적으로 이는 또한 그를 분쟁 해결을 담당하는 인물로 만들었다. (중략) 이처럼 영주는 매우 이른 시기부터 보호자 역할뿐 아니라 정의를 실현하는 권한도 갖게 되었다.[15]

영지 내 농노제에 관한 이 계약 이론은 초기 상황을 묘사하는 세 가지 전제에 기반을 두고 있다.
1) 정치적 무정부 상태에서 비롯된 전반적인 불안정 상황.

---

14 *Idem.*
15 *Idem.*

2) 군사적 능력을 가진 계층과 그러한 능력이 없어 보호가 필요
한 계층의 존재.

3) 영주의 보호가 비경합성과 비배제성을 지닌 공공재의 성격을
띤다는 점.

이 세 가지 전제에 더해, 계약 논리를 뒷받침하기 위해 두 가지
필수적인 가설이 추가된다.

4) '초보적인 노동시장'[16]이 존재했다. 이는 농노들이 근본적으로
자유로웠음을 의미한다. 실제로 노스와 토머스는 노동 통제를
위한 영주들 간의 경쟁, 중앙 권력의 부재, 광범위한 미개척지
의 존재가 농노에게 탈출 옵션을 제공했다고 본다.

5) 농민이 "영주가 계약 조건을 일방적으로 변경할 때라도 보호"
받았다는 사실.[17]

노스와 토머스는 이러한 다섯 가지 점에 근거해 농노제가 "무정
부 상태, 지역적 자급자족, 차별화된 군사적 능력"이라는 상황에 대
한 "효율적인 해결책"임을 주장할 수 있다고 믿었다.[18]

그들의 처음 두 가지 주장은 수용할 만한 단순화로 간주할 수 있
지만, 나머지 세 가지는 매우 문제가 많다. 우선, 보호는 공공재가
아니라 배급 가능한 서비스였다고 반박할 수 있다.[19] 현대 국가 간의

---

16 *Ibid.*, p. 779.
17 *Idem.*
18 *Ibid.*, p. 802.
19 Stefano Fenoaltea, "The rise and fall of a theoretical model: the manorial system", *The*

상호 억제나 중세 도시의 성벽과는 달리, 요새화된 성은 농민들이 재산을 빼앗기지 않도록 보호하지 못했다. 마을과 농가는 성벽 밖에 있었다. 게다가 사람들도 차별 없는 보호를 보장받지 못했다. 성안에 들어갈 수 있는 공간은 제한적이었으며, 특히 영주는 개별 인물에게 보호를 제공할지 말지를 결정할 수 있었다. 이러한 경합성과 배제 가능성의 특징 때문에, 농민의 보호는 결코 공공재가 아니었으며, 농민은 영주의 자의성에 휘둘릴 수밖에 없었다. 정의 역시 공공재가 아니었다. 개인은 어떠한 보장도 받지 못했으며, 영주의 마음에 따라 무법자로 취급될 수 있었다.

다음으로, 초보적인 노동시장이 존재했다는 주장은 잘못되었다. 농민은 영주가 제공하는 다양한 보호 조건을 경쟁에 부칠 수 있는 위치에 있지 않았다. 이는 당시 교통로가 접근하기 어렵고 위험한 상황에서 이동과 관련된 높은 비용을 치러야 했기 때문이다. 게다가 화폐 유통이 부족했기 때문에 농민은 다음 수확기까지 생존할 수 있도록 도구와 식량 비축물을 가져가야 했을 것이다. 탈출은 많은 수입 손실을 수반했을 것이다. 미개간지가 존재했더라도, 이미 경작 중인 땅과 같은 수확량을 내기 전에 반드시 개간되고 준비되어야 했기 때문이다.

마지막으로, 탈출이 집단적으로 이루어졌다고 해도 영주의 감시와 보복을 피하는 데 성공한다면, 이는 필연적으로 스스로 보호자

Journal of Economic History, vol. 35, n° 2, 1975, p. 388.

라 주장하는 새로운 권력자의 관심을 끌게 되었을 것이며, 결국 그 집단은 원래의 상황으로 되돌아갔을 것이다. 노스와 토머스에 대한 초기 비평가 중 한 명은 이렇게 요약한다.

> 따라서 농노는 현재 위치에서 농노제를 감수하거나, 이주 비용과 정착 비용을 상당히 치른 끝에 고립 상태(그에 따른 불이익 포함)로 돌아가거나, 아니면 다른 곳에서 다시 농노 상태로 돌아가는 선택지를 가질 뿐이었다.[20]

두 저자가 강조한 마지막 주장, 즉 농민이 계약 조건의 자의적인 변경으로부터 보호받았다는 생각은, 로버트 브레너가 상기시키듯이, 봉건제의 특성을 이루는 핵심 요소와 정면으로 모순된다.

> 엄밀히 말해서, 영주의 자의적인 착취와 농민 이동에 대한 통제가 결합해 중세 농노 경제의 특성을 형성했다. 이는 계약을 통한 동등한 교환이 아니라 직접적인 힘의 행사로 잉여물을 추출하는 방식이었다.[21]

노스와 토머스는 영주들이 공동 방어를 위해 필요한 자원을 농민들에게서 얻어내기 위해 '일종의 강제력'을 행사해야 한다고 언급

---

20 *Ibid.*, p. 389.
21 Robert Brenner, "Agrarian class structure and economic development in preindustrial Europe", *Past & Present*, vol. 70, n° 1, 1976, p. 35.

하면서 스스로 모순에 빠졌다. 계약이냐 강제냐, 선택해야 한다. 노스와 토머스의 모호함은 그들의 접근방식이 막다른 길에 다다랐음을 보여준다. 높은 탈출 비용과 제한된 보호 제공 탓에 농민은 영주의 자의성에 휘둘릴 수밖에 없었다. 따라서 보호와 정의의 실행은 계약적 합의의 틀 안에서 자유롭게 얻을 수 있는 서비스가 아니었다. 이와 반대로, 메르다드 바하비가 요약했듯이 "농민에게 보호의 대가는 착취였다."[22]

농노제를 이해하는 또 다른 방식은 폭력을 기반으로 한 전유적 자원 배분 메커니즘으로 정의할 수 있는 약탈 개념에서 출발한다.[23] 초기 상황부터 약탈자는 희생자보다 우월한 위치를 점한다. 이러한 근본적인 비대칭성은 이 관계 유형의 본질적인 요소를 이룬다.[24] 이 정의를 기준으로 보면, 봉건제는 영주와 신하들 간의 약탈적 관계의 우위를 특징으로 할 수 있다. 영주는 신하들을 보호하지만, 동시에 그들에 대해 실질적이거나 잠재적인 폭력이라는 비경제적 강제를 행사하며, 이는 대가를 착취하기 위한 조건이 된다. 약탈 개념이 계약 개념보다 봉건제의 특징을 더 잘 이해하는 데 도움을 줄 수는 있지만, 봉건제의 구조 전체를 파악하기에는 여전히 부족하다.

---

22 Mehrdad Vahabi, *The Political Economy of Predation. Manhunting and the Economics of Escape*, Cambridge University Press, New York, 2016, p. 295.

23 *Idem.*

24 *Ibid.*, p. 100.

봉건제 위기의 사회정치적 원인

마티외 아르누는 11세기에서 13세기까지의 성장 역학에서 결정적인 요인을 인구학적 또는 기술적 변화가 아닌 "농민 노동 공급의 대규모적이고 지속적인 증가"로 보았으며, 이는 혁신적인 관점이었다. 문제는 "무엇이 농촌 주민으로 하여금 노력을 강화하게 만들었는가"를 이해하는 것이다.[25] 아르누는 이러한 노동 가치 혁명이 중세 사회에서 노동의 위치가 변화하는 맥락에서 이루어졌다고 보았다. 이 시기에 세 가지 뚜렷한 계층으로 구성된 중세의 사회정치적 구조가 강화되었는데, 한편으로는 노동의 존엄성을 도덕적으로 인정하고, 다른 한편으로는 교회 십일조를 포함한 재분배 메커니즘을 제도화해서 가난한 사람들을 돕는 역할을 했다. 이러한 요소들이 함께 작용해서 노동의 가치를 높이고, 그 결과 노동을 강화하는데 기여한다.[26] 이 해석은 매우 흥미롭지만, 14세기 초반부터 나타난 경제 침체의 이유를 설명하지 못하고, 상황이 재앙적으로 전개되

---

25 Mathieu Arnoux, *Le Temps des laboureurs. Travail, ordre social et croissance en Europe (XIᵉ-XIVᵉ siècle)*, Albin Michel, "L'évolution de l'humanité", Paris, 2012, p. 13. 마르티노 니에두는 신제도주의 경제학적 관점에서 이 주제에 대해 흥미로운 논의를 제시했다. Martino Nieddu, "Pourquoi lire Le Temps des laboureurs lorsqu'on est économiste, de surcroît régulationniste et travaillant sur les patrimoines économiques collectifs?", *Revue de la régulation*, n° 14, 2013.

26 14~15세기 대흑사병의 여파 속에서 유럽 사회가 놀라운 회복력을 보여준 데서도 같은 논리가 작용했다. Cf. Mathieu Arnoux, "Croissance et crises dans le monde médiéval, XIVᵉ-XVᵉ siècle", *Les Cahiers du monde russe*, vol. 46, n° 1~2, 2005, pp. 115~132.

기 전의 여러 원인을 간과하고 있다.

중세의 팽창을 설명하기 위해 이삭 조슈아는 아르누의 해석과 부분적으로 다른 분석을 제시한다.『중세의 숨겨진 얼굴』에서 그는 이 시기 생산력의 변화, 즉 생산의 양적·질적 측면의 변혁이 본질적으로 영주 자본의 등장에 기인한다고 주장한다. 중세 초부터 영주들이 수입의 일부를 쟁기나 물레방아 건설에 필요한 장비를 사들이는 데 쓰기 시작한 것은 점차 시장관계에 편입되는 과정과 맞물려 있다. 이는 이윤을 추구하는 자본주의적 투자 논리의 시작이었으며, 그 결과 임금 노동이 고용되기에 이르렀다. 따라서 "생산력의 발전은 영주 수입에서 토지와 인적 소유가 차지하는 비중에 반비례한다."[27] 즉, 중세의 제한적인 생산력 발전은 경제적 지배가 노동 통제에서 생산수단 통제로 전환되기 시작하는 범위 내에서만 이루어진다. 그는 10세기에서 13세기 사이의 뚜렷한 팽창 시기가 이처럼 자본주의적 논리로 서서히 전환한 데서 비롯된 것이라고 추론한다. 이와 반대로, 14세기 봉건제 위기를 초래한 생산력 발전의 저해 요인은 영주들의 강제력에 기반을 둔 토지와 인적 소유에 대한 지대의 지속성에 있다.

로버트 브레너는 경제발전의 정체 문제에 주목하며, 그 안에서 착취가 담당하는 역할을 구체적으로 설명했다. 노스와 토머스 같은

---

27 Isaac Johsua, *La Face cachée du Moyen Âge. Les premiers pas du capital*, La Brèche, Montreuil, 1988, p. 219.

수준의 추상성과 일반성을 염두에 두고, 그 또한 농노제를 기본적인 관계로 간주하지만, 그들과 달리 이 관계가 계약적이라고는 전혀 생각하지 않는다. 이는 농민이 영주의 엄격한 비경제적 강제력 행사로 '불평등한 교환'을 강요받는 '권력관계'다. 이러한 농노제 정의를 통해 브레너는 단순히 인구 동태에 의존하지 않고 계급관계의 배열에 토대를 둔 설명을 제공한다.

실제로 오랫동안 13세기 말부터 시작된 중세 경제의 침체는 맬서스적 모델로 설명되었다. 봉건 사회는 생산성을 향상시킬 수 없었기 때문에 인구 증가와 제한된 토지 사이에서 압박받았다. 인구 증가는 초기에는 확장을 가능하게 하지만, 곧 토지의 과잉 이용을 초래해 농업 생산성이 하락하고 비옥하지 않은 토지를 추가로 개간하게 만든다. 그 결과, 농민들의 수입은 감소하고 식료품 가격은 상승하게 된다. 그리고 농업 생산성 향상이 이루어지지 않는 상황에서 인구 과잉은 결국 기근을 초래하게 된다. 이 시스템은 인구변화에 따라 확장과 빈곤의 단계가 교대로 나타나며 자체적으로 균형을 이루는 방식으로 작동한다. 에마뉘엘 르 루아 라뒤리는 랑그도크 농민사 연구에서 이 순환 모델이 중세의 거의 6세기에 걸쳐 유효했음을 입증한다. 그는 "맬서스는 너무 늦게 왔다"라고 썼다.[28] 이는 맬서스모델이 산업 시대의 경제성장을 설명하기에는 부적합했지만, 혁명

---

28 Emmanuel Le Roy Ladurie, *Les Paysans de Languedoc* [1977], tome I, De Gruyter Mouton, Berlin, 2017, p. 652.

이전의 구체제 사회의 동태를 적절히 설명했다는 것을 의미한다.

맬서스적 분석이 경험적 측면에서는 설득력을 갖추고 있지만, 핵심적인 문제는 설명하지 못한다. 왜 중세 경제는 생산성을 향상시킬 수 없었는가? 르 루아 라뒤리는 자본, 기업가 정신, 혁신의 부재를 언급하지만, 그 원인에 대해서는 설명하지 않는다. 브레너는 바로 이 지점에 초점을 맞추며, 농민과 영주 간의 관계 배열을 통해 경제적 역학을 설명한다. 그의 주장은 다음과 같다.

> 장기적인 정체의 맬서스적 순환은 '경제 잉여의 추출관계'를 포함한 계급구조와 계급관계의 결과로만 완전히 이해될 수 있다. 마찬가지로, 경제발전도 새로운 생산 조직 형태, 기술 혁신, 생산적 투자 수준의 증가를 촉진하는 새로운 계급관계의 출현 결과로만 오롯이 이해될 수 있다.[29]

즉, 인구변화나 상업적 변화가 장기적인 소득 분배와 경제발전에 미치는 영향을 결정하는 것은 계급구조이며, 계급구조가 인구변화나 상업적 변화를 결정하는 것이 아니다. 브레너는 맬서스적 함정으로 이어지는 부유와 빈곤의 인구 주기 반복을 두 가지 요인으로 설명한다.[30]

첫 번째 요인은 영주의 잉여물 착취다. 생존에 필요한 최소한의

---

29 Robert Brenner, "Agrarian class structure and economic development in preindustrial Europe", *loc. cit.*, p. 37.

30 *Ibid.*, pp. 47~51.

자원만 남은 농민은 토지의 질을 개선하거나 심지어 유지하는 데 필요한 투자를 할 수 없었다. 현물이나 금전 형태의 영주 부담에 짓눌린 농민들은 자원을 축적할 여력이 없었다. 가축 문제는 여기에서 중요하다. 가축은 경작에 도움을 주고 토양을 비옥하게 만들어 생산성을 올리는 데 한몫한다. 그러나 식량이 부족할 때는 목초지로 할당된 땅에 경작지를 확대하면서 수확량을 떨어뜨리고 인구 위기를 심화시킨다.

두 번째 요인은 영주들이 착취한 잉여물이 대부분 생산적이지 못하고, 과시적 소비와 군사비로 낭비되었다는 점이다. 이러한 지출은 그들의 지위를 유지하고, 충성을 맹세한 집단을 재생산하며, 궁극적으로는 그들의 사회적 위치가 달려 있는 영토 통제권을 보존하거나 확대하기 위해 필요했다. 그러나 중세의 영주들은 여력이 있을 때 토지 취득에 투자했다.

> 한 지역이나 국가 전체에서 귀족이나 남작의 지위, 정치적·군사적 위기 상황에서 모집하고 동원할 수 있는 지지자들, 딸의 결혼과 양육을 위한 준비나 가족 간 동맹을 형성하는 능력, 심지어 종교적·자선적 기부를 통해 자신의 영혼을 구원할 수 있는 능력 등 실제로 봉건 영주가 누리는 모든 혜택과 특권은 그의 영지 규모에 달려 있었다. 이런 이유로 영주들은 저축 대부분을 생산적인 용도로 쓰지 않았다.[31]

---

31 Michael M. Postan et John Hatcher, "Population and class relations in feudal society", in

영지는 토지나 이를 장악하기 위한 군사 장비에 투자하는 광범위한 논리에 따라 운영되었다. 페리 앤더슨이 강조하듯, 봉건제에서는 부를 생산하는 것보다 부를 강탈하는 것이 더 유리하게 여겨졌다.

봉건제 아래에서 전쟁은 지배 계급이 잉여물을 가장 합리적이고 신속하게 확장하고 추출하는 방식이었을 것이다. (중략) 중세에 농업 생산성은 결코 정체되지 않았으며, 교역량도 마찬가지였다. 그러나 영주들에게 이 두 가지는 영토 정복이 가져다주는 대규모의 즉각적인 '수익률'에 비해 수입을 매우 느리게 증가시켰다. (중략) 따라서 봉건 지배 계급의 사회적 정의가 군사적 성격을 띠는 것은 당연한 일이었다.[32]

봉건 영주들은 정복 전쟁에 참여해 농업 투자에서 기대할 수 있는 수익보다 훨씬 더 매력적인 이익을 얻었다. 그러다 보니 군사적 경쟁의 우위는 봉건적 경쟁을 제로섬 게임으로 만들었다. 그들에게 주요 목적은 생산 효율성을 개선하는 것이 아니라, 토지와 그곳에서 일하는 사람들을 통제하는 것이었다.

브레너는 생산성 향상이 더딘 또 다른 이유로 노동 이동성과 토

Trevor Henry Aston et Charles H. E. Philpin, *The Brenner Debate. Agrarian Class Structure and Economic Development in Pre-Industrial Europe*, vol. 1, Cambridge University Press, New York, 1987, pp. 77~78.

32 Perry Anderson, *Lineages of the Absolutist State*, N.L.B., Londres, 1974, p. 31.

지 소유에 대한 제약을 지적한다. 영주들은 생산을 어렵고 불확실하게 재조직하는 대신, 농민들을 억압하고 통제해서 수익을 더 쉽게 증대시킬 수 있는 환경을 조성한다. 농민은 자신의 경작지를 더 효율적으로 경작할 수 있는 다른 농민에게 자유롭게 양도할 수 없었고, 이는 더 넓은 영지의 형성을 방해했다.

잉여물이 생산과정에서 멀리 떨어진 영주의 손에 집중되어 비생산적으로 사용되는 것과 생산요소의 고정화가 봉건제에서 생산성 침체를 초래한 두 가지 결정적인 원인이다. 이 두 요인은 서로를 강화한다. 귀족들이 수익을 늘리기 위한 쉬운 해결책으로 농민들에게 압박을 가하는 것은 농민들의 해방의지를 억누르는 한편, 생산자들에게 투자를 위한 필수 자원을 박탈함으로써 생산과정의 개선을 저해한다.

브레너의 접근법은 기계론적이지 않으면서도 물질주의적 시각을 취하며, 농민들이 영주에 맞서 벌이는 투쟁의 결과를 열린 가능성으로 남겨둔다.[33] 부역의 수준, 지대, 이동의 자유, 토지 통제를 둘러

---

33 최근 강제 노동에 대한 경제적 이론화는 브레너의 주장을 부정하지 않는다. 노동의 상대적 희소성과 강제 노동은 서로 모순되는 두 가지 효과로 연결되어 있다. 한편으로, 노동의 희소성은 그 가치를 높인다. 이는 생산비용을 증가시키고 노동의 가치를 상승시켜 강제를 강화하도록 만든다. 다른 한편으로, 노동의 희소성은 비강제적 부문에서 노동의 한계 생산성을 증가시켜 강제 노동 외부의 기회를 확대한다. 따라서 강제 노동에서 벗어나는 상대적 비용이 감소하게 되며, 이는 강제 수준과 그에 따른 강제 비용을 증가시키게 되어 결과적으로 강제를 억제하는 경향을 낳는다. 결국, 가격 메커니즘은 노동 희소성이 강제 노동을 실행하려는 동기에 어떤 영향을 미치는지 명확히 설명하지 못한다. 이러한 결론은 사회적 배열의 변화와 이에 상응하는 경제적 역학이 궁극적으로 정치적 갈등에 달려 있다는 관점과 일치한다.

싼 이 투쟁은 중세 내내 지속되었다. 14세기에는 농업 생산성의 하락이 인구 감소로 이어진 데다 인구의 3분의 1에서 절반까지 사망에 이르게 한 일련의 흑사병 발발에 무방비로 노출시켰다. 이 인구 충격은 계급 간 갈등을 다시 부추겼으며, 이후 몇 세기 동안 프랑스, 동유럽, 영국에서 각기 다른 결과를 초래했다. 프랑스에서는 농민들의 승리로 끝난 투쟁이 독립적인 소농 계층의 지배로 이어졌다. 반면, 동유럽에서는 농민들의 패배가 오히려 농노제의 부활로 이어졌다. 한편, 영국에서는 농민들이 패배해 토지를 잃었고, 이는 대규모 영지를 형성한 영주들이 농민들에게 영지를 임대하는 결과로 이어졌다. 지주와 기업가적 농민 간의 이 새로운 협력관계는 시장에 대한 전반적인 의존을 기반으로 한다. 농민은 임금 노동자를 고용하고 투자를 장려받으며, 이는 자본주의의 특징인 투자와 혁신의 역동성을 불어넣는다. 브레너는 이러한 과정이 산업 발전에 필요한 조건을 만들어냈다고 지적한다.

Daron Acemoglu et Alexander Wolitzky, "The economics of labor coercion", *Econometrica*, vol. 79, n° 2, 2011, pp. 555~600.

토마 피케티는 로버트 브레너를 비판하면서 "대흑사병 이후 노동의 상대적 희소성은 종종 서유럽에서 농노제가 종식된 이유로, 때로는 동유럽에서 농노제가 겉보기에는 더 강화된 이유로 언급되곤 했지만, 이는 별로 일관성이 없다"라고 썼다. 그러나 그는 노동 희소성에 두 가지 상반된 반응이 있다는 사실을 간과했다. Cf. Thomas Piketty, *Capital et idéologie*, Seuil, Paris, 2019, chapitre II.

노예제와 자본주의의 관점에서 바라보는 봉건제

이 관점에서 봉건제의 구조를 규정하는 논리는 봉신과 군주의 법적 관계에 있지 않다. 또한 시장교환이 차지하는 미미한 비중이나 영주 자본의 출현에도 초점을 맞추지 않는다. 이러한 측면들이 중요하지 않다는 뜻은 아니다. 사실, 여러 측면에서 이는 봉건제의 시공간적 변화를 설명하는 데 중요한 요소들이다. 그러나 봉건제를 하나의 생산양식으로 구별하는 데 결정적 요소는 아니다.

생산양식의 통합적 이해

생산양식이란 특정 사회에서 생산이 이루어지는 방식을 가리킨다. 계급 사회에서는 항상 다음 요소들의 특정한 결합으로 이루어진다. 첫째, 노동과정이다. 이는 자율적이든 종속적이든 간에 노동자가 생산 도구를 활용해 작업 대상을 변형시키는 과정을 뜻한다. 둘째, 전유관계다. 이는 비생산자들이 경제적 잉여의 일부를 획득하는 방식을 의미한다.[34] 이러한 관계의 배열은 생산양식에 따라 달라지며, 그 결과 각기 다른 경제적·사회적·정치적 역동성을 만들어낸다.

중세 말기 노르망디 경제에 대한 연구를 저술한 역사학자 기 부아는 봉건제를 하나의 생산양식으로 간명하게 정의했다. "이는 소

---

34 Étienne Balibar, "Sur les concepts fondamentaux du matérialisme historique", in Louis Althusser et al., *Lire le Capital* [1965], PUF, "Quadrige Grands textes", Paris, 2008, pp. 433~442.

규모 개인 생산의 주도권(따라서 이러한 주도권이 전제하는 생산력 수준)에, 정치적(또는 비경제적) 기원에서 비롯된 강제력으로 보장된 영주 수탈이 더해진 것이다."[35] 이 문장은 마르크스에게서 이미 발견할 수 있었던 네 가지 핵심 요소를 제시한다.

1) 소규모 생산의 주도권은 직접 생산자가 "자신의 노동을 수행하고 생계를 위한 생산에 필요한 물질적 수단"을 개인적으로 소유하고 있다는 사실에 해당한다.

2) 이러한 주도권이 전제하는 생산력 수준은 생산과정에서 사회적 협력이 존재하지 않는다는 사실을 나타낸다. 생산자는 "자신의 밭을 자율적으로 경작하고, 그와 관련된 가내 농촌 산업을 수행한다."[36] 이와 같은 사회적 생산방식의 한계는 개인적 생산 영역이 제공하는 상대적인 안정성에 머무른다.

3) 영주의 수탈은 지주와 독립 생산자 사이에 긴장을 형성한다.

4) 이러한 긴장을 해결하는 것은 바로 강제력, 즉 강압의 개입이다. 강제가 없다면 독립 생산자는 영주의 수탈에 동의할 이유가 전혀 없다.

---

35 Guy Bois, "Crise du féodalisme: économie rurale et démographie en Normandie orientale du début du XIVᵉ siècle au milieu du XVIᵉ siècle", *Cahiers de la Fondation nationale des sciences politiques*, nº 202, 1976, p. 355.

36 Karl Marx, *Le Capital. Livre III. Le procès d'ensemble de la production capitaliste*, Nouvelle frontière, Montréal, 1976, pp. 716~718.

생산자가 지주를 위해 노동하도록 강요하기 위해서는 경제 외적인 어떤 이유라도 필요하다. (중략) 따라서 반드시 개인적 의존관계와 일정 수준의 자유 박탈이 있어야 한다. 인간은 토지에 묶여 단순한 부속물로 전락해야 하며, 요컨대 가장 적극적인 의미에서 농노제가 필요하다.[37]

이 요소들을 바탕으로 생산양식의 간략한 유형론을 구성함으로써, 봉건적 생산양식을 현대 노예제와 자본주의적 임금노동과 구별하는 특징을 도출할 수 있다.

소유·노동·잉여물의 전유

우선, 봉건제·노예제·자본주의의 공통점을 강조해보자. 이 세 가지 체제에서는 지배 계급이 생산에 필수적인 자산 중 적어도 일부의 법적 소유권을 독점한다. 봉건제의 경우, 봉건 영주가 토지를 독점하며, 직접 생산자는 생계에 필요한 재화를 생산하는 도구만 소유한다. 자본주의와 노예제에서는 지배 계급이 생산수단 전체를 소유한다. 생계 유지 조건을 재생산하는 데 필수적인 자산에 대한 특정 계급의 법적 독점은 잉여물, 즉 직접 생산자에게 돌아가는 것 이상의 잉여 노동을 전유하는 기반이 된다.

두 번째 공통점은 노동과 관련된다. 봉건제와 노예제의 경우, 노동자는 자유롭지 않으며, 어떤 형태로든 생산자는 그의 주인에게 강

---

37 *Ibid.*

제로 묶여 있다. 이와 반대로, 자본주의에서는 프롤레타리아 계급이 자기 노동력을 원하는 사람에게 '자유롭게' 팔 수 있는 것으로 여겨진다. 그들은 생존을 위해 그렇게 해야 하므로 자본가 계급 전반에 의존하지만, 특정 자본가를 선택할 수 있는 자유는 있다. 여기에는 개인 간의 직접적인 의존관계가 존재하지 않는다.

세 번째 차원은 노동과정 그 자체와 관련된다. 자본주의와 플랜테이션 노예제의 경우, 노동자는 생산수단의 소유자에게 종속되어 있다. 생산수단의 소유자가 노동을 조직하고, 작업의 속도를 결정하며, 그것에 집단적 성격을 부여한다. '플랜트plant'라는 용어는 영어로 '공장'을 의미하며, 노예제 플랜테이션의 집단적 노동 조직과 자본주의 산업의 연관성을 나타낸다. 노동량을 정밀하게 조정하고 기계적인 속도에 종속시키는 특징은 18세기 말 설탕 플랜테이션의 치밀하게 조율된 노동 조직에서나 19세기와 20세기 산업 공장의 노동 조직에서도 공통되게 볼 수 있다.[38] 봉건제에서는 그렇지 않다. 이 체제에서 생산자는 독립적이며, 주인이 요구하는 부역이나 지대 납부 조건을 충족하는 한 자신이 원하는 방식으로 일한다. 이 (상대적인) 자율성은 생산수단을 부분적으로 독점한 결과다. 토지 사용권은 영주의 허가를 받은 것에 불과하지만, 농민은 도구·건물·가축 같은 다른 생산수단에 대한 소유권을 갖는다.

---

38 Robin Blackburn, *The Overthrow of Colonial Slavery, 1776-1848*, Verso, Londres/New York, 1988, p. 8.

네 번째 차원은 잉여물의 전유, 즉 노동과 잉여 노동 간의 관계와 관련된다. 자본주의와 노예제에서는 지배 계급이 전유한 노동과 잉여 노동이 '공간적·시간적으로' 일치하지만, 봉건제에서는 그렇지 않다.[39] 영주를 위한 잉여 노동은 부역이나 지대 형태로 이루어지며, 모든 경우에서 시간적으로나 공간적으로 구분되어 진행된다. 이는 착취를 공공연하게 드러낸다. 잉여가치와 타인의 무상 노동이 일치하는 것은 별도의 분석이 필요하지 않다. 이는 여전히 구체적으로 드러나기 때문이다. 직접 생산자가 자신을 위해 수행하는 노동은 공간적·시간적으로 지주를 위해 제공하는 노동과 분리되어 있다. 지주를 위한 노동은 제삼자를 위해 수행되는 강제 노동이라는 노골적인 형태로 직접 나타난다.[40]

생산력의 역동성

다섯 번째이자 마지막 차원은 앞의 네 가지 요소의 결합에서 비롯되는 생산력의 역동성에 관한 것이다.

자본주의와 달리 노예제와 봉건제에서는 노동을 절약할 수 있는 기술을 도입해 생산성을 체계적으로 높이려는 경향이 없다. 이는 여러 가지 이유에서 비롯된다.

---

39 Étienne Balibar, "Sur les concepts fondamentaux du matérialisme historique, *loc. cit.*, pp. 451~452.

40 Karl Marx, *Le Capital. Livre III. Le procès d'ensemble de la production capitaliste, op. cit.*, pp. 716~718.

우선, 앞서 본 바와 같이 봉건제에서는 직접 생산자가 투자할 수 있는 여력이 거의 없다. 노동이 주로 강제력의 지배를 받는 상황에서는 이들이 생산과정의 개선에 협력하려는 동기가 전혀 생기지 않는다.[41]

두 번째 장애물은 소유주가 노동을 절약하려는 동기가 없다는 점에서 비롯된다. 봉건 영주든 노예제 소유주든 노동자에게 임금을 지급하지 않기 때문에 절약할 이유가 전혀 없다.[42] "자본가는 가격 하락에 대응해 실제로 노동력을 생산에서 배제한다. 이를테면 생산을 줄이거나 노동력을 절약할 수 있는 기계를 도입하는 방식으로 대응한다." 반면, 노예 소유주는 노동력을 배제할 경우, 자본 손실 위험에 직면하게 되어 노동력을 해고할 수 없는 상황에 놓여 있다. 따라서 그들은 노동을 절약하려는 동기가 없으며, 오히려 노동을 최대한 활용하려 한다. 가격 하락에 대응해 생산을 늘리고 노예 노동을 끝까지 소진하도록 최대한 쥐어짜려고 시도한다. 이는 봉건 영주가 수확량이 줄어들 때 부역을 늘리려 하는 방식과 유사하다. 일반

---

41 이러한 구조에서는 "더 복잡하고 다양화된 도구가 요구하는 노동의 질과 규칙성을 보장하는 데 강제력은 한계가 있을 수밖에 없다." Robert Brenner, "The origins of capitalist development: a critique of neo-Smithian Marxism", *New Left Review*, vol. 1, n° 104, 1977, p. 36.

42 찰스 포스트는 이 문제를 미국의 노예 농장 맥락에서 분석한다. "노예들이 생산과정의 일정하거나 고정된 요소로 들어가기 때문에, 농장주들은 노동력의 재생산을 보장하기 위해 변동할 수 없는 비용을 감당해야 한다." Charles Post, *The American Road to Capitalism. Studies in ClassStructure, Economic Development and Political Conflict, 1620-1877*, Brill, Leyde, 2011, pp. 146~147.

적으로 그들 중 누구도 노동을 절약할 수 있는 기계나 도구에 투자하지 않는다.

시장 의존을 제한하는 자급자족 경향은 노예제 사회에서 생산성 증가를 방해하는 세 번째 요소다. 실제로 소유주는 노예를 면화나 사탕수수 재배가 가장 활발한 시기뿐만 아니라 항상 고용하는 것이 유리하다고 생각한다. 따라서 노예는 옥수수 생산, 돼지 사육, 물건 제작이나 수선 같은 다른 작업에도 동원되었으며, 그 결과 플랜테이션은 특히 식량 면에서 상당히 자급자족할 수 있었다. 생산 자본에 대한 투자 부족과 소비재 수요 부재는 노동 분업의 심화와 지역 산업을 위한 국내 시장 확대를 저해하는 경향이 있다. 플랜테이션 내에서 생산성이 정체될 뿐만 아니라 지역경제는 판로를 잃게 된다.

이 자급자족의 원칙은 11세기까지 영지의 운영에서도 중요한 역할을 했다. 뒤비는 "영주는 자기 땅에서 모든 필요를 충족시킬 수 있도록 하는 것을 이상으로 삼았으며, 다른 곳에서 무언가를 구하거나 살 필요가 없도록 했다"라고 썼다.[43] 이는 나중에 봉건 생산자에게도, 더 넓게는 독립적인 소농에게도 해당한다.

영주의 수탈이 줄어들고 농민이 독립성을 얻게 되면서, 직접 생산자는 생계를 유지하는 데 필요한 것 이상의 자원을 갖게 되었다. 그들은 잉여물을 투자해서 생산과정을 개선하고 더 많은 생산물을

---

43 Georges Duby, *L'Économie rurale et la vie des campagnes dans l'Occident médiéval, op. cit.*, p. 115.

시장에 내놓을 방법을 찾는 대신, 자급자족의 논리에 따라 자신의 활동 범위를 확장해 새로운 욕구를 충족시키는 길을 찾았다.

왜 내부 수요를 충족시키는 원리가 생산 효율성보다 우선할까? 그것은 간단히 말해서 자급자족이 교환보다 더 안전하기 때문이다. 생산자가 생계를 유지할 수 있는 수단을 직접 확보하면, 시장의 규율과 불확실성에 따를 필요가 없어진다. 따라서 "소규모 소유는 개별적이고 비전문화된 생산을 조장한다"라는 것이다.[44] 자본주의 논리는 생산 효율성 증대가 전문화를 통해 이루어지고 투자를 통해 이윤을 추구하며 시장에 의존하지만, 소규모 소유는 다양화의 논리를 지니고 있다.

따라서 자본주의적 논리는 매우 특별한 상황에서 나타난 결과로 보인다. 그것은 생산수단과 노동력 모두 자유롭게 거래될 수 있고, 반드시 현재의 생산성 수준에 맞춰 사용되어야 한다는 점에서 상품 생산의 보편적 양상을 띠게 된다. 이러한 소유관계의 사회적 구조 아래에서, 브레너가 설명하듯이 시장에 전적으로 의존한다면, 투자와 혁신은 필수적인 의무가 된다.

노동이 생산수단의 소유와 분리되고 노동자들이 노예제나 농노제 같은 직접적인 지배관계에서 해방되었을 때, 비로소 자본과 노동력이 최고

---

44 Robert Brenner, "The origins of capitalist development: a critique of neo-Smithian Marxism", *loc. cit.*, p. 36.

수준의 기술적 결합을 가능하게 하는 '자유'를 얻게 된다. (중략) 개별 생산 단위는 자유 임금 노동 조건 아래에서만 물건을 사고팔아야 하고, 생활하고 생산을 유지하는 데 필요한 물건을 사야 하며, 다른 생산 단위와 경쟁관계에서 자기 자리를 지키기 위해 확장하고 혁신해야 한다. 자본과 노동력이 상품화되는 시스템, 즉 마르크스가 말한 '일반화된 상품 생산' 체제에서만 생존을 위해 '사회적으로 필요한 노동 시간'이라는 기준에 맞춰 생산해야 하며, 이를 넘어서는 생산성을 확보해야 생존을 지속할 수 있다.[45]

결론적으로 봉건제의 논리적 구조를 이루는 주요 요소는 다음과 같다.

1) 지배관계에서 정치와 경제의 불가분적 특징. 이는 중심적인 제도인 도미니움에서 구체화되었는데, 여기서 사람에 대한 권력과 토지에 대한 권력은 서로 융합되었다.

2) 부의 집중과 소비라는 일반적인 원칙. 이 원칙에 따르면, "모든 축이 전능하고 낭비벽이 심한 귀족으로 모여들었고", "농업 확장으로 발생한 새로운 수입을 영주의 손에 집중시켰으며", "영주는 이를 사치품 구매로 돌렸다."[46]

3) 귀족이 대다수 인구를 경제적으로 착취하는 것은 당사자 간

45 Ibid., p. 32.
46 Georges Duby, L'Économie rurale et la vie des campagnes dans l'Occident médiéval, op. cit., p. 228.

의 어떤 형태의 대칭을 전제로 하는 서비스 대 보호와 같은 계약적 합의가 아니라 강압에 의존했다. 영주의 수탈은 더 정확히 말하면 약탈의 논리, 즉 폭력을 써서 불평등한 상황을 연장하는 수탈적 할당 메커니즘에 속한다.

이 세 가지 생산양식, 즉 플랜테이션 노예제, 봉건제, 자본주의에 대한 다각적 접근은 각각의 특수성을 강조할 수 있게 한다([표 4] 참조). 봉건적 생산양식은 세 가지 독특한 특징을 지닌다. 생산자가 생산도구의 일부를 소유한다. 생산자는 본질적으로 개별적이고 분할된 노동과정을 스스로 조직할 수 있는 자율성을 갖는다. 마지막으로, 영주의 수탈은 노동과정 자체와 분리된 성격을 지닌다. 봉건제는 자본주의와는 전혀 다르지만, 노예제처럼 노동의 자유가 없고 생산성을 체계적으로 높이려는 노력도 부족했다는 공통점을 가지고 있다. 따라서 자본주의와 달리 봉건제는 생산주의적이지 않다.

[표 4] 생산양식의 조합: 노예제·봉건제·자본주의

	노예제	봉건제	자본주의
생산방식	노예 소유주의 독점	토지는 영주가 소유하고, 도구는 종속된 사람들이 소유함	자본가들의 독점
노동	부자유	부자유	자유
노동과정	종속과 협력적임	독립과 개별적임	종속과 협력적임
잉여의 착취	생산과 본질적으로 연결됨	분리됨	생산과 본질적으로 연결됨
생산성	낮음	낮음	역동적임

내가 확신하는 것은, 봉건제의 특징을 이렇게 파악하는 것이 우리가 현대 자본주의의 변화를 더 잘 이해하는 데 도움이 될 것이라는 점이다. 상품 생산이 일반화된 사회에서 역설적으로 봉건적 논리가 다시 등장하는 현실을 확인할 수 있을까?

기술 봉건주의의 논리

> "생산을 조직하기보다는 수탈하고, 삶을 관리하기보다는 죽음을 결정한다."
>
> —질 들뢰즈[47]

『다스 디지탈Das Digital』은 빅토르 마이어 쇤베르거와 토마스 람게의 저서 제목으로, 영어판에서는 『빅데이터 시대의 자본주의 재발명Reinventing Capitalism in the Age of Big Data』으로 번역되었다. 그들의 주장은 빅데이터, 알고리즘, 인공지능의 결합이 시장의 작동방식을 근본적으로 바꾼다는 것이다. 한편으로, 데이터는 기존 시장보다 훨씬 더 풍부한 정보를 제공함으로써 거래를 지원할 수 있다. 다른 한편으로, 알고리즘은 행위자가 자신의 인지적 편견을 벗어나 더 일관

---

47 Gilles Deleuze, "Post-scriptum sur les sociétés de contrôle", *Pourparlers*, Minuit, Paris, 1990, p. 240.

된 행동을 취할 수 있도록 의사결정을 지원한다.

제품과 선호도에 대한 방대한 데이터가 존재하기 때문에, 그리고 여러 구성에서 잠재적 거래를 검토할 수 있는 알고리즘이 개발되었기 때문에, 매칭 프로세스가 훨씬 더 정교해진다. 이러한 사례로는 개인 맞춤형 구매 추천 시스템, 블라블라카BlaBlaCar[48]에서 대화 선호도에 따라 여행자를 연결해주는 서비스, 대기업에서 채용 초기 단계를 자동화하는 시스템, 가치사슬에서 중간재를 자동으로 주문하는 시스템 등을 들 수 있다.

데이터와 알고리즘은 거래에서 가격 신호를 대체하는 데 상당 부분 기여한다. "데이터가 풍부한 시장은 마침내 시장이 이론적으로 항상 해야 했던 것을 한다. 즉, 최적의 거래를 가능하게 한다. 그러나 이는 정보의 제약 때문에 이전에는 불가능했다."[49] 화폐는 지불 수단과 가치 저장 수단의 역할을 유지하지만, 수많은 지표가 가격 신호를 보완해서 경제 정보를 풍부하게 한다.

마이어 쇤베르거와 람게의 접근방식은 시장 시스템에 대한 비판에 흥미로운 관점을 제시하며, 간접적으로 경제 계산과 계획의 미래에 대한 논쟁을 다시 불러일으킨다.[50] 하지만 이러한 접근방식은 앞

---

48 프랑스에서 시작된 세계 최대의 장거리 카풀 서비스 플랫폼으로, 운전자와 승객을 연결해주고 여행 경비 절감, 교통 편의성 증대, 환경 보호 등의 장점을 제공한다—옮긴이.

49 Viktor Mayer-Schönberger et Thomas Ramge, *Reinventing Capitalism in the Age of Big Data*, Basic Books, New York, 2018, p. 7.

50 Cédric Durand et Razmig Keucheyan, "Planifier à l'âge des algorithmes", *Actuel Marx*, vol. 1, n° 65, 2019, pp. 81~102; Evgeny Morozov, "Digital socialism? The calculation

서 제기된 질문들, 즉 난공불락의 독점 요새 구축, 알고리즘의 유용한 힘과 결합한 광범위한 감시, 투자와 성장의 약화 등을 설명하지 못한다. 바로 이러한 문제들을 명확히 규명해야 한다.

첫 번째 관점은 이러한 현상을 자본주의의 일반적인 법칙으로 환원하는 것이다. 자본의 중앙집중화, 집적화, 가치 절하는 자본 축적의 일부다. 따라서 혁신과 경쟁의 영향에 따른 산업구조의 변화를 설명하기 위해 새로운 분석 틀을 도입할 필요가 없다.

물론 마르크스주의와 슘페터주의의 전통은 이러한 과정을 분석하기 위한 탄탄한 이론적 장치를 가지고 있다. 예를 들어 안와르 샤이크가 개발한 '실제 경쟁' 개념은 이윤 추구라는 목표가 어떻게 자본 간의 충돌로 이어지고, 그 과정에서 반복적인 패턴이 나타나는지를 설명하고자 한다.[51] 또 다른 관점에서, 장기 파동 이론은 디지털의 부상을 새로운 기술경제적 패러다임으로 간주하기 위해 활용된다.[52] 이는 석유와 자동차, 철강과 전기, 또는 그 이전의 철도와 면직물 산업을 중심으로 형성되었던 자본주의의 다른 구성들을 계승한다. 그렇다면 현재의 어려움은 번영 단계의 정착에 필요한 제도가 아직 부족하다는 사실로 설명된다.

---

debate in the age of Big Data", *New Left Review*, n° 116~117, 2019, pp. 33~67.

51 Anwar Shaikh, *Capitalism: Competition, Conflict, Crises*, Oxford University Press, Oxford, 2016.

52 Christopher Freeman et Francisco Louçã, *As Time Goes By*, *op. cit.*; Carlota Perez, "Technological revolutions and techno-economic paradigms", *loc. cit.*

에브게니 모로조프는 디지털 혁명의 급진성을 과대평가하면 자본주의를 비판하는 전통적인 방식들을 무력화할 위험이 있다고 경고한다.[53] 사람들의 관심이 사생활 보호와 경쟁 정책 문제에 집중되면서 노동과 착취, 모순과 위기 같은 중요한 문제는 뒷전으로 밀려날 것이다. 모로조프의 우려는 타당하지만, 우리는 또한 그 반대의 함정, 즉 나탈리 캉탄이 쓴 것처럼 "변화를 상대화하고, 그 안에서 이미 알려진 것만을 식별하고 강조해서 일상적인 것과 연결시키고, 그 날카로움을 무디게 하는" 함정에 빠지지 않도록 해야 한다.[54]

나는 여기서 매우 고전적인 한 쌍의 개념에서 다시 시작하겠다. 마르크스가 **생산관계**라고 부르는 것, 즉 "인간이 자신의 사회적 삶의 생산에서 맺는, 그들의 의지와는 무관한 결정적이고 필수적인 관계"[55]와 그것에 관련된 생산력, 즉 사회적 존재의 생산에 동원되는 자원·기술·지식이다.

하지만 이는 새로운 질문에 답하기 위한 시도다. 그것은 근본적

---

53 Evgeny Morozov, "Critique of the techno-feudal reason", *New Left Review*, n° 133~134, 2022, pp. 89~126. Sterenn Lebayle et Nicolas Pinsard, "L'économie numérique: une involution du mode de production capitaliste?", *Revue de la régulation*, n° 30, 2021, et Jathan Sadowski, "The internet of landlords: digital platforms and new mechanisms of rentier capitalism", *Antipode*, vol. 52, n° 2, 2020, pp. 562~580. Voir également une réponse à ces critiques: Cédric Durand, "Scouting capital's frontiers", *New Left Review*, n° 136, 2022, pp. 29~39.

54 Nathalie Quintane, *Un œil en moins*, P.O.L, Paris, 2018, p. 373.

55 Karl Marx, *Contribution à la critique de l'économie politique. Introduction aux Grundrisse dite "de 1857"*, trad. Guillaume Fondu et Jean Quétier, Éditions sociales, Paris, 2014, p. 63.

으로 철학자 매켄지 워크가 제기한 질문, 즉 "자본주의적 생산양식에 추가로 나타나고 상위에 있는 것이 질적으로 다른 것이 아닌가? 무엇이 새로운 형태의 계급 지배, 새로운 형태의 잉여가치 추출, 심지어 새로운 유형의 계급 형성을 만들어내고 있는가?"[56]라는 질문이다. 워크의 주장은 매우 일반적이다. 기존의 생산관계, 즉 자본-노동 관계와 토지 소유권과 관련된 것에 더해 그는 해커와 '벡터 계급'[57] 사이의 새로운 대립을 제시한다. 해커들은 정보를 만들지만, 이를 활용해 가치를 높이는 것은 어렵다. 하지만 벡터 계급은 정보의 핵심을 쥐고 있어 가치를 높이는 일을 잘한다.

나는 정보가 가치 생산의 주된 방식으로 자리매김할 것이라는 워크의 주장에 동의하지 않는다. 비주류 경제학자 던컨 폴리가 지적하듯, 이러한 관점은 환상일 뿐이다.

> 수확 증가의 효과는 정보와 지식에 기반을 둔 상품 생산이 창의성과 인간의 독창성만 가지고도 가치를 창출할 수 있다는 환상을 만들어낼 수 있다. 그러나 지식과 정보를 창출하는 사람들은 인간으로, 먹고 자고 입는 등의 기본적인 필요가 있다.[58]

---

56 McKenzie Wark, "Et si ce n'était même plus du capitalisme, mais quelque chose d'encore bien pire?", trad. Yves Citton, *Multitudes*, vol. 1, n° 70, 2018, pp. 76~81.

57 호주 출신의 미디어 이론가 매켄지 워크가 『해커 선언*A Hacker Manifesto*』에서 제시한 개념으로 정보, 지식, 문화 콘텐츠, 즉 '벡터'를 생산하고 소유하고 통제하며 이를 통해 사회적 권력을 행사하는 새로운 지배 계급을 지칭한다. 구글·페이스북·아마존 같은 거대 IT 기업의 소유주나 경영진, 금융 자본가, 미디어 재벌 등을 포함한다—옮긴이.

재봉건화라는 개념을 언급할 때 주의해야 한다. 중세 유럽과 일본의 유사성은 물론 머나먼 일이고 불완전하다. 특히 기 부아가 봉건제의 핵심 개념으로 생각했던 "소규모 개별 생산의 헤게모니"는 분명히 현재와 맞지 않는다. 21세기에도 노동 분업의 퇴행이나 개인 협력이 사라지지 않는다. 이와 정반대로, 기술 봉건주의는 어니스트 만델이 정의한 "노동의 사회화가 증가하는 추세"의 결과이며, 이는 "산업혁명 이래 자본주의 발전의 근본적인 역사적 경향"이었다.[59] 우리 삶의 매 순간은 생산적인 상호 의존의 긴 네트워크에 통합되어 있다. 이 네트워크는 우리가 다른 사람들이 재배하고 운반한 음식을 먹을 수 있게 해주고, 다른 사람들이 구축하고 관리하는 발전소를 통해 난방을 하며, 다른 사람들이 유지·관리하는 덕택에 인쇄물과 인터넷 같은 네트워크를 통해 소통할 수 있다. 그리고 우리가 아는 모든 정교한 방식으로 관계가 형성된다. 온라인에서 보낸 삶의 비율이 증가하면서 이러한 사회적 연결의 복잡성이 커진다.

임대 문제를 진지하게 받아들였을 때, 디지털 정치경제학이 완전히 기술적 봉건제도의 논리와 관련이 있다고 생각한다. 디지털 임대의 개념은 오늘날 매우 보편적이다. 이는 신자유주의 경제학자 장 티롤의 저작에서도 찾아볼 수 있는데, 그는 석유 자원에 비유해 '디

---

58 Duncan K. Foley, "Rethinking financial capitalism and the 'information' economy", *Review of Radical Political Economics*, vol. 45, n° 3, 2013, p. 165.

59 Ernest Mandel, "In defence of socialist planning", *New Left Review*, vol. 1, n° 159, 1986, pp. 5~22.

지털 혜택'을 언급하지만, 그 기원에 대해서는 설명하지 않는다.[60]

노동 착취가 여전히 글로벌 잉여가치 형성에서 중심적인 역할을 한다면, 현재의 특수성은 이러한 잉여가치에서 수익을 추구하면서도 착취에 직접적으로 관여하지 않고 생산과정에서 분리되는 자본의 포획 메커니즘에 있다. 이것이 바로 우리가 임대의 개념에 부여하는 의미다.[61]

자본주의의 역동성은 경쟁과 시장 의존성에 기반을 둔 투자라는 핵심 원칙에 따라 움직인다. 그러나 무형 자산의 급성장은 이러한 전통적인 논리를 뒤흔든다. 디지털 자산과 그 사용자들이 한 몸처럼 연결됨에 따라 개인과 조직은 자유롭게 이동하지 못하게 된다. 이처럼 서로 얽혀 있어서 경쟁의 역동성은 깨지고, 무형 자산을 통제하는 이들은 진정으로 생산에 참여하지 않으면서도 가치를 독점할 수 있는 최대의 능력을 갖게 된다. 그렇다면 중요한 것은 포획의

---

60 Jean Tirole, *Économie du bien commun*, PUF, Paris, 2016, p. 526.

61 경제에서 임대 개념은 다양한 전통에 연결된 고전적인 개념이다. 데이비드 하비는 마르크 스주의 관점에서 토지 임대 이론을 발전시켰다. David Harvey, *The Limits to Capital, op. cit.*, chapitre XI. 최근 디판카르 바수는 마르크스의 임대 개념에 대한 체계적인 연구를 내놓았다. Deepankar Basu, "Marx's analysis of ground-rent: theory, examples and applications", *UMASS Amherst Economics Working Papers*, n° 241, 2018. 매우 다른 관점에서 '공공 선택'* 학파는 이 개념을 많이 활용해왔다. Matthew D. Mitchell, "Rent seeking at 52: an introduction to a special issue of public choice", *Public Choice*, vol. 181, n° 1, 2019, pp. 1~4. * 공공 선택 이론Public Choice Theory이란 개인들이 공공의 이익뿐만 아니라 자신의 이익을 추구한다고 가정하며, 정부의 결정과 정책을 경제적 동기로 분석하는 이론을 가리킨다. 정치인, 유권자, 관료의 행동을 시장 원리에 따라 이해하고, 정부 개입의 비효율성과 문제를 평가하는 데 중점을 둔다—옮긴이.

관계다. 이러한 구성에서는 투자가 생산력 개발이 아니라 **포식력** 개발에 방향이 맞춰진다. 이를 좀 더 자세히 살펴보자.

디지털 비용 구조

사이버 공간을 정복하는 방식은 우리의 전화기와 컴퓨터, 기계와 차량의 센서, 집마다 있는 센서들에 접근하는 것이다. 석유 매장지와 마찬가지로, 개인과 조직의 활동에서 발생하는 데이터의 포획 지점은 무한정 존재하지 않는다. 우리의 시선을 사로잡는 것도 무한히 존재하지 않는다.[62] 따라서 원본 데이터의 절대적인 희소성이 존재한다.

물론 지식재산권은 데이터와 소프트웨어의 사용을 제한하는 동시에 희소성의 가치를 강화한다. 그러나 지식재산권은 기존의 지배적 입지를 더욱 공고히 하기도 한다. 3장에서 설명한 지적 독점의 논리는 단순한 법적 도구를 넘어 작용한다. 데이터 추출 사이트는 중요한 위치에 있으며, 그곳에서 솟아나는 흐름은 중앙집중화를 통해 유용한 효과를 생성할 수 있는 장소로 모여든다. 이것이 바로 구글 모델이다.

동시에 디지털 세계는 정보 복제 비용이 거의 안 든다는 특징이 있다. 원본 데이터가 희소하더라도, 여전히 매우 낮은 비용으로 복

---

62 Yves Citton, *Pour une écologie de l'attention*, Seuil, Paris, 2014.

제할 수 있다. 주로 에너지 관련 비용만 든다. 총체적으로 보면, 유의미하지만 여전히 제한적이다. 2021년 데이터센터와 데이터 전송 네트워크의 전기 소비(암호화폐 생산에 필요한 것을 제외)는 전 세계 전기 소비의 2~2.7퍼센트를 차지하며, 이 비율은 2010년 이후 약간만 증가했다.[63] 세부적으로 보면 이 비용은 거의 감지할 수 없어서 디지털 기술의 확산과 함께 정보는 풍부해졌다.

산업의 증가 수익 논리는 디지털의 경우 더욱 극단화되며, 여기서 디지털 자원과 자연 자원 간의 주요한 차이가 드러난다. 토지의 절대적인 희소성과 관련된 독점은 감소하는 수익으로 상쇄되는 반면, 원본 데이터에 대한 독점은 규모의 경제[64]와 네트워크의 상호 보완성 덕분에 강화된다. 데이터 수집과 처리의 고정 비용을 부담한 후, 디지털 서비스의 유용한 효과는 거의 비용 없이 제공될 수 있다.

실제 경쟁의 혼란스러운 논리를 이해하기 위해, 안와르 샤이크는 '조정 자본'이라는 개념을 제안했다.[65] 이 개념은 특정 산업의 특정

---

63 IEA, *Data Centres and Data Transmission Networks*, International Energy Agency, Paris, 2022. 그러나 전체적으로 이 부문이 환경에 미치는 부정적인 영향은 온실가스 배출과 자원 관련 오염 측면에서 우려스럽게 증가하고 있다. Charlotte Freitag et al., "The real climate and transformative impact of ICT: a critique of estimates, trends, and regulations", *Patterns* 2, n° 9, 2021; Fabrice Flipo, *La Numérisation du monde. Un désastre écologique*, L'Échappée, Paris, 2021.

64 감소하는 수익의 원리는 생산요소의 한계 수익이 감소하는 상황을 언급한다. 이와 반대로, 규모의 경제는 활동의 양이 증가함에 따라 더 큰 효율성이 발생하는 상황을 나타내며, 일반적으로 고정 비용이 나누어지기 때문이다.

65 Anwar Shaikh, *Capitalism, op. cit.*, pp. 265~267.

시점에서 재생산할 수 있는 최적의 생산 조건에서 운영되는 자본을 의미한다. 이는 가장 유리한 단위 비용 수준의 혜택을 받으며, 이런 유리한 조건에서 더 성장할 수 있는 자본이다.

채굴 산업이나 농업의 경우, 수익이 감소하는 상황에서 조정 자본은 평균 이상의 단위 비용 때문에 투입하기가 망설여진다. 즉, 이미 운영 중인 사업의 수익이 줄어들기 때문에 남아 있는 투자 기회는 매력적이지 않다. 예를 들어 사우디아라비아의 유전에서 석유 추출 비용은 배럴당 약 4달러인 반면, 최근 앨버타의 오일 샌드에서 석유 채굴 비용은 40달러에 이른다. 이와 반대로 자동차 제조업의 경우, 새로운 공장에서는 더 뛰어난 기술을 도입해 기존에 운영 중인 시설보다 더 낮은 단위 비용으로 운영할 수 있게 된다.

디지털에서는 어떠한가? 이러한 두 가지 역동성[66] 모두 추가 투자의 논리를 만족스럽게 설명하지 못한다. 실제로 원본 데이터 흐름의 희소성 가설을 받아들인다면, 새로운 참가자는 더 높은 비용을 부담해야만 운영할 수 있으며, 이용 가능한 새로운 데이터 소스는 생성되는 유용한 효과에 비해 상대적으로 더 높은 비용으로 운영된다. 그러나 더 높은 비용을 부담하면서 진입하는 가능성은 기존 기업들이 네트워크의 상호 보완성의 혜택을 충분히 누리고 있다는 사실 때문에 제한된다. 기존 기업들은 추가 투자에 따른 더 높은 추출 비용을 상쇄할 수 있다. 새로운 데이터 소스를 단독으로 활용할 때보다 기존

---

66 감소하는 수익과 규모의 경제를 가리킨다—옮긴이.

의 소스에 추가할 때 유용한 효과가 더 증가하기 때문이다.

시리Siri의 사례를 살펴보자. 이 자연어 음성 인식 기능을 갖춘 가상 비서는 2000년대에 스탠퍼드 대학교와 관련된 연구소에서 미국 국방부의 연구지원기관인 DARPA의 자금을 지원받아 개발되었다.[67] CALO(지능형 비서 학습·조직)라는 이름의 이 프로젝트는 당시 가장 큰 인공지능 프로그램으로 자금을 지원받았다. 2010년 2월에 이 연구소에서 파생된 스타트업이 시리를 간략하게 활용했고, 이후 몇 달 안에 애플에 인수된 시리는 빠르게 애플 생태계에 통합되어 전체적으로 가치를 높이게 된다. 따라서 대형 디지털 기업들이 스타트업을 흡수해 자본을 중앙집중화하는 것은 잠재적인 경쟁자의 출현을 막기 위한 단순한 접근에서 비롯되지 않는다. 이는 또한 스타트업에서 활용되는 프로세스가 더 큰 조직 내에서 더 높은 가치를 인정받는 경제적 논리를 반영하는데, 이는 다양한 데이터 소스의 상호 보완성과 여러 알고리즘 처리의 결합 덕분이다. 여기서 조직이 시장보다 우위를 점한다.

디지털이 토지와 산업 자본이라는 다른 생산수단과 뚜렷이 구별된다는 것을 잘 알 수 있다. 디지털의 독특함은 데이터 포착을 위한 중요한 위치의 희소성과 무한히 증가하는 수익을 결합하는 데 있다

---

67 Bianca Bosker, "Siri rising: the inside story of Siri's origins — and why she could overshadow the iPhone", *HuffPost*, 22 janvier 2013; Wade Roush, "Xconomy: the story of Siri, from birth at SRI to acquisition by Apple. Virtual personal assistants go mobile", xconomy.com, 14 juin 2010.

[표 5] **다양한 생산수단의 희소성과 수익: 토지·산업·디지털**

	희소성	수익
토지	절대적	감소
산업	상대적	증가
디지털	절대적	증가와 무한정
알파벳(구글)	기술	1조 3,220억
아마존	기술/유통	1조 430억
엔비디아	기술/반도체	6,910억
버크셔 해서웨이	금융	6,770억
테슬라	기술/자동차	6,130억
메타(페이스북)	기술	5,460억
존슨앤드존슨	제약/위생	4,870억

([표 5] 참조). 또한 우리가 확인할 수 있듯이, 이러한 새로운 구성은 자본주의의 원동력이 되는 실제 경쟁과정을 방해한다.

의존관계

특정한 비용구조에는 빅데이터와 알고리즘의 세계에 고유한 의존관계가 추가된다.

원본 데이터의 출처는 다양하다. 예를 들어 생물학자들이 수집한 생물 다양성에 관한 데이터, 기상 관측소에서 생산한 데이터, 인구

통계나 세금에 관한 공공 통계 데이터 등이 있다. 하지만 주보프는 **빅 어더**의 특징이 디지털 서비스의 이면을 구성하는 데이터의 힘이 커지는 데 있다고 본다. 개인과 조직은 알고리즘이 제공하는 유용한 효과의 대가로 자신의 데이터를 제공하기로 동의한다. 앞에서 보았듯이, 점점 더 강한 침입 현상과 향상된 알고리즘 성능이 서로를 자극하며 강력한 피드백 루프를 형성한다. 이를 실리콘밸리의 전문 용어로 '하이퍼스케일hyperscale'이라고 하며, 이는 컴퓨터 분야에서 능력 확장성scalability 문제를 지칭한다.[68]

여기서 중요한 요소는 상호 의존적인 사용자 네트워크의 존재다. 구글의 강력한 점은 알고리즘의 비경쟁적 사용이 아니라 서비스 간의 시너지와 사용자 간의 상호 보완성이다. 구글의 CEO 에릭 슈미트와 자레드 코헨은 현대 기술 플랫폼을 특징짓는 이러한 확장 루프를 설명하기 위해 '스케일로의 가속화acceleration to scale'라는 용어를 쓴다.

그들의 힘은 성장할 수 있는 능력에서 비롯되며, 더 구체적으로는 얼마나 빠르게 확장되는지에 달려 있다. 생물학적 바이러스를 제외하면, 이러한 기술 플랫폼만큼 빠르고 효율적이며 공격적으로 확산할 수 있는 것은 거의 없다.[69]

---

68 André B. Bondi, "Characteristics of scalability and their impact on performance", in *Proceedings of the Second International Workshop on Software and Performance. Ottawa, Ontario, Canada*, ACM Press, New York, 2000, p. 195.

이러한 역동성은 21세기 초 디지털이 모든 분야에서 거둔 성공에 이바지했으며, 서비스가 개선됨에 따라 개인을 기업이 통제하는 세계에 더 강하게 묶어놓았다. 이와 반대로, 개인이 더 많이 참여할수록 디지털 서비스는 더 높은 성과를 얻는다.

이러한 역동성을 설명하기 위해 경제학자들은 크로스 보조금의 역할에 주목하는데, 이는 특정 유형의 참여자에게 높은 가격을 부과해 다른 참가자를 낮은 가격이나 무료로 유치하는 방식이다.[70] 온라인 콘텐츠의 무료 사례, 예를 들어 marmiton.org의 요리 레시피나 구글, 부킹Booking, 푸딩Fooding이 제공하는 서비스가 좋은 예다. 소비자는 서비스를 이용하지만, 광고주가 서비스 비용을 지불한다. 모세관 효과로 개인이 가장 큰 플랫폼으로 모여들면서 해당 플랫폼들은 가장 높은 성과를 내게 되며, 공급·수요·관계 최적화를 위한 데이터를 집중하게 된다.

따라서 오늘날의 자본주의 거대 기업들은 정보를 분배하고 그

---

69 Eric Schmidt et Jared Cohen, *The New Digital Age, op. cit.,* p. 10.

70 경제학자들은 두 개 이상의 고객층을 유지해야 하는 시장 유형을 '다면시장multiface markets' 이라고 부른다. 예를 들어 신용카드는 소비자가 이를 쓰고 상인이 이를 수락해야 한다. 따라서 다면시장에서 활동하는 기업들은 다양한 유형의 사용자 간에 비용을 분배해 참가자 수를 늘리고 이윤을 극대화하기 위한 가격 책정 방식을 펼쳐야 한다. 이 주제에 대한 선구적인 연구는 다음과 같다. Jean-Charles Rochet et Jean Tirole, "Platform competition in two-sided markets", *Journal of the European Economic Association*, vol. 1, n° 4, 2003, pp. 990~1029; Jean-Charles Rochet et Jean Tirole, "Two-sided markets: a progress report", *The RAND Journal of Economics*, vol. 37, n° 3, 2006, pp. 645~667; Mark Armstrong, "Competition in two-sided markets", *The RAND Journal of Economics*, vol. 37, n° 3, 2006, pp. 668~691.

품질을 높이는 접점noeuds에 가치를 부여한다. 즉, 이들 기업이 판매하는 서비스는 본질적으로 우리의 집단적인 힘을 각자에게 적합하고 관련된 정보로 전환하는 것이며, 그 결과로 우리의 존재를 그들의 서비스에 연결하는 것이다.

이 과정에서 성공의 핵심 중 하나는 이용할 수 있는 데이터의 양이며, 이는 즉시 규모와 관련된 문제를 초래한다. 그러나 이러한 규모의 경쟁에서 중국에 진출한 기업들은 인구와 정치적 이유로 매우 뚜렷한 지역적 우위를 가지고 있다. 우선, 10억 이상 소비자가 있는 이 경제는 세계에서 가장 방대한 경제로, 데이터의 양이 잠재적으로 더 많다. 그리고 둘째로, 데이터는 더 접근하기 쉬운 상태에 있다. '늦은 자본주의' 발전 때문에 사생활 보호에 대한 부르주아적 가치관이 사회적으로 뿌리내리지 못했고, 이를 구현하는 법률 체계도 매우 기초적이다.[71] 따라서 기업과 정부는 개인의 데이터를 쉽게 수집하고 교차 분석하며 활용할 수 있다. 이는 앞서 언급한 사회 신용 시스템의 성장에서도 입증된다. 마지막으로, 중국 당국이 구글·페이스북·트위터를 비롯한 주요 미국 서비스를 제한한 결과, 자

---

71 뤼야오후아이는 서방 국가들과 비교할 때 중국에서 사생활 보호권이 극히 제한적이라고 언급한다. 그는 사생활 보호 문제가 중요해지고 있지만, 여전히 "사회적 혜택과 국가의 이익"에 비해 부차적인 위치에 있다고 설명한다(p. 11). 더불어 이 주제에 대한 철학적 연구는 특정 주제에 국한되어 있으며, 윤리적 문제를 전반적으로 다루지 않기 때문에 법적 발전을 제한한다고 주장한다(p. 13). 또한 중국에서 사생활 보호가 서방 기준에 비해 약한 것은 결국 역사적으로 집단주의 형태와 근접하기 때문이라고 설명한다. Lü Yao-Huai, "Privacy and data privacy issues in contemporary China", *Ethics and Information Technology*, vol. 7, n° 1, 2005, pp. 7~15.

국 기업들의 발전을 촉진하는 효과가 있었다. 결과적으로 중국 기업들은 대부분의 디지털 분야에서 선두주자로 자리 잡고 있다. 예를 들어 중국과 러시아가 공적 자금으로 지원하는 스타트업인 메그비 Megvii는 구글·페이스북·마이크로소프트의 경쟁 제품들을 기술적으로 초월하고 있다. 이는 약 7억 5,000만 장의 신원 사진이라는 비할 데 없는 정부 데이터베이스에 접근할 수 있는 덕분이다.[72]

이 하이퍼스케일의 논리에서 주목할 만한 점은 자유롭게 거래를 체결할 수 있는 주체들 간 상호 교환의 수평성 원칙에서 얼마나 빠르게 벗어나고 있는가 하는 점이다. 애플리케이션의 침투는 인간의 존재와 사이버 영역 간에 형성되는 관계의 힘을 매우 갑작스럽게 드러낸다. 사회생활은 디지털 토대에 뿌리를 내리고 있다. 디지털 생산 관계의 기초는 이제 데이터와 알고리즘에 대해 독점적으로 통제를 행사하는 구조에 개인과 조직이 어떻게 의존하는지에 달려 있다.

소비자에게 이러한 제약은 절대적이지 않다. 여러분은 여전히 빅데이터에서 벗어나 생활할 수 있다. 그러나 사회적 주변화의 결과를

---

72 서방 언론은 중국의 얼굴 인식 기술의 확산에 대해 광범위하게 보도했다. 여기서 언급한 내용은 다음의 기사에서 인용했다. Sijia Jiang, "Backing Big Brother. Chinese facial recognition firms appeal to funds", reuters.com, 13 novembre 2017; Yuan Yang, "China pours millions into facial recognition start-up Face++", *Financial Times*, 1er novembre 2017; Simon Leplâtre, "En Chine, la reconnaissance faciale envahit le quotidien", *Le Monde*, 9 décembre 2017; "Ever better and cheaper, face-recognition technology is spreading", *The Economist*, 9 septembre 2017; Simon Denyer, "In China, facial recognition is sharp-end of a drive for total surveillance", *The Washington Post*, 7 janvier 2018.

피하기 어렵다. 모든 것을 고려할 때, 이런 종류의 문제는 '탈퇴 비용coûts d'exit' 문제로, 중세 농민들이 자신의 종속 상태에서 벗어나기 위해 직면해야 했던 위험과 본질적으로 다르지 않다. 그들은 위험을 감수하고 영지를 떠나 자신들만의 땅인 '알뢰alleu'에서 고립된 삶을 시도해야 했다. 그 땅은 오직 그들만의 것이며, 알려진 세계의 경계에 놓여 있었다.

반면, 생산자에게는 이러한 제약이 절대적이다. 모든 기업이나 플랫폼 노동자는 자신이 수행하는 활동에서 나오는 데이터 일부를 반드시 수집하는 동시에 그들의 활동을 지원하는 디지털 환경에 속한다. 물론 다른 선택지를 고려할 가능성도 남아 있다. 하지만 네트워크 효과와 학습 효과가 있기 때문에 (항상 그렇지는 않지만) 대안이 존재하더라도, 그리고 (역시 드문 일이지만) 자신의 데이터를 회수할 수 있는 경우에도, 높은 전환 비용은 잠금 상태를 초래해 모든 탈출 가능성을 급격히 줄인다.

대형 디지털 서비스는 벗어날 수 없는 영지다. 이러한 하위 주체들이 디지털 토지에 의존하는 상황은 중요하다. 이는 지배 세력이 경제적 잉여를 포착할 수 있는 능력을 결정하기 때문이다. 이러한 구성에서 의존성과 잉여의 통제가 함께 이루어지는 이론적 모델은 내가 소개한 대로 포식predation의 모델이다. 디지털 생산관계를 특징짓는 경제적 역동성과 사회적 갈등 체제를 이해하기 위해서는 이 모델로 눈을 돌려야 한다.

포식적 규제의 가능성

마르크스는 "경쟁의 전투는 상품의 가격 인하를 통해 이루어 진다"라고 상기시킨다.[73] 경쟁력을 갖추는 것은 기업이 이익을 얻기 위한 필수 조건이다. 이 요구에 따르지 않는 기업은 활동이 무효화 되며, 손실이 쌓여 결국 사라지게 된다. 총체적으로 볼 때, 노동 착 취와 시장에서의 가치 실현은 이러한 과정에서 이루어진다. 그러나 이 게임에는 일종의 아이러니가 있다. 실리콘밸리의 거물인 피터 티엘이 설명하듯, 경쟁에서 개별 기업가의 목표는 바로 경쟁을 피하는 것이다.

단순히 가치를 창출하는 것만으로는 충분하지 않다. 당신이 창출한 가치의 일부를 포착해야 한다. (중략) 경쟁의 미국적 신화와 이 아이디어에 대한 신뢰는 우리가 사회주의의 지배에서 벗어나는 데 도움을 주었다. (중략) 그러나 본질적으로 자본주의와 경쟁은 상반된다. 자본주의는 자본 축적에 기반을 두고 있지만, 완벽한 경쟁 상황에서는 모든 이익이 사라진다. 기업가들에게 주는 교훈은 분명하다……. 경쟁은 **패자**를 위한 것이다.[74]

---

73 Karl Marx, *Le Capital. Livre III. Le procès d'ensemble de la production capitaliste, op. cit.*, p. 702.

74 J. Adam Tooze, *Crashed. How a Decade of Financial Crises Changed the World*, The Viking Press, New York, 2018, p. 462에서 인용.

던컨 폴리는 경쟁에서 벗어나 가치를 더 잘 포착하려는 이 의도의 역설적이고 대조적인 효과를 강조한다.

글로벌 잉여가치는 자본주의 사회관계의 산물로서, 잉여가치를 차지하기 위한 경쟁의 우발적 부작용으로 나타난다. 그 규모는 개별 자본가의 영향에서 벗어나 우연히 떠오르는 현상이며, 더 광범위한 정치적·문화적·사회적 요인의 영향을 받는다. 모든 자본에 주어진 즉각적인 경쟁 과제는 이 잉여가치를 최대한 많이 확보하는 것이다. 일부 잉여가치 포획 방식은 글로벌 잉여가치를 간접적으로 증가시키는 데 기여하지만, 다른 방식, 특히 다양한 형태의 임대 수익 창출 방식은 이 총잉여가치의 증가에 기여하지 않는다.[75]

다시 말해, 분산된 자본들이 실제로 가치 포획을 위해 경쟁할 때, 일부는 잉여가치를 창출하고, 다른 일부는 경쟁자를 희생시키면서 자신에게 이전된 이익을 충족시킨다.[76] 분석적으로 볼 때, 개별 기업은 노동 착취의 지역적 과정과 순수한 형태의 포획 메커니즘에서 이익을 얻는다. 포획된 이익은 자본가들이 노동 착취를 통해 집단적으

---

75 Duncan K. Foley, "Rethinking financial capitalism and the 'information' economy", *loc. cit.*, p. 261.

76 스튜어트가 개발하고 마르크스가 인용한 '양도 시의 이익profits upon alienation' 개념은 이렇게 이전된 이익을 의미한다. Cf. Costas Lapavitsas, *Profiting without Producing. How Finance Exploits Us All*, Verso, New York, 2014, pp. 141~147; Anwar Shaikh, *Capitalism, op. cit.*, pp. 208~212.

로 얻은 총잉여가치의 일부를 차지하는 것이며, 이는 자본 보유자들이 더 많은 이익을 차지하려고 충돌한 결과다. 또한 소비자 대출에 대한 이자와 같이 임금 노동 가계의 수입에서 전이될 수도 있다.

임대 문제는 생산적인 참여와 연결되지 않은 가치 포획의 논리와 밀접하게 관련되어 있다. 이는 토지 소유와 자연자원에 해당하며, 금융 부문에서도 마찬가지다. 마르크스는 이와 관련해 샤를 푸리에의 표현을 빌려 '산업적 봉건제도'라는 용어를 쓴다. 그는 제2제국 시기에 주식회사 형태의 금융기관인 프랑스 부동산 신용회사Crédit immobilier français를 설립한 것은 산업자금 조달경로를 독점적으로 통제하려는 시도였다고 본다. 그는 이렇게 논평한다. "생산적 투자 측면이 아니라 단순히 주식을 통한 이익 실현을 목적으로 한다. 그들이 내놓은 새로운 아이디어는 산업적 봉건제를 주식시장의 투기에 종속시키는 것이다."[77]

봉건제에 대한 언급은 가치 포획 장치의 성격이 생산이 아니라 임대와 관련되어 있음을 가리킨다. 무형 자산을 집약적으로 사용하는 기업, 특히 플랫폼의 경우, 생산적 논리보다 임대의 우월성이 드러나는 이 아이디어를 다시 한 번 확인할 수 있다.[78] 디지털 활동의

---

77 Karl Marx, "The French Credit immobilier", *New York Daily Tribune*, 21 juin 1856, consultable sur marxengels.public-archive.net; Charles Fourier, *Théorie des quatre mouvements et des destinées générales*, partie 1 [1808], Université du Québec à Chicoutimi, "Les Classiques des sciences sociales", en ligne, p. 176.

78 예를 들어 마티외 몽탈방과 그의 공동 저자들이 다음과 같이 썼듯이, "모든 형태의 자본의 목적은 이익을 위한 (교환의) 가치를 생산하는 것이지, 자본에는 단지 수단에 불과한 용도의 가

증가는 이익 생성의 경쟁적 과정의 지속 가능성 문제를 제기한다. 자본이 실제로 경쟁하고 소비자가 다양한 생산자에게 접근할 수 있으며, 자산이 양도될 수 있는 시스템은 그 혼란스러운 역동성을 유지한다. 가치 포획 방안과 잉여가치 생산 공간이 균형을 이루려 하고, 만약 포획 활동이 너무 많은 자본을 차지하면, 생산 부문에는 이익 기회가 나타나고 새로운 투자를 유도하게 된다. 다른 가능성이 있을까? 이익 생성이 가치의 생산이 아니라 주로 포획에 초점을 맞출 수 있을까? 만약 그렇다면, 거시경제적 차원에서 어떤 결과를 초래할까? 이렇게 제기된 문제는 결국 알고리즘 시대에 포식적 규제 현상이 출현하는 것과 관련이 있다.

1899년에 출간된 소스타인 베블런의 『유한계급론』은 포식 문제를 다룬 경제학 서적 중 최초이며 거의 유일하다. 그의 기본 가설인 자본주의에서 포식의 지속성은 생산 장치와 포획을 통한 이익 추구 방식 간의 구분에 기반을 두고 있으며, 이는 그의 모든 작품에서 끊임없이 강조되는 현상이다.[79] 이러한 관점에서, 자본의 수익 극대화는 생산 극대화가 아니라 오히려 일반적으로 공동체에 대한 통제의 극

치를 제공하는 것이 아니다. 플랫폼은 중개자 또는 '시장 조직자'의 위치에서 나머지 가치를 포획한다. 그들 중 실제로 자본을 위한 가치를 창출하는 곳은 극히 적기 때문에 그들의 활동은 가치 창출이 아니라 오히려 잉여가치의 재분배에 가깝다." Matthieu Montalban, Vincent Frigant et Bernard Jullien, "Platform economy as a new form of capitalism: a regulationist research programme", *Cambridge Journal of Economics*, vol. 43, n° 4, 2019, p. 16.

79 Thorstein Veblen, *The Theory of the Leisure Class*, Oxford University Press, Oxford, 1899; Marc-André Gagnon, "Penser le capitalisme cognitif selon Thorstein Veblen: connaissance, pouvoir et capital", *Interventions économiques*, n° 36, 2007, p. 569.

대화에 의존한다.[80] 이러한 통제는 무형 자산, 독점된 지식 또는 독점 생산 자산 같은 중요한 요소를 장악함으로써 가능하다. 이 모든 요소는 일반적으로 **좋은 의도**goodwill라는 용어 아래에 모여 있다.

가장 넓은 의미에서 좋은 의도는 확립된 비즈니스 관계, 정직성에 대한 명성, 프랜차이즈와 특권, 상표, 특허, 저작권, 법이나 비밀로 보호받는 특별한 방법의 독점적 사용, 재료 공급원의 독점적 통제를 포함한다. 이러한 모든 요소는 소유자에게 차별적 이점을 제공하지만, 공동체에 대한 전체적인 이점은 아니다. 이들은 관련된 개인들에게 부가되는 재산, 즉 차별적 부지만, 국가의 부에는 포함되지 않는다.[81]

베블런은 기술관료적 관점에서 엔지니어들이 통제권을 가질 경우, 경제가 전체 인구의 번영을 보장할 수 있다고 평가한다. 그는 또한 '기술자 모임'이 대중의 물질적 행복에 기여하는 관리경제 운영 계획을 구상한다.[82] 그러나 베블런은 엔지니어들이 생산수단 소유자들의 이익에 종속되어 있다고 아쉬워한다. 당시 사람들 대부분이 산업의 발전에 매료되어 있을 때, 베블런은 오히려 산업 발전을 가로막는 장애물에 주목한다. 그는 기업 환경에서 펼쳐지는 활동의

---

80 *Ibid.*

81 Thorstein Veblen, *The Theory of Business Enterprise*, Gardners Books, Eastbourne, 1904, p. 167.

82 Thorstein Veblen, *The Engineers and the Price System*, Routledge, Londres, 1921, chapitre IV.

본질은 생산을 조직하는 것이 아니라, 그 반대로 생산과정을 방해하는 데 있다고 본다. 사람들은 모두 다른 이들이 가진 것을 더 잘 빼앗기 위해 노력하고 있다는 점을 강조한다.

> 기업가의 즉각적인 목적은 산업과정을 여러 방식으로 방해하거나 막는 것이다. 그는 일반적으로 다른 상업적 이익을 겨냥하며, 대개 금전적 강압의 형태로 목표를 달성한다.[83]

베블런의 가장 강력한 직관 중 하나는 포식 계급의 형성이라는 현대적 성격을 파악한 것이다.

> 포식은 산업적 방법이 충분한 효율성 수준으로 발전해서 싸울 가치가 있는 여지를 남기지 않는 한, 어떤 그룹이나 계급의 일반적이고 관습적인 자원이 될 수 없다.[84]

따라서 경제적 효율성과 혁신은 포식적 행동의 확산을 막지 않는다. 오히려 한 사회가 경제적으로 발전할수록 포식의 가능성이 늘어난다. 이러한 전제 위에 기술적 봉건제도의 가설이 성립한다.

포식은 포획을 통한 자원 배분의 경제적 메커니즘이다. 포식적

---

83 Thorstein Veblen, *The Theory of Business Enterprise, op. cit.*, p. 35.

84 Thorstein Veblen, *The Theory of the Leisure Class, op. cit.*, p. 19.

규제의 틀 내에서 집계된 결과는 최선의 경우, 만약 포획이 단순한 가치의 이전에 해당한다면 제로섬 게임이 되고, 최악의 경우, 포식 과정 자체가 비용과 파괴를 초래한다면 손실이 발생하는 상황이 된다. 역사적 사례는 페리 앤더슨이 귀족 내 갈등의 경제적 역동성 과 자본 간의 경쟁을 비교할 때 분명하게 드러난다.

> 자본 간의 경쟁은 경제적 형태를 가지며, 그 구조는 대체로 추가적인 성 격을 띤다. 경쟁하는 부문들은 모두 획일적이지 않지만 확장하고 번영 할 수 있다. (중략) 제조품 생산은 본질적으로 무한하게 이루어질 수 있 기 때문이다. 반면에, 귀족 간의 경쟁은 군사적 형태를 가지고 있으며, 그 구조는 전쟁터에서 일어나는 제로섬 충돌로, 일정한 크기의 지역을 얻거나 잃는 형식이다. 땅은 자연 독점이기 때문에 무한히 확장될 수 없 고, 오직 재분할만 가능하기 때문이다.[85]

기생과 달리 포식은 포식자와 희생자 간의 지배관계를 통해 이루 어진다.[86] 따라서 이러한 분류방식으로 볼 때, 소매치기는 포식자가 아니지만 마피아의 우두머리는 포식자다. 고전적인 군사적 갈등의 경우, 지배는 한쪽의 승리와 그에 따른 자원 포획을 통해 갈등이 끝 났을 때 확인된다. 하지만 갈등이 시작되기 전부터 비대칭성이 존재

---

85   Perry Anderson, *Lineages of the Absolutist State, op. cit.*, p. 31.

86   Mehrdad Vahabi, *The Political Economy of Predation, op. cit.*, chapitre I.

하는 경우, 우리는 포식자-먹이 모델에 해당한다.

이 포식자-먹이 모델에는 두 가지 변형이 있다. 첫 번째 경우, 먹이는 멸종되거나 쫓겨나며, 포식자는 본질적으로 공격자로 행동한다. 이는 민족 청소 작전에서, 목표가 된 인구의 땅과 재산이 공격자에게 포획되는 경우에 해당한다. 고대 노예제도에서 포식자는 먹이가 도망칠 때 기대할 수 있는 이익을 감소시키려는 목표로 감시 비용을 줄이기 위해 행동을 조정한다.[87] 따라서 지배 논리와 소유 논리 사이에는 일종의 연속성이 존재한다.[88]

메르다드 바하비가 설명하듯, 포식자-먹이 유형의 관계에서 결정적인 것은 포식자와 먹이 간의 사전 비대칭성이다. "먹이와 포식자 간에 미리 지배관계가 설정되면, 포식자만이 공격자이자 보호자로서 행동할 수 있지만, 먹이는 탈출해서 자신을 보호할 수 있을 뿐 공격에 맞서 반격할 수는 없다."[89]

포획 비용, 지배, 탈출 비용은 디지털 경제의 역동성을 이해하기 위한 적합한 카테고리다. 이 맥락에서 포획 비용은 하이퍼스케일 성장의 동력을 불러일으키기 위해 필요한 초기 투자를 의미한다. 스타트업의 경우, 이는 고정 비용으로서 알고리즘 설계와 인터페이스 개

---

87 Moses I. Finley, *Économie et société en Grèce ancienne*, La Découverte, Paris, 2007.

88 사냥과 목축 사이에도 일종의 연속성이 존재한다. Cf. Grégoire Chamayou, *Les Chasses à l'homme. Histoire et philosophie du pouvoir cynégétique*, La Fabrique, Paris, 2010, chapitre III.

89 Mehrdad Vahabi, *The Political Economy of Predation, op. cit.*, p. 100.

발 같은 항목을 포함한다. 인수의 경우, 이는 기업이 중요한 디지털 지위를 확보하기 위해 지불하는 가격이다. 이러한 두 상황에서 이는 비가역적 비용으로, 프로젝트가 실패하면 투자는 본질적으로 손실을 입는다.

다음으로, 지배는 알고리즘적 통치에 고유한 구조와 그 정치적 차원인 감시, 예측, 행동 통제와 본질적으로 연관되어 있다. 가치사슬 전반에서 소비자, 노동자, 하위 자본 등 다양한 주체들이 실제로 정보 시스템과 연관되는 방식은 그들에게 우월한 위치를 부여하는 유령 같은 존재이며, 그 덕분에 이들 주체는 데이터를 중앙집중화하고 통제하는 이점을 누린다.

마지막으로, 디지털 토지에 대한 의존성은 이제 개인과 조직의 사회적 존재를 결정하는 조건이 된다. 이러한 집착의 이면에는 탈출 비용의 금지적 성격이 있고, 결과적으로 경쟁의 역동성을 저해하는 포획 상황이 일반화되는 현상이 있다.

디지털 정치경제학에서 생산보다 포식이 우선하는 현상을 파악하는 것은 해결하는 것보다 더 많은 질문을 제기한다. 거시경제적 역동성의 관점에서 볼 때, 이는 디지털 임대 보호와 통제 확대에 대한 투자가 생산적 투자에 우선함을 시사한다. 새로운 생산방식의 본질에 내재된 반동적 성격이 분명하게 드러난다.

사회화의 행운과 불행

30년이 지난 지금 실리콘밸리 합의의 일부는 여전히 진실성을 지닌다. 정보기술의 발전이 가져온 변화는 생산방식의 기초를 다루며, 그 기본 원칙들을 불안정하게 만든다. 하지만 기술 자본주의에 대한 낙관론이 젊음을 되찾아줄 것이라고 약속한 반면, 상황은 퇴보를 드러낸다. 디지털의 발전은 경쟁관계를 뒤흔들어 의존관계가 우위를 점하도록 하며, 이는 전체적인 메커니즘을 혼란스럽게 하고 생산보다 포식이 우선하게 만드는 경향이 있다. 이는 내가 기술 봉건제도라고 부르는 결과를 낳는다.

자본주의를 초월하는 문제가 다시 제기되는 이유는 단순히 소유의 집중이 정치적으로 엄청나게 증가하거나, 이런 발전방식 때문에 우리가 생태적 난관에 빠지기 때문만은 아니다. 이 시스템의 논리 자체에 질적 변화가 일어나고 있다. 디지털 대기업의 운영은 본질적으로 베블런이 생각하는 파괴적 행동으로, 정보의 힘을 포획 장치에 유리한 방향으로 재편하고 있다. 이러한 사회경제적 재편은 기술 섹터를 넘어 모든 활동 분야를 아우르며, 우리는 가치사슬에서 나타나는 지적 독점화를 통해 이를 확인할 수 있다.

이 변화하는 풍경 위에는 1980년대 해커들의 정신이 감돌고 있다. "이제는 우리의 세계다……. 전자와 스위치의 세계."[1] 하지만 이론적이고 정치적인 비판은 이제 막 시작 단계에 있다. 지적 독점의 혜택을 입는 이익 추출 경로의 정확한 지도는 무엇인가? 이들은 금융 시스템, 특히 그 중앙화를 조직하는 메가투자펀드와 어떻게 연결되는가?[2] 이들은 클릭 노동자, 긱 경제[3]와 더 오래된 형태의 임금 노동 착취에서 어떻게 성과를 얻는가? 누가 먹이이며, 어떤 조건에서 그들이 하나의 주체가 되어 사회적 힘을 발휘할 수 있을까? 이러한 질문들은 본질적으로 탐구할 필요가 있다.

현대 자본주의에서 일어나는 질적 변화를 파악하는 것은 단지 시작일 뿐이지만, 이는 강력한 영향을 미치며, 자유주의의 통념과 홀로 그 대척점에 있는 마르크스주의 전통 모두에 충격을 준다.

---

1   The Mentor (Loyd Blankenship), "The conscience of a hacker", 8 janvier 1986, en ligne.

2   Cecilia Rikap, *Capitalism, Power and Innovation. Intellectual Monopoly Capitalism Uncovered*, Routledge, Londres, 2021.

3   긱 경제는 단기 일자리 경제를 의미한다. Cf. Antonio A. Casilli, *En attendant les robots. Enquête sur le travail du clic*, Seuil, Paris, 2019; International Labour Organization, "Digital labour platforms and the future of work: towards decent work in the online world", *ILO Report*, Genève, 2018.

자유주의적 관점에서 볼 때, 디지털 경제는 이념적 난제로 변한다. 경쟁을 본질적으로 선한 메커니즘으로 여기는 이들은 건전한 경쟁을 회복하기 위해 규제 당국이 디지털 성채를 해체해야 한다고 믿는다. 대기업들이 정당하게 강조하는 어려움은 디지털 세계에서 피드백 루프의 힘이 중앙집중화를 초래한다는 것이다. 따라서 모든 분산 노력은 가치의 사용을 파괴하는 것을 의미하며, 데이터 풀의 규모가 줄어들수록 알고리즘의 민첩성이 떨어지게 되고, 궁극적으로 사용자에게 불편한 장치가 만들어진다. 다시 말해, 소비자 유용성의 경제적 논리는 현대 경제의 핵심을 형성하며, 이는 실제로 우리 사회에 위협을 가하는 새로운 메가기업들이 촉발한 반독점법의 부활에 맞서고 있다.

우리는 경쟁 정책으로 완결할 수 없는 누적적인 과정에 직면해 있다. 이 디지털 토지의 중앙집중화에 따른 상황은 경제학자 존 스튜어트 밀의 상상처럼 한 나라의 모든 땅이 한 사람에게 속하는 경우를 연상시킨다. 그러면 "전 국민은 생존에 필요한 것들을 위해 소유자에게 의존하게 되며, 따라서 그는 자신의 조건을 마음대로 부과할 수 있다."[4] 이처럼 모든 사람이 소유자에게 의존하는 모습은 디지털 경제의 속성이며, 알고리즘 시대의 자유주의가 포식자로 변화했음을 나타낸다.

---

4   John Stuart Mill, *Principles of Political Economy* [1848], livre 2, chapitre XVI, in *Collected Works of John Stuart Mill*, vol. 2 et 3, University of Toronto Press/Routledge, Toronto/Londres, 1965, p. 416.

마르크스적 관점에서 볼 때, 자본주의 생산방식이 기술적 봉건 제도로 변화하는 것은 자유주의를 잔인하게 부정하는 것을 의미하지 않는다. 오히려 이는 피루스의 승리[5]에 가깝다. 역사적으로 사회화에 대한 경향은 확증되지만, 처음에는 명백히 추한 억압의 형태를 띠게 된다.

실제로, 상업적 관계는 계속해서 심화하고 있어 우리의 삶은 사회적 분업에 점점 더 의존하고 있다. 자산 관리자의 손에 자금이 집중되면서, 소유는 더욱 집단적인 형태로 변모하고 있으며, 경제적 잉여에 대한 권리는 작업 프로세스에 대한 통제와 불가역적으로 분리되고 있다. 하지만 특히 생산방식과 소비방식은 점점 더 이해하기 쉬워지고 있으며, 동시에 대량 데이터의 알고리즘 처리에 따라 변화할 수 있는 형태로 변모하고 있다. 삶의 사소한 부분들조차도 디지털 회로에 통합되고 모든 사회적 주체에게 공통된 문법의 객관화에 얽히게 된다.

인류 문명은 천천히 자본에 예속되었고, 마침내 위태로운 산의 정점에 서게 되었다. 한쪽에서는 마르크스가 『자본론』 초고에서 예상했던 재앙적인 추락의 급경사와 바위투성이의 경사가 있다. "사회 발전의 보편적인 산물인 과학의 적용은 즉각적인 생산과정에서 자본의 생산력으로 나타나며, 노동의 생산력으로는 나타나지 않는다.

---

5 기원전 279년, 에피루스의 피루스는 아스쿨룸 전투에서 로마군과 싸워 승리했으나, 많은 군사를 잃었다. 그 후 '얻은 것이 거의 없는 승리'라는 의미로 쓰이게 되었다―옮긴이.

(중략) 또한 생산과정에 참여하는 노동자들의 생산력으로도 나타나지 않는다."[6] 자율적이고 창조적인 활동의 부정으로 개인과 집단의 주체성이 파괴된다. 노동은 이러한 신비화에 휘말리며, 개인은 이제 존재하지 않고 자본이 모든 것을 차지한다. 현대의 직장에서 만연한 고통은 부분적으로 이러한 무관심의 역동성에서 비롯되며, 이는 주체를 감소시키고 비현실화한다.

이 재앙은 생산 영역을 넘어선다. 따라서 알고리즘적 통치가 개인을 조정하려는 열망은 욕망의 형성을 허용하지 않으므로 결국 개인을 '슬픈 정념'의 기계로 전락하게 만든다. 개인은 자기 일에서 시작해 삶의 모든 단계에서 점점 자신의 존재를 외면당하고 있다. 철학자 에티엔 발리바르는 이러한 최종적 패배의 가능성을 '완전한 예속'이라고 부른다. 이는 "개인적 정체성과 자율성의 완전한 상실"을 의미한다.[7]

기술 봉건주의가 강화되면서 억압의 논리도 빨라지고 있다. 그러나 이러한 억압이 강화될수록 기대되는 긍정적인 결과는 줄어드는 듯하다. 경제적 논리와 알고리즘적 논리가 융합된 가장 앞선 분야는 비현실화의 벽에 부딪히고 있으며, 마케팅 연구자들은 소비자에

---

6   Karl Marx, *Le Capital*, livre I, chapitre VI, "Manuscrits de 1863-1867", Éditions sociales, Paris, 2010, p. 187.

7   Étienne Balibar, "Towards a new critique of political economy: from generalized surplus-value to total subsumption", in Peter Osborne, Éric Alliez et Eric-John Russell (dir.), *Capitalism. Concept, Idea, Image. Aspects of Marx's Capital Today*, 2019, en ligne.

게 자율 구매 시스템을 배포하는 프로젝트가 비현실화의 벽에 부딪히는 현실을 관찰하고 있다.

자율 구매 시스템은 구매과정을 깊이 있게 변화시켜 인간 위주 의사결정의 필요성을 줄이거나 심지어 제거함으로써, 견고하게 뿌리내린 인간-기계 관계에 도전한다. 의사결정 과정을 제거함으로써, 의사결정의 인지적 부담을 줄이는 등의 장점을 제공한다. 그러나 소비자들은 자율적인 의사결정 능력을 포기하는 데 주저할 수 있다. 게다가 활동이 없는 상태에서는 자가 조절 능력이 소진될 위험이 있으며, 선택권을 행사함으로써 얻는 만족감은 사라지는 경향이 있다.[8]

여기 상황을 잘 인식하고 있는 기업들이 있다. 하지만 인간은 자신의 자아를 빼앗기는 상황에서도 그저 도망치기만 한다. 개인이 새로운 형태의 통제 수단을 갖지 않으면, 기계가 자신의 선택권을 박탈하는 상황을 받아들이게 된다.

산꼭대기의 반대편에는 해방의 약속으로 가득 찬 맑은 시냇물과 푸른 골짜기가 있다. 마르크스는 축적의 역사적 법칙이 특정 측면에서 개인의 발전을 촉진한다고 주장한다. 실제로 "대규모 산업은 작업의 변화하는 요구에 대해 인간의 절대적인 가용성을 요구한다"

---

8   Emanuel de Bellis et Gita Johar, "Autonomous shopping systems: identifying and overcoming barriers to consumer adoption", *Journal of Retailing*, 2020 (à paraître).

라고 하며, 이는 "노동자에게 가능한 한 가장 높은 다재다능성을 요구한다"라는 것을 의미한다. 대규모 산업은 "부분적인 개인, 즉 세부적인 사회적 기능의 단순한 지원자를 충분히 발전한 개인으로 대체하는 것을 촉진한다. 이 충분히 발전한 개인은 사회적으로 다양한 활동을 하는 존재다."[9] 자본의 후원 아래 시작된 사회화는 해방의 과정을 가능하게 한다. 상호 연결성과 생산 활동의 엮임에서 발산되는 힘은 각 개인이 자신의 활동 범위를 무한히 확장할 수 있는 기회를 제공한다.

알렉상드르 보그다노프는 1905년에 유토피아 소설 『붉은 별』에서 이러한 해방을 정확하게 표현한다. 한 주인이 외국인 방문자에게 고도로 발달한 이 외계 사회의 노동 조직 원칙을 설명한다.

우리는 표를 통해 노동을 분배할 수 있다. 이를 위해서는 각자가 어니에, 그리고 얼마만큼 인력이 부족한지를 볼 수 있어야 한다. 그러면 각자는 자신이 좋아하는 작업을 하거나 똑같은 작업 가운데 인력이 부족한 곳을 선택하게 된다.[10]

이 시스템은 실시간으로 노동의 요구 변화를 개인의 변하는 욕구와 생산과정에 맞게 조정할 수 있다.

---

9 Karl Marx, *Le Capital. Critique de l'économie politique. Livre premier, op. cit.*, p. 548.
10 Alexandre Bogdanov, *L'Étoile rouge suivi de L'Ingénieur Menni*, L'Âge d'Homme, Lausanne, 1985, p. 73.

계산기관은 재고 물품의 이동, 다양한 지사에서 운영되는 생산시설, 노동자 수의 변동을 감시하고 있다. 이러한 방식으로 생산될 물품의 양과 질, 생산에 필요한 작업 시간을 결정할 수 있다. 이 기관은 또한 각 산업 분야에서 현재 생산되고 있는 것과 생산해야 할 것 간의 차이를 계산하며, 이 차이를 어디에나 전달한다. 그럼으로써 자원자들의 유입이 균형을 이루게 한다.[11]

과학소설이 묘사하는 사용가치의 사이버네틱스cybernétique[12]는 이제 손에 닿는 곳에 있을 것처럼 보인다. 컨설팅 회사 매킨지는 노동 문제를 회피하며, 마지못해 이를 설명하고 있다. 주요 기업들은 이미 가장 정교한 분석과 머신러닝 솔루션을 활용하는 고도로 통합된 계획 시스템을 개발하고 있다. 이러한 첨단기술 방법은 '고급 계획'이라고도 불리며, 앞으로 경제 활동의 조정을 맡게 될 것이다. 마치 보이지 않는 손처럼 시스템은 자율적이고 효율적으로 작동한다. 계획자들은 예외적인 경우에만 개입해서 검토하고 수정을 가하면 된다. 더욱이 이 시스템은 매우 다양한 데이터 출처에 의존하고, 인공지능과 기계 학습 기술을 통해 이들 데이터를 상호 연결함

---

11 *Idem.*
12 사이버네틱스는 1940년대 미국의 수학자인 노버트 위너Norbert Wiener가 시스템의 통제와 의사소통을 이해하기 위해 처음 쓴 용어다. 이는 기계와 생물체 간의 정보 흐름과 피드백 메커니즘을 이해하는 데 중점을 둔다. 사이버네틱스는 다양한 분야에 응용되며, 특히 공학, 생물학, 컴퓨터 과학, 사회학 등에서 시스템의 자가 조절과 적응 능력을 연구하는 데 중요한 역할을 한다—옮긴이.

으로써 예측의 정확성을 향상시킨다. 동시에 고급 계획은 재고 관리, 구매, 물류, 마케팅, 판매의 점점 더 긴밀한 통합을 가져오며, 이는 프로세스의 효율성을 크게 높인다.[13]

미래는 알고리즘의 보이지 않는 손에 달려 있다. 디지털 피드백 루프 덕분에 피곤하고 혼란스러운 물류의 우회과정이 점차 필요 없게 되고, 더는 노동 분업을 유지하는 데 걸림돌이 되지 않는다. 이 새로운 종류의 경제적 계산의 시대가 시작됨에 따라, 이를 수행할 주체가 누구인지를 아는 것이 문제로 대두된다. 기술적 봉건제도의 성채를 지키는 이들은 생산과 소비의 사회경제적 프로세스에 대한 지적 통제를 독점하겠다고 주장한다. 그러나 개인의 비현실화에 대한 저항은 이 프로젝트에 매우 심각한 장애물로 작용한다. '충분히 발전한 개인'이 나타나려면, 진정한 경제 민주주의가 이루어진 상황에서 시장과 결별하고 개인의 주체성을 강화해야 한다. 그때는 개인이 스스로 정한 자율성의 범위가 경제 문제는 물론 그 문제가 생태계에서 차지하는 위치와 관련이 있을 것이며, 집단의 통제와도 조화를 잘 이룰 것이다.

---

13 Nikolaus Föbus, Tim Lange, Markus Leopoldseder et Karl-Hendrik Magnus, *The Invisible Hand. On the Path to Autonomous Planning in Food Retail*, McKinsey Institute, août 2019.

생산성과 물가지수,
매우 정치적인 질문들

생산성 과소평가와 그 여파로 생기는 가격 수준 과대평가에 관한 논란은 1950년대부터 정기적으로 발생하고 있으며, 일반적으로 이는 사회 복지 수당을 염두에 둔 보수 경제학자들이 제기하는 문제다. 실제로 가격 수준 지표가 여러 수당의 금액을 결정하는 데 활용되기 때문에, 이 지표의 수정은 공공 정책에 따른 재분배 규모에 영향을 미친다.[1] 이 경제학자들은 가격 지수를 '변하지 않는 효용의 생활비 분석 지수'로 이해하는 방식을 선호한다. 그들은 기존 제품에 대한 개선사항과 소비자들의 효용을 증가시킬 것으로 여겨지는 새로운 상품과 서비스의 반영을 강조하며, 유선전화에서 휴대전화

---

[1] 이와 관련해서 미국에서는 1950년대와 1990년대에 걸쳐 두 차례 중요한 논의가 있었다. Cf. Michael J. Boskin et al., "Consumer prices, the Consumer Price Index, and the cost of living", *Journal of Economic Perspectives*, vol. 12, n° 1, 1998, pp. 3~26.

로, 미쉐린 지도에서 구글 지도로, 동네 영화 클럽에서 프라임 비디오로 변화하는 상황을 예로 든다. 이러한 방향은 인플레이션을 낮추고, 이에 법적으로 연관된 사회적 수입도 함께 하향 조정하게 만든다. 이와 반대로, 노동조합이 더 강력했을 때는 가계 지출에 기반을 둔 지수를 옹호했는데, 이는 시간에 따라 필수품의 범위와 변화가 포함된 생활비 증가의 개념을 나타낸다.

이러한 분배 문제를 넘어, 가격 지수의 생산과 사용은 풍부한 사회적 논란 속에 자리 잡고 있으며, 품질 문제는 기술적 개선의 문제로 한정되어서는 안 된다.[2] 서비스의 상호작용과 의도적으로 제품을 구식으로 만드는 문제를 생각해보면, 가격이 실제로 더 상승했음에도 그 영향을 별로 실감하지 못하는 갈등이 있음을 알 수 있다. 따라서 파리 근교의 주택에 설치된 창문 블라인드나 대형마트에서 산 주방 가구는 오래된 오베르뉴 농장의 거실을 장식하는 자작나무 캐비닛이나 여러 번 덧칠한 나무 창문 덮개보다 수명이 훨씬 짧을 것이다. 품질 효과를 고려했을 때, 15년 정도 후에 교체 예정인 현대적인 블라인드와 가구의 가격은 세대를 넘어 지속될 수 있도록 설계된 이전 제품의 가격에 비해 과소평가되는 경향이 있다. 이런 관점에서 볼 때, 생산성과 성장은 과대평가되고, 인플레이션은

---

2 프랑스 맥락에서 가격 지수의 구축과 그 사용에 관해서는 cf. Florence Jany-Catrice, "Conflicts in the calculation and use of the price index: the case of France", *Cambridge Journal of Economics*, vol. 42, nº 4, 2018, pp. 963~986; Florence Jany-Catrice, *L'Indice des prix à la consommation*, La Découverte, "Repères", Paris, 2019 참조.

290　부록 1 • 생산성과 물가지수, 매우 정치적인 질문들

과소평가된다. 게다가 온라인 쇼핑으로의 전환은 구매의 사회적 경험과 관계를 근본적으로 변화시키며, 이는 가격 지수에서 포착하기 어렵다.

인플레이션 수치, 성장과 생산성의 수치는 우리 사회가 스스로를 어떻게 인식하고 조직하는지에 상당한 영향을 미치는 정치적·사회적 선택으로 구축된다. 사람들이 정당하고 널리 공개할 필요가 있다고 생각하는 요구[3]가 여기서 드러난다. 그리고 그 요구는 새로운 부의 지표가 강력해짐에 따라 분명해진다.

---

3   필수적인 요구와 그 정치적 쟁점에 관한 복잡한 문제에 관해서는 cf. Razmig Keucheyan, *Les Besoins artificiels. Comment sortir du consumérisme*, Zones, Paris, 2019 참조.

| 부록 2 |

힙스터 반독점과 시카고

2018년 말, 『국제 경쟁 정책』 저널은 편집자 콘스탄틴 메드베도프스키가 경쟁 정책 분야에서 대기업에 반대하는 주장의 새로운 매력을 표현한 '힙스터 반독점'을 주제로 특별호를 발간했다.

소비자 보호 원칙은 미국의 반독점법과 반독점 실무에서 중요한 요소지만, 이 원칙이 여전히 우선시되어야 하는지에 대해 의문을 제기하는 분석가들이 늘어나고 있다. 법원과 반독점법 집행 담당자들은 기업의 합병과 행동을 평가할 때 고용·임금·중소기업 같은 요소도 고려해야 하는가? 기술 플랫폼을 위한 특별한 규칙이 필요할 것인가? 대기업이 다른 회사들을 인수하는 것을 단순히 막아야 할까, 아니면 아예 분할하는 방안도 고려해야 할까? 소비자 복지라는 패러다임을 재고해야 한다면, 다른 제도는 어떤 모습일까?[1]

1980년대 이후, 미국의 경쟁 정책은 시카고학파의 이론이 지배하고 있다. 이는 대기업에 매우 유리한 이론으로, 정부의 경쟁 분야 개입은 종종 해롭다고 보며, 소비자에게 명백한 피해가 발생하는 경우에만 엄격하게 제한해야 한다고 주장한다. 다음은 이 흐름의 주요 인물 중 한 명인 리처드 포스너가 그들의 주장을 요약한 것이다.

일반적으로 기업은 독단적 행동을 통해 독점력을 얻거나 강화할 수 없다. 물론 그들이 비합리적으로 자신들의 이익을 해치면서 지배적인 위치를 강화하려고 할 경우는 예외다. 따라서 반독점법은 독단적 행동에 초점을 맞춰서는 안 되며, 대신 1) 협정과 2) 직접적으로 독점을 생성하거나 쉽게 카르텔을 형성할 만큼 충분히 중요한 수평적 인수합병에 집중해야 한다.[2]

보다시피 포스너의 주된 걱정은 불법 담합이다. 나머지 사항에 대해서는 실제 또는 잠재적인 경쟁의 힘을 신뢰할 것을 제안한다. 특히 공공기관은 '독단적 행동', 즉 주로 '가격 배제prix d'éviction'와 수직적 통합의 두 가지 문제를 걱정할 필요가 없다.

1   Konstantin Medvedovsky, "Antitrust chronicle. Hipster antitrust", *Competition Policy International*, 2018, en ligne.
2   Richard A. Posner, "The Chicago School of antitrust analysis", *University of Pennsylvania Law Review*, n° 127, 1979, p. 928.

가격 배제 책략은 지배적인 기업이 생산 비용보다 낮은 가격으로 제품을 판매함으로써 경쟁자를 몰아내려는 덤핑방식이다. 포스너는 이를 실패할 수밖에 없다고 본다. "포식자는 포식 기간에 손해를 보고, 이후 가격을 올려 손실을 메우려고 하면 새로운 기업들이 시장에 진입할 것이므로 가격이 경쟁 수준으로 내려가, 포식 단계에서 발생한 손실을 메우는 것을 막는다."[3] 요컨대 게임이 그만한 가치를 갖지 않으며, 가상의 포식자는 모든 경우에 손실을 입게 된다.

수직적 통합 또한 시장을 왜곡할 위험이 없는 단독 행동이다. 포스너는 "독점적 지위의 생산자가 판매와 제조 모두에서 독점 이익을 실현하려고 상업화를 통제하는 것은 논리적이지 않다. 실제로 제품과 가격은 상호 보완적이기 때문이다. 따라서 상업화 가격의 인상은 제품의 수요를 감소시킬 것이다"라고 설명한다. 이는 기업의 판매에 영향을 미치고 결국 초과 이익을 얻을 모든 희망을 무산시킬 것이다. 결론적으로, 수직적 통합은 "효율성을 추구하는 동기가 있을 때만 발생하며, 독점적 통제를 시도하기 위한 것이어서는 안된다."[4]

더 세세히 분석하지 않고서도 주요 결과를 제시할 수 있다. 공공의 개입은 산업 집중의 문제를 고민할 필요가 없다.

---

3   *Ibid.,* p. 927.
4   *Idem.*

지속적인 집중은 해당 시장이 단순히 많은 기업에 자리를 내주지 않거나(규모의 경제) 일부 기업들이 경쟁자나 새로운 진입자들이 도저히 생산할 수 없는 비용이나 제품 개선을 통해 초과 이익을 얻을 수 있는 경우를 의미한다. 이 두 가지 경우 모두 시장구조를 수정하기 위한 공공의 개입은 필요하지 않다.[5]

독점적 지위는 본질적으로 공동선을 해치지 않는다. 그것은 경쟁이 작용하지 않도록 하는 진입장벽이 존재할 때만 해롭다. 이와 반대로, 새로운 경쟁자가 들어올 가능성만으로도 기존 기업들을 억제할 수 있다. 시카고학파의 관점에서 보면, 이러한 진입장벽은 적고 결정적이지 않다.[6] 실제로는 두 가지 경우만 존재한다. 첫 번째는 새로 진입하는 기업들이 새로운 활동 분야에서 쌓은 경험이 부족하기 때문에 자본 공급자에게 위험 프리미엄을 과중하게 지불하는 경우다. 그러나 시카고학파의 이론에 따르면, 이러한 추가 비용은 시장의 경쟁적 성격을 본질적으로 변화시키기에는 불충분하다. 두 번째는 예외적인 상황으로 취급되며, 독점이 독점 자원의 통제에 기반을 두는 경우다. 일반적으로 시장은 경쟁이 가능하고, 따라서 경쟁적이라고 여겨진다.[7]

---

5 *Ibid.*, p. 945.

6 스티글러는 전형적인 정의를 내렸다. Georges J. Stigler, *The Organization of Industry*, Richard D. Irwin, Homewood, 1968, pp. 67~70.

7 William J. Baumol, John C. Panzar et Robert D. Willig, *Contestable Markets and the Theory*

아마존의 역설

시카고학파의 반독점 이론은 미셸 푸코가 『생명정치의 탄생』에서 분석한 무정부 자본주의적 경향과 관련이 있다.[8] 이는 국가의 개입에 대해 매우 신중하고, 대기업의 행동에 대해 상당히 우호적인 접근방식이다. 비록 미국 당국이 문자 그대로 이 정책을 실행하지는 않지만, 1980년대 이후로 반경쟁적 정책에 지배적인 영향을 끼치고 있다.[9]

그런데 새로운 밀레니엄의 시작부터, 특히 2010년대에 접어들어 미국의 디지털 산업 분야에서 기업 집중이 극적으로 가속화되었다 (1장 참조). 이 새로운 상황에 대응해서 반독점 운동이 상당히 강화되었다. 이는 이제 민주당의 주요 투쟁 목표가 되었다. 2016년부터 그들의 선거 공약은 "기업 집중에 제동을 걸고 경쟁을 촉진하겠다"라는 의지를 내세우고 있다. 그리고 이를 구체적으로 설명한다.

우리는 경쟁 정책과 반독점법을 강화하고, 오늘날의 경제에 더욱 적합

---

of Industry Structure, Harcourt Brace Jovanovich, New York, 1982.

8   Michel Foucault, *Naissance de la biopolitique. Cours au Collège de France, 1978-1979*, EHESS/Gallimard/Seuil, Paris, 2004, p. 237.

9   Jonathan B. Baker, "Policy watch: developments in antitrust economics", *The Journal of Economic Perspectives*, vol. 13, n° 1, 1999, pp. 181~194; Jonathan B. Baker, "The case for antitrust enforcement", *The Journal of Economic Perspectives*, vol. 17, n° 4, 2003, pp. 27~50.

하도록 조정할 것이다. (중략) 우리는 경쟁을 보호하는 것과 과도하게 중앙집중화된 경제적·정치적 권력이 형성되지 못하게 방지하는 것을 지지한다. 이는 건강한 민주주의에 부정적인 영향을 미칠 수 있다. 우리는 법무부와 연방거래위원회Federal Trade Commission가 반독점법 집행을 활성화해서 지배적 기업의 횡포를 방지하고, 차별적이고 불공정한 상거래에 대응하기 위해 공공의 이익을 보호하는 것을 지지한다.[10]

이 입장은 소비자의 복지라는 한 가지 문제에만 초점을 맞춘 시카고학파의 환원주의적 접근과 확실히 단절된다. 또한 경제적 권력이 지나치게 집중되는 것이 경쟁 메커니즘과 정치 생활에 미치는 위험에 대해 우려한다. 19세기부터 미국 사회에 뿌리내려온 이 입장은 레이건 시대부터 주변화되었으나, 미국 경제의 집중 증가, 기업가 정신의 감소, 이러한 현상들과 불평등의 증가 사이의 연관성을 입증하는 일련의 연구 덕분에 강력히 되살아나고 있다.[11]

이 작업들 중에서 2017년에 『예일 법 저널』에 게재된 리나 칸의 논문이 이제는 참고자료로 자리 잡고 있다. 칸은 배리 린과 함께 뉴아메리카 재단과 오픈마켓연구소에서 활동한 법률가로, 이후 예일대학교에서 공부했다. 그는 1978년에 로버트 보크가 발표한 『반독점 패러독스: 자신과 싸우고 있는 정책』을 참고한 표시로 논문 제목

---

10 Democrats, "Party platform", democrats.org (blog).

11 David Autor et al., "Concentrating on the fall of the labor share", *American Economic Review*, vol. 107, n° 5, 2017, pp. 180~185.

을 「아마존의 반독점 패러독스」로 정했다.[12]

보크의 패러독스는 다음과 같이 요약할 수 있다. 미국의 반독점 정책은 여러 가지 목표를 추구하고 모호한 지배 개념을 대상으로 삼으면서, 오히려 주요 의도인 효율성 문제를 해치는 결과를 초래하게 된다. 따라서 이는 경쟁 세력이 잠재적으로 작용하고 있는 한 지배 문제를 거론하지 않는 신중한 반독점 정책에 대한 주장이다.

칸의 패러독스는 전혀 다르다. 그것은 사례의 문제다. 아마존의 경우는 보크의 이론과 시카고학파의 한계를 동시에 드러낸다.

1970년대와 1980년대에 법리와 법적 실천이 변화하면서, 반독점법은 이제 소비자의 단기적 이익에 초점을 맞춰 경쟁을 평가하고, 생산자나 시장 전체의 활력은 고려하지 않는다. 이러한 새로운 관점에서 소비자에게 낮은 가격은 건강한 경쟁의 존재를 증명하기에 충분하다. 이 측면에서 아마존은 뛰어난 성과를 보였다. 소비자 가격 인하에 초점을 맞춘 방침과 주장은 아마존이 정부의 감시에서 벗어나는 데 도움을 주었다. 아마존에 대항하기 위해 공동의 노력을 기울인 기업들을 법무부가 고소했을 때, 아마존은 반독점 당국과 가장 가까이 접촉했다. 마치 베이조스가 반독점법의 지도를 그린 후, 회사의 성장 경로를 구상하고 이를 우회할 방법을 부드럽게 설계한 것처럼 모든 것이 그렇게 흘러갔다. 아마존은 소비자

---

12 Robert H. Bork, *The Antitrust Paradox. A Policy at War with Itself*, Free Press/Maxwell Macmillan, New York/Toronto, 1993.

들의 이익을 위한 반독점의 찬가를 부르며 독점의 길을 걸어갔다.[13]

칸의 업적은 매우 교육적이다. 한편으로 그는 시카고학파의 이론과 미국의 반독점 전통이 지난 200년간 제기한 반론에 대한 치밀한 논의를 이끌어낸다. 또 한편으로 그는 아마존의 반경쟁적 관행에 대해 심층적으로 검토를 진행한다. 그의 결론은 확고하다. 아마존은 다수의 반경쟁적 관행을 가진 대규모 기업이지만 법망을 피하고 있다.

칸은 아마존의 행동이 당국의 반응을 일으켰어야 할 여러 상황을 설명한다. 예를 들어 아마존은 베스트셀러 도서를 원가 이하로 판매하고, 킨들 리더기와 아마존 프라임 서비스를 통해 여러 분야에서 지배적인 위치를 확립하며, 이들의 상호 보완성을 활용해 네트워크 효과를 강화할 수 있다. 현재 시행 중인 반독점 이론은 아마존이 어떻게 손실을 만회하는지를 파악하지 못하고 있으며, 이는 독점적 지위 남용의 특성으로 볼 수 있다. 도서 분야에서 이 헤게모니의 형성은 소비자에게 제공되는 제품 다양성이 줄어들 위험성을 초래한다. 이는 정치적인 위험으로 볼 수 있는데, 도서 산업의 조직이 아이디어의 유통방식과 직접 연결되어 있기 때문이다.[14]

또 다른 예로, 아마존은 다양한 생산자를 위한 판매 플랫폼으로,

---

13 Lina M. Khan, "Amazon's antitrust paradox", *Yale Law Journal*, vol. 126, n° 3, 2016, p. 716.

14 *Ibid.*, p. 767.

이는 아마존에 특별한 관찰자의 위치를 부여한다. 만약 아마존이 한 산업자의 제품이 큰 성공을 거두었다고 판단하면, 곧 그 제품의 자사 브랜드 버전을 더 저렴하거나 더 잘 홍보해서 판매하게 되며, 이렇게 해서 필연적으로 시장의 대부분을 차지하게 된다. 예를 들어 아마존은 내셔널 풋볼 리그NFL의 마스코트를 본뜬 봉제 애완동물 베개에 대한 소비자들의 열광을 확인하고, 곧 이러한 제품들을 자사 브랜드로 출시해 원래의 생산자를 제치게 된다.

아마존은 또한 기업에 제공하는 클라우드 저장 공간 덕분에 가장 강력한 IT 서비스 회사 중 하나이기도 하다. 여전히 다양한 사업의 결합은 아마존이 경쟁 우위를 강화하는 데 한몫한다. 이렇게 아마존은 서버 이용 데이터를 활용해서 트래픽 양을 통해 빠르게 성장하는 스타트업을 식별하고, 이를 통해 자본 투자 운영을 안내하는 것으로 나타났다.

경쟁의 한계

칸은 아마존 사례 연구를 통해 시카고학파의 접근방식과 그것이 영감을 주는 정책의 실패를 진단한다. 우선, 소비자 복지를 유일한 기준으로 삼더라도 가격 기준은 불충분하며, 반독점 정책은 지속적인 품질, 다양성과 혁신에 대한 우려를 반영해야 한다. 이러한 기준에 비추어볼 때, 산업 집중은 진지하게 받아들여야 할 위협이다.

그러나 소비자 복지에 대한 주의가 과도하고 잘못된 방향이라는 점도 간과해서는 안 된다. 이는 의회가 노동자, 생산자, 기업가, 시민의 이익을 포괄하는 다양한 정치적·경제적 목표를 증진하기 위해 반독점법을 제정한 입법 역사를 반영한다. 또한 이는 시장이 돌아가는 과정과 그 구조에 대한 우려를 잘못 대체한다. 즉, 시장 권력이 충분히 분산되어 경쟁을 유지할 수 있는 상황을 간과하고, 오직 물질적 측면에서 소비자 복지에 미치는 영향에만 초점을 맞춘다.[15]

칸은 여기서 1970년대 이전의 전통적인 미국 반독점 접근방식을 주장한다. 종종 구조주의적이라고 평가되는 이 접근방식은 시장구조에 중점을 두고, 집중도의 정도를 그 자체로 중요한 기준으로 삼는다. 경쟁과 관련해서 당국은 여러 이해관계를 고려해야 하며, 이는 생산자, 소비자, 노동자, 시민을 독점의 남용에서 동시에 보호하는 것을 의미한다고 칸은 설명한다.

과도하게 집중된 경제 권력의 폐해는 매우 다양한 형태를 취할 수 있다. 공급자에 대한 부당한 압력, 소비자에 대한 포획 상황, 미디어를 통한 정치 시스템의 통제 등……. 또한 기업들이 너무 커서 공공기관에서 여러 가지 혜택과 지원을 받을 수 있는 구조가 형성될 수 있다. **너무 커서 실패할 수 없는** 기업의 경우, 그들의 잠재적인 파산은 체계적인 위험을 의미하기 때문에 상상할 수 없다.

---

15   *Ibid.*, p. 737.

경제적·사회적·정치적 권력 집중의 위험에 대한 모든 주장은 충분히 받아들여질 수 있다. 하지만 칸과 이른바 '힙스터 반독점 이론'[16]은 더 나아간다. 이는 단순히 개인 독점의 위험을 지적하는 것을 넘어, 경쟁 그 자체의 가치를 높이는 것을 의미한다. 결국, 칸은 분산되고 조화로운 경쟁 질서에 대한 열망에서 『대헌장』의 저자들과 일맥상통한다. 그들은 민간 기업가들이 이루는 경제에 대한 똑같은 규범적 이상을 공유한다. 이러한 관점에서 경쟁은 수단이 아니라 목표이자 그 자체로 바람직한 목적이다.

반독점 정책은 지나치게 산업 집중이 이루어지는 것을 막아야 한다. 이는 경쟁에 대한 위협이기 때문이다. 이 점에서 칸의 주장은 매우 명확하다. "반독점법과 경쟁 정책은 소비자의 복지가 아니라 경쟁 시장을 촉진해야 한다."[17] 목적은 "경쟁 프로세스의 중립성과 시장구조의 개방성을 유지하는 것"이다.[18] 이 점에서 미국의 힙스터 반독점, 유럽연합의 경쟁 정책, 그 기반이 되는 질서자유주의의 유사성을 강조할 필요가 있다.

유럽연합이 미국의 디지털 거인들에 대해 법적 절차를 진행한 결과, 2017년과 2018년에 구글은 총 67억 유로에 달하는 두 번의 기

---

16 단순히 독점의 위험을 지적하는 것을 넘어 경쟁의 중요성과 사회에 미치는 긍정적인 영향을 강조하며, 경제적 권력 집중에 대한 비판적인 시각과 함께 공정하고 지속 가능한 경제 시스템을 위한 논의로 확장된다—옮긴이.

17 Idem.

18 Ibid., p. 743.

록적인 벌금을 부과받았다. 한 사례에서 구글은 자사 검색 엔진에서 쇼핑 비교 서비스의 가시성을 우선시한 혐의로 처벌받았다. 다른 사례에서는 구글이 안드로이드를 사용하는 전화 제조업체들에 여러 가지 구글 서비스를 사전에 설치하도록 강요하고, 이를 통해 대다수 스마트폰의 사용자 데이터를 중앙집중화했다는 혐의로 처벌받았다. 그 후 배리 린은 유럽에서 구글이 받은 처벌에 대해 기쁜 마음으로 발표하고, 뉴아메리카 재단에서 해고되었다.

이와 반대로, 리나 칸의 연구는 조사위원회가 아마존에 대해 조사를 개시한 것을 정당화했다. 경쟁 담당 위원인 마르그레테 베스터거Margrethe Vestager는 칸의 분석을 받아들여 아마존의 이중적인 역할, 즉 다른 기업의 제품을 위한 유통 플랫폼이자 자사의 제품을 판매하는 사이트라는 역할을 지적한다. 이러한 통합구조는 아마존에 고객과 공급자의 데이터에 대한 독점적인 접근을 제공하며, 그 덕에 기업은 손쉽게 우위를 점한다.[19]

힙스터 반독점에 관한 논쟁과 함께 우리는 신자유주의 내의 새로운 투쟁 단계를 목격하고 있다. 한편에서는 시카고학파의 후계자들이 미셸 푸코가 말하는 무정부 자본주의의 진영에 가담하게 되며, 이는 경제와 사회 분야에 대한 모든 형태의 국가 개입에 반대하는 원칙을 가지고 있다. 다른 한편에서는 전통적인 반독점 이론 지

---

19 Natalia Drozdiak et David McLaughlin, "With Amazon probe, EU takes cue from 'hipster' antitrust", Bloomberg.com, 19 septembre 2018.

지자들이 1938년부터 미국에서 일어난 다양한 사조의 연합을 재현하고 있다.

이 지점에서 제도적 경제학자들과 신자유주의자들이 만난다. 제도적 경제학자들은 공공 규제와 협력에 대한 선호를 포기하고, 신자유주의자들은 자유방임주의의 원칙에서 멀어지게 된다. 그들은 독점에 대한 공공의 개입이 필요하다고 생각한다. 제도적 경제학자들에게는 지나치게 경제 권력이 집중되어 정치적 자유를 위협하는 것을 방지하는 일이 중요하다. 신자유주의자들은 가격에 따른 자원 배분 과정의 질을 유지하고자 한다.[20]

경쟁을 구축하려는 이러한 의지는 바로 질서자유주의자들의 것이다. 이는 1945년 이후 독일연방공화국의 경제 정책을 안내하는 이론의 중심에 있으며, 이후 유럽 공동체의 구축에도 중요한 역할을 했다. 이 흐름의 가장 저명한 대표 중 한 명인 빌헬름 로프케Wilhelm Ropke는 푸코가 인용한 바와 같이 1930년대에 다음과 같이 썼다. "시장의 자유에는 적극적이고 매우 경계하는 정책이 필요하다."[21] 리나 칸과 힙스터 반독점론자들은 내재적 미덕을 위해 경쟁을 보호하기 위한 국가의 적극적 개입을 주장하면서, 질서자유주의자들의 발자취를 따르고 있다.

---

20 Thierry Kirat et Frédéric Marty, "The late emerging consensus among American economists on antitrust laws in the second New Deal", *Cirano*, n° 2019s-12, mai 2019.

21 Michel Foucault, *Naissance de la biopolitique. Cours au Collège de France, 1978-1979*, EHESS/Gallimard/Seuil, Paris, 2004, p. 139.

결국, 힙스터 반독점론과 시카고의 무정부 자본주의적 접근방식이 대립하는 점이 있지만, 이 두 흐름은 민간 기업과 시장 조정의 미덕에 대한 신뢰를 공유한다. 그들이 갈리는 점은 정보기술의 확산으로 발생하는 경제적 과정의 질을 분석하는 방식에 있다.

힙스터 반독점론자들의 장점은 디지털 플랫폼의 기하급수적 성장으로 발생하는 경제적·정치적 권력의 거대한 축적과 관련된 위협을 지적한다는 점이다. 위험은 다음과 같은 방식으로 나타난다. 대형 웹 기업들은 적의 공격을 막아내고, 스타트업을 인수하거나 복종시키며, 정치적 의제와 공적 논의의 조건에 영향을 미치는 확고한 요새가 되었다. 그러나 그들이 회피하는 질문은 바로 이러한 권력의 원천, 즉 집중화에 따른 효율성의 이익이다.

빅데이터 시대에, 문제는 독점화의 동역학이 현재 진행 중인 경제적 과정에 적합한지 여부다. 시카고학파의 후계자들은 증가된 집중화가 규모의 경제에서 나타나는 기술 변화와 그에 따른 생산성 개선의 결과임을 시사하는 상당한 증거가 있음을 강조하고 있다. 다시 말해, 경쟁을 재도입하는 것은 예를 들어 구글이나 아마존을 분할하고, 그들이 제공하는 서비스의 품질을 떨어뜨릴 수 있음을 의미한다. 시장 권력이라는 문제에만 국한된 힙스터 반독점론자들은 정보기술의 확산과 관련된 경제적 과정의 질 저하라는 중요한 질문을 간과하게 된다.

| 감사의 말 |

라즈믹 쾨셰양, 하나 벵수상, 라파엘 포르슈로, 세실리아 리캅, 위고 아라리 케르텍, 세미나 '공동체를 기획하기'의 참여자인 베르나르 샤방스, 티에리 키라, 메르다 바아비, 세미나 '약탈자 국가'의 참여자인 브뤼노 아마블, 메리 오설리반, 제네바 대학교 '정치경제학 세미나' 참여자인 트리스탕 오브레, 리카르도 벨로피오레, 매켄지 워크, 윌리엄 밀버그, 아르튀르 자토, 플로랑스 자니 카트리스, 스테파노 팔롬바리니, 던컨 폴리, 안와르 샤이크, 마르크 앙드레 가뇽, 마티외 몽탈방, 프랑수아즈 모로, 나탕 스페르베르, 고故 올리비에 바인스타인, 방자맹 코리아, 티에리 라비카, 스테렌 르베일, 루이스 미오티, 아녜스 라브루스, 셸린 보, 세바시티엥 빌모, 스타티스 쿠벨라키스, 데이벳 플래처, 필리프 아스케나지, 오드레 세르당, 나빌 바킴, 멜라니 타누, 그리고 잔, 룰, 이지도르, 라 로카유, 발시피에르를 비롯한 즐거운 108호의 친구들.

이 연구는 CEPN(CNRS, 소르본 파리 노르대학교)에서 진행되었으며, 팀 전체에 감사한다. 준비 단계에서 IFRIS의 지원으로 뉴욕의 뉴스쿨 경제학부에서 연구를 수행할 기회를 가졌다.[1]

1   CEPN은 프랑스의 방사선보호·원자력안전연구소, CNRS는 프랑스 국립과학연구센터, IFRIS
     는 과학혁신연구기금이며, 소르본 파리 노르대학교는 파리 북부의 빌타뇌즈, 보비니, 생드
     니, 라 플렌 생드니, 아르장퇴유의 다섯 곳에 캠퍼스를 둔 교육기관이다─옮긴이.

한때 우리는 시대에 뒤떨어진 사고방식을 가진 사람을 '봉건적'이라고 비판했다. 실제로 우리나라에서 봉건제를 경험한 사람은 없을 텐데, 일제 강점기에 그들의 경험을 배웠기 때문인가? 아무튼 '봉건적'이라는 말은 근대 이전의 시대, 중세의 제도였던 봉건제와 관련된 말이었다. 봉건제는 9~10세기 카롤링거 제국이 무너지기 시작할 때, 중앙 권력이 분산되면서 발달한 제도였다. 간단히 말해서, 왕을 정점으로 다단계로 세속 권력을 나눠서 행사하는 제도를 가리킨다. 영화나 소설에서 보는 기사들은 세속 권력자였다.

11세기 초 프랑스 랑Laon의 주교 아달베롱Adalberon은 '기도하는 사람oratores, 싸우는 사람bellatores, 일하는 사람laboratores'으로 사회 신분을 나누었다. 이러한 사회에서 봉건제는 주로 '싸우는 사람'에 관련되었지만, '기도하는 사람'도 최고 특권층으로서 봉건 귀족에 속했다. 그들도 영지를 소유했기 때문이다.

'싸우는 사람'의 세상은 오늘날에도 존재하지만, 봉건제 기사들의 세상은 화약무기가 발달하고 전쟁 양상이 바뀌면서 끝나게 된다. 그렇다고 중세가 끝났다는 말은 아니다. 봉건제의 분산된 권력은 군주에게 집중되지만, 정교일치·농업경제·신분사회의 특징은 산업혁명이 일어날 때까지 사라지지 않는다. 그래서 자크 르 고프Jacques Le Goff의 '장기 중세long Moyen Âge'라는 개념이 생겼다.

서양에서는 500여 년 전에 사라지고, 일본에서는 100여 년 전에 사라진 봉건제를 첨단기술 시대에 다시 만나는 것이 과연 가능한가? 나는 요즘 한국 사회가 봉건제 사회로 돌아간 것은 아닌지 의문을 품는다. 현직 대통령이 군사정변을 일으키고 실패한 후, 법과 질서를 강조하던 사람들이 헌법까지 부정하면서 지지자를 선동하는 모습에서 정교일치 세상으로 되돌아간 듯한 생각을 떨칠 수 없다.

무속인, 마법사들이 '기도하는 사람들'보다 더 정치적 실세로 활동한다. 특히 목사들이 신도들을 '십자군'으로 동원해서 체제를 부정하는 야릇한 봉건 체제. 오늘을 사는 사람이 모두 같은 시간대에 사는 것은 아니다. 이를 "비공시성이 공존한다"라고 말한다.

한국의 '십자군'은 호헌 세력이 단호히 나서면 진압할 수 있으니, 지식재산에 관한 문제를 생각해보자. 나는 20세기 말에 '정보화 사회'가 회사의 체급 제한이 없는 경쟁, 운송수단과 통신수단(화상회의)처럼 다른 업종의 경쟁, 국경 없는 경쟁이 벌어지는 '무한경쟁의 사회'라는 말을 듣고, 거기에 적응하는 방법을 알아내려고 고민한 적이 있다. 나는 정보화 덕택에 도농지역에 살면서 내게 필요한 정보를 제공하는 모든 곳에 자유로이 접속했다. '무한경쟁의 사회'에서 서양사 학자로서는 별 어려움을 겪지 않았다.

그런데 이제 '기술 봉건주의'를 이해해야 한다니, 참으로 가시밭길이다. '기술 봉건주의' 시대는 무엇보다도 거물급 기업들이 국가의 통제에서 벗어나고, 국경 없는 세계에서 정보를 끌어모으고, 개인에게 맞는 정보를 제공하는 시대다. 우리가 똑같은 홈페이지에 접속하더라도, 개인마다 그에게 적합한 내용을 보게 된다. 조금 더 부지런하게 '발품'을 팔아 여기저기 돌아다니면서 자신의 욕구에 맞는 정보를 모으고 가공할 수 있는 사람은 좀 더 자주적으로 살아갈 수 있다.

따라서 '기술 봉건주의' 시대도 정보를 슬기롭게 소비한다면 무난히 생존할 수 있으리라고 믿는다. 소비는 생산과 맞먹는 행위이며, 다른 소비자에게 하나를 보태줄 수 있는 행위이기 때문에 전혀 무력한 생활은 아닐 것이다. 그러나 그렇게 가공한 결과물도 새로운 지배 계급인 구글·페이스북·아마존 같은 거대 IT 기업에 빼앗기는 현실을 피하기란 어렵다. 정보, 지식, 문화 콘텐츠, 즉 '벡터'를 생산하고 소유하고 통제하면서 사회적 권력을 행사하는 그들의 영향에서 최대한 벗어나려고 애쓰는 내가 유튜브의 지령을 받고 거리로 나가 떠드는 사람과 무엇이 다를까? 다시 저자의 논리를 되짚어가면서 답을 찾아봐야겠다.

주명철

기술 봉건주의
빅데이터 제국에 포획된 현대 경제와 민주주의

2025년 3월 21일 초판 1쇄 발행

지은이 | 세드릭 뒤랑
옮긴이 | 주명철
펴낸곳 | 여문책
펴낸이 | 소은주
등록 | 제406-251002014000042호
주소 | (10911) 경기도 파주시 운정역길 116-3, 101동 401호
전화 | (070) 8808-0750
팩스 | (031) 946-0750
전자우편 | yeomoonchaek@gmail.com
페이스북 | www.facebook.com/yeomoonchaek

ISBN 979-11-87700-09-8 (03320)

여문책은 잘 익은 가을벼처럼 속이 알찬 책을 만듭니다.